Lutz Müller · Magie

... Da ich aber keineswegs den Anspruch erhebe,
glücklicher Besitzer metaphysischer Wahrheiten zu sein,
wäre es mir sehr viel lieber,
wenn Sie meine Symbole als ebenso vorläufig ansehen wollten
wie Ihren Erklärungsversuch.
Ich habe nämlich weder in religiöser noch in anderer Hinsicht
Gewißheit über meine Symbole.
Morgen können sie sich ändern.
Es sind nur Anspielungen, sie deuten auf etwas hin,
sie stammeln, und oft gehen sie in die Irre.
Sie versuchen nur, in eine bestimmte Richtung zu weisen,
nämlich zu jenen dunklen Horizonten,
hinter denen das Geheimnis des Seins verborgen ist.
Sie sind eben gerade keine Gnosis,
keine metaphysischen Behauptungen.
Zum Teil sind es sogar unzulängliche und
zweifelhafte Versuche,
das Unaussprechliche auszudrücken.
Darum ist ihre Zahl unendlich
und die Gültigkeit eines jeden ungewiß.

Carl Gustav Jung

Buchreihe Symbole

Lutz Müller

Magie

Tiefenpsychologischer Zugang
zu den Geheimwissenschaften

Kreuz Verlag

Meinem Vater gewidmet,
der auf mysteriöse Weise mit Hilfe magischen Rauches
farbige Bälle zwischen seinen Fingern erscheinen
und verschwinden lassen konnte
und mir damit schon früh vermittelte,
wie eng der Zauber des Geheimnisvollen mit der Bereitschaft,
sich auch am täuschenden Schein erfreuen zu können,
verbunden ist.

CIP-Titelaufnahme der Deutschen Bibliothek

Müller, Lutz:
Magie: tiefenpsychologischer Zugang zu den Geheimwissenschaften / Lutz Müller. – 1. Aufl. – Stuttgart: Kreuz-Verl., 1989
(Buchreihe Symbole)
ISBN 3-7831-1003-3

1. Auflage
Kreuz Verlag Stuttgart 1989
Umschlaggestaltung: Hans Hug
unter Verwendung einer Symboltafel von Lutz Müller
Herstellung: Wilhelm Röck, Weinsberg
ISBN 3 7831 1003 3

Inhalt

Die Wiederentdeckung des Magischen und Transpersonalen

Realitätsflucht oder Wende in der Evolution der Menschheit?

Unser Weltbild entspricht nur dann der Wirklichkeit, wenn auch das Unwahrscheinliche darin seinen Platz hat.

C. G. Jung

Die Welt des Magischen und des Transpersonalen wird neu entdeckt. Magie, Mystik, Mythologie und Märchen, Meditation und Imagination, Traum und Phantasie, ost-westliche Religionen und Esoterik, Schamanismus, indianische Kulturen und Rituale, Mediumismus und »Channeling«, veränderte Bewußtseinszustände und Erleuchtungserfahrungen beschäftigen seit zwanzig Jahren nicht nur »ausgeflippte« Außenseiter und Aussteiger, sondern in zunehmendem Maße auch Wissenschaftler wie Anthropologen, Ethnologen, Theologen, Mediziner, Physiker, Psychologen und Psychotherapeuten.

Die Frauenbewegung bemüht sich um die Wiedererweckung einer feministischen Spiritualität, findet ihre Wurzeln in den matriarchalen Kulturen und den magischen Riten der »Großen Mutter und Göttin« und bekennt sich zum Hexentum. Die Humanistische und Transpersonale Psychologie greift auf alte magisch-mystische Methoden zur Bewußtseinsveränderung zurück und entwirft umfassende ganzheitliche, holistische und systemische Menschen- und Weltbilder, in denen vor allem auch den kreativen, wachstumsorientierten und religiösen Bedürfnissen des Menschen Rechnung getragen wird. Michael Endes Buch »Die unendliche Geschichte«[1] von der Not und Rettung Phantásiens wurde zu einem weltweiten Bestseller und fast zu einem Kultbuch, denn es scheint in seiner einfachen, symbolischen Ausdrucksweise den Kern des religiösen Problems des modernen Menschen getroffen zu haben. Psychologen arbeiten in ihren Therapien und Selbsterfahrungsgruppen mit astrologischen Symbolen, befragen das chinesische I-Ging-Orakel, meditieren über Tarot-Karten und alchemistische Bilder und verwenden magische Techniken und Rituale.

Allerorten herrscht ein Geist von Aufbruch, Erneuerung, Wandlung, Transformation, Revolution, von neuen Paradigmen, einer neuen Zeit von Menschlichkeit, Ganzheit und Einheit. Lehrer und kirchliche Repräsentanten dagegen sind beunruhigt über die zunehmende Verbreitung okkulter Praktiken bei Jugendlichen. Die »esoterische Welle« – schon vor zehn Jahren wurde sie deutlich gesichtet – sei nun im Begriff, auf das ganze Land überzuschwappen und die breite Öffentlichkeit zu überfluten. Was hat das zu bedeuten? Hoffnung auf neues Menschsein oder Ausdruck einer Massenneurose?

Vielleicht haben Sie das auch schon erlebt: Wenn Menschen über eines der eben umrissenen Themen reden, geschieht häufig etwas sehr Merkwürdiges, aber offenbar auch sehr Typisches. Plötzlich sind heftige Emotionen und Affekte da, es tut sich zwischen den Gesprächspartnern ein unüberbrückbar anmutender Abgrund auf, so daß es keine rechte Verständigung und erst recht keine Kompromißbereitschaft mehr zu geben scheint. Auf der einen Seite des Abgrunds stehen die Befürworter, Verteidiger des Esoterischen, auf der anderen Seite die Gegner. Jeder wirft dem anderen Unkenntnis, Einseitigkeit, Intoleranz und Rückschrittlichkeit vor.

Die Kritiker sind der Auffassung, die Beschäftigung mit dem Esoterischen und die Hinwendung zum Irrationalen und Transpersonalen sei eine Flucht- und Angstreaktion auf die unlösbaren gesellschaftspolitischen Fragen, zum Beispiel der Umweltzerstörung, der Überbevölkerung, der Arbeitslosigkeit. Sie sei als Ausdruck des Sinn- und Wertverlustes unserer Zeit eine ablenkende Selbstbetäubung, eine unverantwortliche Regression, eine »innere Emigration« in ein illusionäres, infantiles Wunderland der Phantasie, ein Kopf-in-den-Sand-Stecken. Die Angst, Hilflosigkeit und Ohnmacht des einzelnen würden hier auf bequeme Weise mit Hilfe von narzißtischen Allmachts-, Größen- und Wunscherfüllungsphantasien kompensiert. Auch sei ein Verlust des erreichten Standards wissenschaftlicher Erkenntnis und Objektivität zu befürchten. Es drohe ein Rückfall in finstersten mittelalterlichen Aberglauben mit seiner Dummheit, Intoleranz und Gewalttätigkeit, seinen Religionskriegen, Hexenverbrennungen und seinem Massenwahn.

Die Befürworter des neuen esoterischen Denkens dagegen sehen gerade in jener rationalen Haltung der Kritiker das Hauptübel unserer Zeit. Die Zergliederungstendenz und Quantifizierung, Versachlichung, Ent-emotionalisierung und »Verkopfung« des wissenschaftlichen Denkens habe den Menschen von sich und der Welt entfremdet. Sie habe der Welt ihren Zauber, ihre Schönheit, ihren menschlichen wie göttlichen Sinn genommen. Die katastrophalen Folgen einer solchen einseitigen wissenschafts-abergläubischen Haltung zeigten sich im Verlust der persönlichen Betroffenheit und der emotionalen Beziehung des Menschen zu seinen Mitmenschen, seiner Arbeit, seiner Umwelt und dem Religiösen. Der wissenschaftlich-rationale Mensch habe den Blick für das Ganze der Existenz verloren. Die Atombombe und der Raubbau an der Natur markierten den absoluten Endpunkt dieses Denkens. Aber auch die alten westlichen Religionen könnten keine überzeugenden Antworten und Erfahrungsmöglichkeiten mehr bieten. Deswegen bemühe sich das esoterische Denken um einen übergreifenden, globalen Ansatz, in dem die alten, krankmachenden Gegensätze etwa von Geist und Materie, Gott und Welt, Mann und Frau überwunden werden und das Göttliche der menschlichen Existenz wieder unmittelbar im »Hier und Jetzt« erlebbar würde. Die Hinwendung zum Esoterischen und Transpersonalen sei als eine Suche des Menschen nach dem Wesentlichen seines Daseins zu verstehen, das er im faustischen Pakt mit der Wissenschaft, dem Kapitalismus und dem Materialismus verkauft und verloren habe.

Die hohe Betroffenheit und Affektivität, mit der solche Pro- und Contra-Kontroversen heute geführt werden, und deren umfassende Inhalte – Atombombe, Umweltzerstörung, Vermassung, Endzeitstimmung auf der einen Seite, Ganzheit, neue Naturverbundenheit, Individuation und Neuzeitstimmung auf der anderen Seite – weisen darauf hin, daß es hier um etwas ganz Wesentliches geht, um etwas Faszinierend-Bedrohliches, etwas, was einerseits tiefste Sehnsüchte anspricht und größte Hoffnungen weckt, andererseits aber auch mit starken Ängsten verbunden ist. Eine solche Emotionalität und die schnelle Bereitschaft, jeweils im anderen projektiv den Rückschrittler, den Verdränger und den Unwissenden zu sehen, zeigen zudem, wie unbewußt beiden Seiten noch der ganze Sachverhalt und wie tiefsitzend der heimliche Zweifel an der ausschließlichen Gültigkeit der jeweiligen Position ist. Denn wenn man diese beiden extremen, sich befeindenden Haltungen als die beiden Pole einer zusammengehörenden Sache auffaßt, dann läßt sich vermuten, daß der Esoteriker im rationalen Kritiker seinen eigenen Zweifel und seine eigene Angst und der Kritiker im Esoteriker seine eigene Sehnsucht nach magischer Erlösung bekämpft.

Die Sehnsucht nach Einheit und Ganzheit

Worum aber geht es wirklich bei dieser einen Sache, und was ist das für eine Sache? Wir sind heute sicher noch nicht in der Lage, diese Fragen gültig zu beantworten und zu wissen, mit was für einer menschheitsgeschichtlichen Dynamik wir es zu tun haben und wohin sie uns schließlich führen wird. Wir können aber aus den überall auftauchenden symbolischen Bildern und Metaphern, die diese Dynamik begleiten, schließen, daß es sich um eine Einheits- und Ganzheitstendenz handelt, um die Wiederbelebung eines archetypischen Bildes, das C. G. Jung das »Selbst« genannt hat. Dieses »Selbst« ist ein hypothetischer Begriff, der inhaltlich noch nicht völlig geklärt ist, weil er bewußtseinstranszendent ist, also etwas meint, was immer weiter und umfassender als die jeweils herrschende bewußtseinsmäßige Lage einer Gesellschaft oder Kultur ist. Aber er vermag eine Reihe von Vorstellungen und Vorgängen zu umschreiben und zu bezeichnen, die in der Menschheit immer wieder aufgetaucht sind, wenn sie in eine Krise kam. Einige dieser zum »Selbst« gehörenden Aspekte sind etwa: Zentrum, Mitte, wirkliches Wesen, Einheit, Ganzheit, Vereinigung von Polaritäten, Sinn, Heilung.

Und es ist keine Frage: Wir leben in einer Zeit, in der überall in der Welt an solchen ganzheitlichen, Mensch und Natur umfassenden Modellen intensiv gearbeitet wird, und zwar in den verschiedensten Bereichen: der Ökologie, der Physik, der Medizin, der Neurologie, der Biologie, der Verhaltensforschung, der Philosophie, der Psychologie. Noch nie gab es so viele wesentliche Informationen und Erkenntnisse über die Natur des Menschen, noch nie war der Informationsfluß und -austausch zwischen den Erdteilen und den einzelnen Fachgebieten so offen und so schnell wie heute. Und noch nie war es so vielen Menschen möglich, durch bewußtseinsverändernde Techniken, wie Ekstase, Trance- und Meditationsverfahren, aber nicht zuletzt auch durch bestimmte Drogen, zutiefst erschütternde, transzendente Erfahrungen zu machen, die früher nur einem sehr kleinen Teil von Menschen zugänglich waren, wenn sie bereit oder in der Lage gewesen waren, ihr Leben einer sehr mühsamen, aufopferungsvollen, meditativen und religiösen Disziplin zu unterwerfen. Das alles macht wahrscheinlich, daß wir heute tatsächlich in einem revolutionären Prozeß stehen, dessen Ausmaß und Folgen wir noch bei weitem nicht einschätzen können.

Diese Informationsfülle hat natürlich viele widersprüchliche Aspekte: Sie erfordert zum Beispiel ein laufendes Um- und Neudenken und zwingt in immer kürzer werdenden Abständen zu einem Über-Bord-Werfen vieler inzwischen überholter Vorstellungen vom Wesen des Menschen. Dieses rasante Tempo und die Überflutung mit Detailwissen überfordern aber einen einzelnen Menschen bei weitem. Sie verwirren, chaotisieren ihn und vermitteln ihm möglicherweise das Gefühl, unfähig und inkompetent zu sein, sein Leben überhaupt noch zu verstehen und es gut zu leben. Das mag dann dazu führen, daß er sich trotz der ungeheuren Möglichkeiten, die sich ihm in unserem revolutionären Jahrhundert bieten, resigniert und hoffnungslos zurückzieht und nicht mehr bereit ist, Neues zu lernen und zu wagen.

Ein positiver Aspekt der Informationsvielfalt und des globalen Informationsaustausches liegt aber darin, daß sich ein immer einheitlicheres und ganzheitlicheres Bild vom Menschen, das grenzen- und kulturübergreifend ist, herauskristallisiert und man unterhalb der verwirrenden Fülle einzelner Fakten wahrnehmen kann, wie sehr sich die Menschen, ihre Erlebens- und Verhaltensweisen, ihre Ängste und Hoffnungen und ihr fundamentales Bedürfnis nach Sinn und Transzendenz gleichen. Der Blick auf die archetypische Situation des Menschen wird frei. Je mehr sich die Menschen in den verschiedensten Gesellschaften, Kulturen, Traditionen, Religionen und in ihren Sitten und Gebräuchen kennenlernen und miteinander vergleichen können, desto mehr müssen sie feststellen, wie sehr sie sich ähneln, wie sehr sie Brüder und Schwestern auf einer gemeinsamen Erde sind. Hierin liegt die große Perspektive und die große Hoffnung unseres von vielen Menschen so bedrohlich empfundenen Informationszeitalters.

C. G. Jung und seine Schüler, worunter besonders Erich Neumann zu nennen ist, waren wohl die ersten in unserem Jahrhundert, die sich, auf der Freudschen Psychologie des Unbewußten aufbauend, bemüht haben, konsequent auf eine individuums- und kulturübergreifende, transpersonale, »archetypische« Psychologie hinzuarbeiten, ohne damit allerdings auf gebührendes öffentliches Interesse zu stoßen. Erst in den sechziger Jahren, als sich in Amerika aus der Humanistischen Psychologie, deren Hauptvertreter Rogers, Perls und Maslow waren, die Transpersonale Psychologie als »vierte Kraft« entwickelte, entdeckte man C. G. Jung als einen der großen Pioniere in der Erforschung der ganzheitlichen Wirklichkeit der Seele und des Transpersonalen. Die neuen Ganzheits-Modelle der Psyche, wie sie beispielsweise von Stanislav Grof und Ken Wilber entwickelt werden, basieren alle mehr oder weniger auf den Ansätzen der Analytischen Psychologie C. G. Jungs und seiner Schüler.

Die Geheimwissenschaften und esoterische Systeme

Ganzheitliche Modelle vom Menschen und seiner Beziehung zur Welt

Versuche, ein ganzheitliches, archetypisches Modell vom Menschen und dem Sinn seiner Existenz zu entwerfen und Wege zu seiner Verwirklichung aufzuzeigen, hat es aber schon immer gegeben. Wir finden sie in den östlichen und westlichen Religionen und Philosophien, in der jüdischen Kabbala, der Gnosis, der Astrologie, der Magie und Alchemie des Mittelalters, der Mystik, in alten Geheimorganisationen, beispielsweise den Rosenkreuzern und Freimaurern, und in modernen Organisationen wie denen der Theosophie und Antroposophie. In all diesen Systemen unterschied man von alters her einen »exoterischen« und einen »esoterischen« Aspekt, wobei man natürlich nicht immer diese Begriffe dafür verwendete. Der exoterische Aspekt bezog sich auf das, was man von dem jeweiligen System nach außen hin »dem breiten Volk« veröffentlichen und vermitteln konnte oder wollte, während das Esoterische (griech.: esoterikós = innerlich, verborgen) die eigentlichen, wahren »Geheimnisse« und Erkenntnisse bezeichnete, die nur wenigen – einem inneren Kreis von »Eingeweihten« – zugänglich waren. Eng mit dem Begriff der Esoterik ist der der Hermetik und des Okkultismus verbunden, wobei ersterer auf die sagenumwobenen spätantiken Schriften des »Hermes Trismegistos« zurückgeht, die sich mit Heilkunde, Talismanen, Astrologie und Alchemie befaßten, und der zweite ein Sammelbegriff für alle Lehren und Praktiken ist, die sich mit den unsichtbaren, »übernatürlichen«, »übersinnlichen« Seiten und Kräften der Natur und der Seele des Menschen beschäftigen, die dem normalen Bewußtsein verborgen (lat.: occultum – das Geheime, Verborgene) bleiben.

Berg der Adepten (Michelspacher, Die Cabala, Spiegel der Kunst und Natur, 1654). Diese Abbildung aus einem kabbalistischen Werk vereinigt in sich eine Reihe von Symbolen, die sich in verschiedenen Geheimwissenschaften und esoterischen Systemen finden. Im »Berg der Adepten« geht es um das »Große Werk«, die Herstellung des philosophischen »Steins der Weisen«, mit dessen Hilfe es möglich sein soll, Krankheiten zu heilen, den Menschen zu erneuern und zu verwandeln. Psychologisch interpretiert, bezieht sich dieses große Werk auf die seelische Ganzheit des Menschen und seine Selbstverwirklichung im Individuationsprozeß. Die Realisierung des Selbst als des psychischen Steins der Weisen hat für den einzelnen wie für die Gesellschaft eine heilende und transformierende Wirkung. Der Berg, in dem sich die geheimnisvolle Wandlung vollzieht, ist in gewisser Hinsicht eine »Erhöhung« der Erde und kommt dem Himmel nahe. Damit ist er ein Ort der Vereinigung von Oben und Unten, von Göttlichem und Menschlichem. Er ist umrahmt von den vier Elementen Wasser (Aqua), Feuer (Ignis), Luft (Aeris) und Erde (Terra), den astrologischen Tierkreiszeichen und Planeten (mit Hermes-Mercurius auf der Spitze), was, wie später ausführlich behandelt wird, auf den ganzheitlichen Charakter und auf die transpersonale, archetypische Dimension des Werkes und auch auf den mit dem Prozeß verbundenen Kreislauf der Zeit hinweist. Der Tempel der Weisen, der sich in dem Berg befindet, deutet darauf hin, daß der Stein der Weisen in der Erde liegt, also an einem schwer zugänglichen Ort, den die Tiefenpsychologie als das Unbewußte des Menschen ansieht, aus dem er hervorgeholt, das heißt bewußtgemacht werden muß. Der Berg ist auch der alchemistische Ofen, und der Tempel ist das Wandlungsgefäß, in dem sich die Bewußtseinsveränderung vollzieht. Er wird von Sonne und Mond als den wesentlichen polaren Kräften beleuchtet, was heißt, daß das neue Bewußtsein aus der polaren Spannung gegensätzlicher Prinzipien, etwa des männlichen und des weiblichen Prinzips, hervorgeht. Das Paar stellt König und Königin dar, die den alchemistischen Prozeß betreuen und durchlaufen. Es ist der Mensch, der sich seiner gegengeschlechtlichen und seiner königlich-göttlichen Natur allmählich bewußt wird. Der Phönix auf der Kuppel ist ein altes Wiedergeburtssymbol, weil er den Erzählungen nach im Feuer verbrennt und aus der Asche wieder aufsteigt. Die sieben Stufen stellen verschiedene Aspekte oder Phasen der Arbeit (Auseinandersetzung mit dem Unbewußten) dar, die nicht notwendigerweise hintereinander vollzogen wurden, sondern einander auch abwechseln und sich zirkulär wiederholen konnten (vgl. Kapitel über Alchemie). Der Mann mit den verbundenen Augen im Vordergrund symbolisiert den unbewußten Menschen, der nichts von dem »Großen Werk« weiß und sein Leben so sinnlos gestaltet wie ein blindlings Herumtastender, während der andere Mann dem tricksterhaften Hasen, einem Bild für natürliche Instinktkräfte und mercurialen Geist, in die Erde folgt, wo er möglicherweise den Stein der Weisen findet.

Bei den Geheimwissenschaften und esoterischen Systemen handelt es sich nach heutigem psychologischem Verständnis im wesentlichen um symbolische Systeme. Als solche sind sie in einer gewissen Hinsicht zeitlos und zukunftsweisend, in einer anderen Hinsicht aber auch veraltet. Wie in einem gesonder-

ten Kapitel später erörtert wird, sind seelische Symbole ein ganzheitlicher, umfassender Ausdruck von noch unbekannten Phänomenen. Insofern sich die Symbole dabei auf allgemeingültige, archetypische, aber noch unbewußte Phänomene beziehen, sind sie zeitlos und ihrer Zeit jeweils voraus; insofern sie sich aber jeweils in das äußere Gewand der jeweiligen Zeit und Kultur kleiden, können sie auch veralten, leer werden und »sterben«. Es ist dann die Aufgabe jeder neuen Generation, die alten Symbole und das in ihnen tradierte un- oder halbbewußte Wissen zu verstehen und ihnen, wenn nötig, neuen Ausdruck zu verleihen.

Rosenkreuz

Dieses Symbolkreuz stammt aus dem Orden »The Golden Dawn« (oder: Hermetischer Orden der goldenen Morgenröte), dem in den Jahrzehnten um die Jahrhundertwende viele namhafte Okkultisten angehörten. Es vereinigt in sich eine Reihe magischer, kabbalistischer, astrologischer und esoterischer Symbole.

Die chaotische Fülle der Esoterik

Ausdruck der kompensatorischen Wirkungen des kollektiven Unbewußten

Wenn man die moderne esoterische Szene betrachtet, dann fällt es einem allerdings zeitweilig recht schwer, darin das Zeitlose und Zukunftsweisende vom Überholten und Veralteten, das Regressive vom Progressiven, das Wesentliche vom Unwesentlichen oder das Abergläubische von einer neuen Religiosität zu unterscheiden. Die chaotische Fülle der magischen, esoterischen und psychologischen Theorien und Techniken, die unverdauliche Vermischung von östlicher Philosophie und westlichem Okkultismus, von phantastischen subjektiven Hypothesen und wissenschaftlichem Anspruch, von infantilen Sehnsüchten und neurotischen Größenphantasien, von ehrlicher Erkenntnissuche und betrügerischen Täuschungen[2] macht es vielen schwer, das Neue und Wertvolle darin zu sehen. Inzwischen haben sich selbst einige der Initiatoren und Wegbereiter der »New-Age-Bewegung« und der Transpersonalen Psychologie, wie Capra und Wilber, von diesem esoterisch-magischen Eintopf mit Widerwillen abgewandt.

Als Psychotherapeut kann man allerdings mit diesem esoterisch-magischen Chaos etwas gelassener und gewährender umgehen. In einer Therapie ist es nämlich meist notwendig, daß sich das Unbewußte innerhalb der therapeutischen Beziehung erst einmal richtig entfaltet, sich in all seinen Phantasien, Symptomen und Variationen offenbart, bevor der in einer Erkrankung enthaltene konstruktive Sinn erkannt und verwirklicht werden kann. Die alten Alchemisten sagten von ihrem Stein der Weisen, dem Ziel ihres lebenslangen Bemühens, daß er beziehungsweise der Ausgangsstoff dafür »in stercore invenitur«, im Schmutz der Straße gefunden werde, dort, wo die wenigsten ihn suchten. Auch in einer Therapie erscheint das neue und bisher ungelebte Leben zunächst in archaisch-chaotischer, angsterregender und deshalb immer in abgelehnter Form. Es wirkt infantil und pathologisch. Eben weil es bisher aus dem Leben ausgeschlossen war, kann es sich nur in undifferenzierter, primitiver Weise zeigen. Und es ist die Aufgabe des Therapeuten, in diesen unbewußten Ausdrucksformen das geheime Gold, das Schöpferische, zu sehen und es zusammen mit dem Klienten ins Bewußtsein zu integrieren.

Wie das Unbewußte des einzelnen einen kompensatorischen Charakter hat und die Einseitigkeit der bewußten Orientierung um der Ganzheit willen auszugleichen versucht, indem es ihm etwa neurotisch anmutende Symptome oder Phantasien schickt, so kann man auch die großen Zeitbewegungen und modischen Trends als unbewußte gesellschaftliche Regulationsvorgänge verstehen, die ein Gegengewicht zu den jeweiligen Einseitigkeiten einer Kultur und Gesellschaft darstellen. Für das zunehmende Interesse an transpersonalen, esoterischen und okkulten Systemen lassen sich mindestens zwei wesentliche Gründe vermuten:

1. Der Verlust religiöser und weltanschaulicher Orientierung und Sinngebung. Die Wissenschaften geben keine Antworten auf den Sinn des Lebens, sondern offenbaren zunehmend ihren destruktiven Aspekt. Die institutionalisierten Religionen sind zu reinen Glaubenssystemen geworden, aus denen die erneuernde religiöse Erfahrung – die immer ketzerisch ist – eliminiert ist. Die modernen esoterischen und psychologischen Richtungen versprechen dagegen unmittelbare ganzheitliche Erfahrung und Sinnerfüllung. Ein Jugendlicher brachte es in einer Diskussion über okkulte Praktiken (Tischrücken etc.) mit einfachen Worten auf den Nenner: »Beim Okkultismus kann man etwas erleben, spüren, sehen, anders beim Glauben an Gott; Gott kann man nicht greifen, man kann nur an ihn glauben.«

2. Der Verlust intensiven emotionalen Erlebens. Die Mechanisierung und Rationalisierung des Lebens, die Überbetonung des Sachlichen, Objektiven, Denkerischen und die Informationsüberflutung haben zu einer Abspaltung des Gefühls, des Körpererlebens, des Spielerischen und Phantastischen geführt. Der moderne, industrialisierte Mensch empfindet sein Leben zwar als gesichert, aber auch als langweilig, weil es nichts mehr zu fühlen und zu erleben gibt. Im Bereich des Psychischen aber können noch große Abenteuer gemacht werden, die im wahrsten Sinne des Wortes unter die Haut gehen. Dieser Erlebnishunger macht auch das Interesse an schwarzen Messen und Satanskulten verständlich. Hier darf etwas ausgelebt werden (Aggression, Sexualität), was sonst tabuisiert ist

und in dieser exzessiven Weise keinen Platz in unserer Gesellschaft hat.

Daß entsprechenden Verführungen gegenüber gerade Jugendliche besonders anfällig sind, verwundert nicht, denn die Pubertät ist eine Phase starker Triebkonflikte, extremer Labilisierung und intensiver Sinnsuche. Für die mit der pubertären Identitätsfindung verbundenen schwierigen und belastenden seelischen Vorgänge bietet unsere Gesellschaft wenig Hilfe.

Die so bunten, merkwürdigen und phantastischen Blüten, die der üppig wildwachsende Garten des New-Age und der Esoterik heute hervorgebracht hat und noch hervorbringt, können also als Ausdrucksformen des ungelebten Unbewußten der Menschen unserer Zeit verstanden werden. Daß dabei Regressives und Progressives unmittelbar nebeneinander stehen, ist unvermeidlich und entspricht der Natur unbewußter Seelenvorgänge. Deshalb sollten wir die Phänomene erst einmal unvoreingenommen und in Ruhe betrachten, bevor wir ihren Sinn verstehen und daran gehen können, sie zu kultivieren. Jedenfalls sollten wir sehr vorsichtig sein, daß wir nicht aus Angst, Voreingenommenheit und Unkenntnis die wertvollen Entwicklungstendenzen, die in den manchmal recht neurotisch und pathogen erscheinenden Phänomenen der esoterischen Bewegung liegen, durch rasches Verurteilen und Eingreifen vernichten.

Die esoterischen Systeme als Vorläufer der modernen Psychologie

In dem vorliegenden Buch wird nun der Versuch gemacht, die esoterischen Modelle und Methoden vor dem Hintergrund der modernen Psychologie, der Humanistischen und der Transpersonalen Psychologie und vor allem der Analytischen Psychologie C. G. Jungs zu verstehen. Dabei wird von zwei Grundthesen ausgegangen, die im folgenden kurz erläutert werden.

Die erste Grundthese ist, wie bereits dargestellt, daß es sich bei den Geheimwissenschaften und den esoterischen Modellen um – teilweise sehr komplexe – Vorläufer moderner psychologischer Systeme handelt, deren Bedeutung und Sinn in diesem Jahrhundert eigentlich erst durch die Erkenntnisse der Psychologie wirklich gewürdigt werden können. Der Begriff »Vorläufer« ist hierbei lediglich historisch und nicht abwertend und einschränkend gemeint, denn es erscheint mir anmaßend zu glauben, daß wir heute schon alles und möglicherweise noch besser verstehen könnten, was die verschiedenen esoterischen Systeme im Laufe der Jahrhunderte beziehungsweise Jahrtausende an Wissen über die menschliche Natur erfaßt haben.

Manchen Esoterikern kommt eine solche Beziehung der Esoterik zur modernen Psychologie allerdings wie eine Reduzierung vor. Die Psyche stellt für sie nur einen kleinen, oft gar nur geringen, fast zu vernachlässigenden Teil des Ganzen des Menschen dar. Für sie ist die Seele nur ein Ort von verwirrenden Emotionen und dunklen Trieben. Das »Höhere«, Geistige und Transpersonale findet für sie darin keinen Platz.

Demgegenüber wird hier der erkenntnistheoretische Standpunkt vertreten, daß wir nichts anderes kennen als das, was uns durch psychische Vorgänge vermittelt wird. Es gibt für uns keine inneren oder äußeren Wirklichkeiten, die wir unabhängig von unserer Psyche, das heißt von psychischen Verarbeitungsprozessen, erfahren könnten. Ob und was es darüber hinaus gibt, wie die »Wirklichkeit« »wirklich« ist, bleibt uns prinzipiell verborgen, was aber nicht heißt, daß die letzte Wirklichkeit seelischer Natur wäre. Wir können darüber lediglich nichts Endgültiges wissen, und alles, was wir darüber spekulieren und aussagen, sind Produkte und Phantasien der Psyche. So stellen wissenschaftliche, philosophische, religiöse und auch esoterische Systeme immer nur Versuche dar, eine letztlich verborgene Wirklichkeit mit den verschiedensten Mitteln zu um- und beschreiben. Selbst die höchsten kosmischen Erleuchtungserlebnisse oder die überzeugendsten Nah-Tod-Erfahrungen, mit welcher Objektivität und Gewißheit sie auch erscheinen mögen, werden immer durch eine individuelle und lebendige Psyche vermittelt.

Das allerdings bedeutet nicht, daß sie bloße subjektive Einbildungen und Ansichten wären. Es war ja gerade das ganz besondere, lebenslange Anliegen C. G. Jungs, die unpersönliche, transpersonale, »objektive«, archetypische Dimension der Seele nachzuweisen. Er betonte, daß es Elemente der Psyche gebe, die jenseits oder unterhalb der persönlichen

Lernerfahrungen des Individuums die psychischen Vorgänge organisieren. Diese steuernden archetypischen Strukturelemente und Wirkfaktoren können dabei weitaus mächtiger sein als das Ich des Menschen mit seinem Wünschen und Wollen. Damit ist die Seele nicht irgendein relativ unbedeutendes Phänomen in der unendlichen Weite kosmischer Vorgänge, sondern sie ist der schicksals-, welt- und kosmoserschaffende Faktor schlechthin.

In der alten esoterischen Lehre vom Mikrokosmos im Menschen, der dem Makrokosmos entspricht, wurde diese Einsicht zwar angedeutet, aber manche Esoteriker sind offenbar der Auffassung, daß dieser Mikrokosmos etwas anderes sein müsse als die Psyche. Die Gründe hierfür liegen vermutlich in der auch unter Theologen verbreiteten fundamentalen Angst vor dem Verlust des magisch-mythischen Weltbildes. Sie benötigen eine göttliche und kosmische Dimension außerhalb der Psyche, weil nur diese Betrachtungsweise ihnen das Gefühl einer übergreifenden Geborgenheit gibt und die Hoffnung stärkt, den Tod in persönlicher Weise zu überleben. Wenn dagegen der Kosmos und Gott im Menschen sind, wenn es sich bei ihnen um archetypische Strukturelemente der Psyche handelt, dann, so fürchten sie unbewußt, gibt es keine Gewißheit über Zustände nach dem körperlichen Tod und nach dem Aufhören psychischer Prozesse. Diese Ängste scheinen aber nur teilweise gerechtfertigt zu sein, denn zum einen können wir niemals genau wissen, was nach dem Tod ist, und zum anderen gibt es psychische Erfahrungen transpersonaler Art, die zu solch tiefgreifenden Einstellungsveränderungen führen, daß die Frage des persönlichen Überlebens des Todes nicht nur weitgehend irrelevant wird, sondern daß gerade im Sterben eines persönlichen Ich das geheime Ziel der Individuation erblickt wird (vgl. Kapitel Mandala, S. 87ff.).

Wir werden in diesem Buch also nicht die Frage beantworten können, ob »Geister« wirklich in einer anderen, außerpsychischen Realität existieren, ob wir nach dem Tod in anderer Form weiterleben oder ob es magisch-telepathische Beeinflussung auf weite Entfernungen wirklich gibt und wie das funktioniert. Wir können uns nur auf den psychologischen Standpunkt stellen, der sagt, daß alle diese Phänomene seit Jahrtausenden von den Menschen berichtet und erfahren wurden, so daß sie zumindest eine psychische Erlebensrealität sind. Über diese psychische Realität wissen wir heute einiges mehr als noch vor hundert Jahren, was uns erlaubt, einige Phänomene, die früher als magisch galten, zu verstehen und in unser Weltbild einzuordnen. Aber wir wissen längst nicht alles, so daß alle unsere diesbezüglichen Erklärungsversuche nur vorläufig und symbolisch sein können.

Die zweite Grundthese dieses Buches, die mit der eben beschriebenen eng zusammenhängt, ist, daß die esoterischen Systeme vor allem psychologische Symbol-Systeme sind, das heißt, daß die Phänomene, die sie beschreiben, und die Modelle, die sie zu ihrer Erklärung aufstellen, nicht konkret aufzufassen sind, sondern symbolisch. Auch dies bedeutet keine Abwertung oder Einschränkung der esoterischen Disziplinen. Im Gegenteil: Gerade die symbolische Sichtweise gibt ihnen jene Offenheit und Weite, die es ihnen möglich macht, die noch unbewußten und unerforschten Dimensionen der menschlichen Existenz zum Ausdruck zu bringen.

Auf der Ebene des magischen Bewußtseins ist es allerdings ein unvermeidliches Mißverständnis, Symbolisches mit Konkretem zu verwechseln (vgl. Kapitel zur Symbolik). Auch heute noch gibt es Menschen, die beispielsweise daran glauben, der alchemistische Stein der Weisen könne tatsächlich und real hergestellt werden, oder die Planeten hätten einen konkreten, schicksalsbestimmenden Einfluß auf ihr persönliches Leben. Aber eine solch konkretistische Sichtweise ist weder mit den Ergebnissen der modernen Naturwissenschaften noch mit denen der Psychologie vereinbar. Zudem nimmt sie dem Esoterischen seinen Zauber, sein Geheimnis und seine Tiefe. Wie eine rationale, eindeutig machende Erklärung eines Symbols das Symbol tötet, indem sie ihm seine schöpferische Vieldeutigkeit und paradoxe Fülle nimmt, so tötet eine Konkretisierung das Esoterische. Wenn das Esoterische seinen kompensatorischen, schöpferischen Charakter dem kausal-rationalen Wissenschaftsdenken gegenüber behalten will, dann muß es geradezu auf einer symbolischen Sichtweise bestehen. Anderenfalls verfällt es selbst eben dem, was es dem modernen Zeitgeist vorwirft, nämlich einem ausbeuterischen Machtdenken, durch das man sich erhofft, mit möglichst einfach zu handhabenden magischen Wundertechniken zu äußerem Erfolg zu gelangen und sich selbst zu verwirklichen. Die Gefahr des Abgleitens in einen solchen »spirituellen Materialismus«[3] ist sehr groß, und die erleuchteten Weisen aller Kulturen haben immer wieder auf die vielfältigen Formen von Bequemlichkeit, Macht und Egozentrismus hingewiesen, die sich hinter einer Fassade von Vergeistigung und Spiritualität verbergen können.

Deshalb soll – nach einem Überblick über die Beziehung von Sigmund Freud, C. G. Jung und einiger moderner psychologischer Autoren und Schulen zur Esoterik – zunächst ein Kapitel über die Bedeutung des Symbolischen für eine Annäherung an die Geheimwissenschaften und die esoterischen Systeme folgen. Daran anschließend wird die Symbolfigur des Hermes-Mercurius ausführlicher analysiert. Hermes-Mercurius ist so etwas wie die Leitgestalt, der »Führer« durch alle hermetisch-esoterischen Künste und Disziplinen. Ihn und seine Eigenart als »Gott« der Grenzzustände, der Grenzüberschreitungen und der Gegensatzvermittlung zu verstehen, das ermöglicht einen wichtigen Zugang zu allen Dingen, die mit seelischen Wandlungsprozessen, mit Symbolik und den Vorgängen des »Unbewußten« sowie deren schöpferischen und gefährlichen Aspekten zu tun haben. Die Psychologie des Hermes-Mercurius und der Symbolik bildet die Basis, auf der dann die gemeinsamen Grundelemente esoterischer Systeme am Mandala-Symbol dargestellt werden können.

Das Mandala ist ein Ganzheits- und Selbst-Symbol, das nicht nur die transpersonale Wesensmitte des Menschen ausdrückt, sondern gleichzeitig auch den Prozeß und die Stadien der Bewußtseinsentwicklung, die zur Selbsterfahrung und Selbstzentrierung führen. Mit den aus dem Mandala ableitbaren Begriffen – Ursprungs-Einheit, Polarität, Dualität, Integration und Rückkehr zur Ursprungs-Einheit – läßt sich dieser archetypische Vorgang, den C. G. Jung »Individuation« nannte und der den Inhalt aller esoterischen Bemühungen bildet, gut und umfassend beschreiben.

An einigen Hauptströmungen der abendländischen Esoterik soll dann gezeigt werden, wie in ihnen modernes psychologisches Wissen und Handeln symbolisch vorweggenommen werden. Die Magie ist eine sehr direkte Form der Auseinandersetzung mit den Gestalten und Komplexen des Unbewußten, die Astrologie bietet ein differenziertes Modell der menschlichen Psyche, und die Alchemie vermittelt eine Fülle von Wandlungs-Symbolen, wie sie in ähnlicher Weise in jedem intensiveren Individuationsprozeß auch heute noch erfahren werden können. An einem alchemistischen Märchen aus dem 16. Jahrhundert, der »Parabola«, soll dann abschließend noch gezeigt werden, welche Parallelen zwischen den sonderbaren, rätselhaften Bildern der Alchemie und dem Weg der Selbstfindung des modernen Menschen bestehen.

Magier des 20. Jahrhunderts

Esoterisches und Transpersonales in der modernen Psychotherapie

Vocatus adque non vocatus deus aderit.
Gerufen und nicht gerufen wird Gott da sein.

Delphischer Orakelspruch

Von vielen modernen Forschern wird die Auffassung geteilt, daß wesentliche Wurzeln der heutigen Psychotherapie in magisch-religiösen Vorstellungen und Praktiken liegen und daß die Heilkraft alter und neuerer Formen der Psychotherapie auf Prinzipien beruht, die weniger mit rational-objektiver Einsicht, sondern vielmehr mit subjektiven Erlebensweisen und magischen Wirkungsmechanismen zu tun haben. Lange Zeit wurde ein solcher magischer Wirkungsfaktor in der Psychotherapie geleugnet, wie auch alle wissenschaftliche Betrachtung die Magie negativ deutete oder als infantile, unreife und abergläubische Bewußtseinsstufe abtat. In dieser Abwertung des magischen Denkens und Erlebens schwingt der so berechtigte Zorn der Aufklärung gegen die unheilvollen Schattenaspekte des Magischen mit, gegen die vielfältigen Formen des Aberglaubens, des Vorurteils und der Machtausübung durch Angsterzeugung, mit denen es den staatlichen und kirchlichen Repräsentanten jahrhundertelang möglich war, die Menschen in geistiger und sozialer Unfreiheit zu halten. Heute aber sehen wir, daß magische Wirkungsprinzipien in weitaus höherem Maße auch das Erleben und Verhalten des modernen Menschen bestimmen, als wir uns gerne zugestehen möchten. Bei genauerem Hinschauen entsteht sogar der Eindruck, daß das magische Denken der mächtigste Faktor überhaupt ist, der unser Erleben und Verhalten in Gesundheit und Krankheit steuert.

Schon der Beginn der modernen Psychotherapie Ende des 18. Jahrhunderts, der meist mit der Person von Franz Anton Mesmer verknüpft wird, ist gekennzeichnet durch die Wiederentdeckung alter magischer Heilungsmethoden, die in vielen früheren Kulturen und bei vielen Naturvölkern, bei Medizinmännern und Schamanen, Anwendung fanden und finden.

Mesmer demonstrierte in eindrucksvoller Weise, daß er die »Nervenstörungen« bestimmter Patienten auf magisch anmutende Weise zum Verschwinden bringen konnte, wenn er sie mit Hilfe »magnetischer« Berührungen in Trance versetzte. Mesmer vermutete, daß die erstaunlichen Wirkungen, die er damit erzielte, auf einem geheimnisvollen, von ihm ausstrahlenden, physikalisch nicht meßbaren Fluidum beruhten, das er »animalischen« oder »tierischen« Magnetismus nannte. Mesmer hatte durchaus richtige Beobachtungen gemacht, aber

Franz Anton Mesmer behandelt eine Frau mit »magnetischem« Kontakt

diese nicht psychologisch erklärt. Er erkannte nicht, daß es vor allem seine starke Überzeugungs- und Suggestivkraft war, die in seinen Patienten auf dem Wege einer erhöhten hypnotischen Suggestibilität Symptomveränderungen und Genesungshoffnungen hervorrief, sondern wollte das Lehrgebäude der damaligen Physik umstürzen. Deshalb wurden seine Theorien und Methoden bald diskreditiert. Ungeachtet dessen war der »Mesmerismus« doch die Vorform der Hypnose, die dann als psychotherapeutische Methode rasch Anerkennung fand[1].

Sigmund Freud und Carl Gustav Jung

Sigmund Freud ist einer der großen, teilweise heute noch immer nicht recht gewürdigten Pioniere in der Wiederentdekkung der magischen Wirkungsfaktoren der Seele. Zusammen mit Joseph Breuer entdeckte er – zunächst mit Hilfe der Hypnose –, daß viele Symptome seiner Patienten unbewußte Versuche zu sein schienen, unterdrückte Wünsche und chronische Konflikte auf symbolische Weise darzustellen, sie wiederzubeleben und durch Abreaktion aufzulösen. Diese im Symptom dargestellten verdrängten seelischen Inhalte hatten ihre Wurzeln in belastenden und unverarbeiteten Erlebnissen der Kindheit. Freud entwickelte daraus eine Behandlungsform, die es dem Patienten ermöglichen sollte, die ursprünglichen Kindheitskonflikte in der Therapiesituation zu erinnern, emotional nachzuerleben, zu verstehen und durchzuarbeiten. Es ging mit anderen Worten darum, die unbewußten Wünsche und Konflikte, die sich im Krankheitssymptom in einer sehr indirekten, symbolisch-magischen Weise äußerten, bewußt werden zu lassen und ihnen damit ihre magisch zwingende Macht, die sie auf den Patienten hatten, zu nehmen. Freud führte also zunächst mit der Hypnose, dann später mit der »freien Assoziation« und der Traumdeutung alte »magische« Methoden in die moderne Psychotherapie ein. Diese Methoden dienten dazu, daß der Patient zusammen mit dem Therapeuten in die »Unterwelt« seiner Seele hinabzusteigen wagte, um dort verlorene Seelenteile und blockierte Energien wiederzufinden und zu befreien. Etwas Ähnliches taten und tun die Medizinmänner und Schamanen der Naturvölker, wenn sie sich für den Kranken auf die Jenseitsreise begeben, um ihn von der Macht krankheitserzeugender Geister zu erlösen und seine verlorengegangene Seele zurückzuholen.

Bei seiner Erforschung des seelischen Geschehens – besonders wie es ihm in bestimmten psychischen Erkrankungen, bei Fehlleistungen und in Träumen entgegentrat – stieß Freud auf die urtümliche Funktionsweise unbewußter Vorgänge, die er als »primärprozeßhaft« bezeichnete. Die Art und Weise, wie unbewußte seelische Prozesse ablaufen, ist hauptsächlich symbolisch-magisch und nur in geringem Maße kausal-rational (vgl. Kapitel über die Magie). Freuds diesbezügliche Entdekkungen bildeten einen wissenschaftlichen Vorstoß in eine Dimension des Psychischen, die die Heiler und Magier früherer Zeiten als ihr Operationsfeld, als ihre »Magische Welt«, den Bereich des Jenseitigen, des »Feinstofflichen« und »Astralen« angesehen hatten. Allerdings stand Freud dem Religiösen und Okkulten zunächst sehr kritisch und wohl auch ängstlich gegenüber, so daß er sie nur wissenschaftlich-rational und reduktionistisch als infantile Abwehr und Regression verstehen wollte. Noch 1910 versuchte er, sich mit C. G. Jung, der dem Okkulten und Magischen schon immer in weit höherem Maße geneigt gewesen war, gegen die »schwarze Schlammflut des Okkultismus« zu verbünden (s. u.). Bereits ein Jahr später aber schrieb er an Jung:

> »Lieber Freund, ... In Sachen des Okkultismus bin ich seit der großen Lektion durch die Erfahrungen Ferenczis (der telepathische Experimente durchgeführt hatte, Anm. d. Verf.) demütig geworden. Ich verspreche alles zu glauben, was sich irgendwie vernünftig machen läßt. Gerne geschieht es nicht, das wissen Sie. Aber meine Hybris ist seither gebrochen« (Brief vom 15. 6. 1911[2]).

Der Biograph Freuds, Ernest Jones, berichtet, daß er mit Freud in den Jahren vor dem Ersten Weltkrieg mehrmals Gespräche über parapsychische Phänomene geführt habe. Jones habe ihm vorgeworfen, er neige aufgrund fadenscheiniger Beweise dazu, an Übersinnliches zu glauben, worauf Freud geantwortet habe: »Ich mag das alles nicht, aber irgend etwas Wahres ist dran.« Jones fragte ihn, wohin eine solche Auffassung führen würde, dann könne man ja auch an Engel glauben, worauf Freud mit dem bemerkenswerten Satz: »Ganz richtig, sogar an den lieben Gott« die Diskussion beendete[3].

Und im Jahre 1921 schrieb Freud an den Parapsychologen Hereward Carrington den noch erstaunlicheren Satz: »Wenn ich mein Leben noch einmal zu leben hätte, würde ich mich lieber der Parapsychologie als der Psychoanalyse widmen.«[4]

Diese Äußerung wirft ein Schlaglicht auf die unbewußte Dynamik der komplizierten Beziehung zwischen Freud und Jung. Man kann vermuten, daß der rational-nüchterne Freud und der esoterisch eingestellte Jung so etwas wie »Schattenbrüder« waren, die sich deshalb stark faszinierten, aber einander auch mit großer Affektivität kritisieren mußten. Freud war insgesamt – hirnphysiologisch gesprochen – mehr »linkshemisphärisch« orientiert, er sah die Psyche mehr vom Standpunkt des analytisch-rationalen Ich-Bewußtseins aus, und sein therapeutisches Hauptinteresse bestand in der Stärkung und Differenzierung des Ich gegenüber den unbewußten Triebkräften: »Wo Es war, soll Ich werden.« Jung hingegen war eher »rechtshemisphärisch«, das heißt symbolisch und intuitiv orientiert. Er stand mehr auf der Seite des »Unbewußten«, und sein wesentliches Forschungsanliegen war, die Bedeutung der Tiefenschichten der Seele und deren archetypische Grundlagen in ihren vielen symbolisch-bildhaften Erscheinungsformen der menschlichen Kultur nachzuweisen. Sein Therapieziel war weniger die Stärkung des Ich, sondern die Bewußtmachung des Unbewußten mit dem Ziel der Erfahrung des Selbst: »Wo Ich war, soll Selbst werden.« Psychotherapie und Individuation bedeuteten deshalb für ihn nur zum kleineren Teil Ich-Entwicklung, zum größeren Teil bedeuteten sie ihm die Herstellung einer sinnstiftenden und schöpferischen Beziehung zu den unbewußten, transpersonalen, religiösen Dimensionen der Seele.

Deshalb ist Jung als der wesentliche Wiederentdecker des Magischen in diesem Jahrhundert und als der eigentliche Begründer einer transpersonalen Psychologie anzusehen. Da in den Schriften der führenden Theoretiker des Transpersonalen ebenso unvermeidlich immer wieder auf ihn Bezug genommen wird, wie auch in diesem Buch, sei sein Leben und Werk an dieser Stelle kurz skizziert.

»Vocatus adque non vocatus deus aderit« (Gerufen und nicht gerufen wird Gott da sein): Diesen delphischen Orakelspruch, der den Lakedämoniern gegeben wurde, als sie gegen die Athener Krieg führen wollten, hatte C. G. Jung über der Eingangstüre seines Hauses in Küsnacht einmeißeln lassen. Er ist in verschiedener Hinsicht ein Leitmotiv seines Lebens wie auch seiner Psychologie und Psychotherapie. Jung hatte früh die Auffassung gewonnen, daß die göttliche, transpersonale Dimension – wobei sein Gottesbegriff ein psychologischer und kein theologischer oder konfessioneller war – das Leben des Menschen tiefgreifend bestimmt, ob es ihm nun bewußt ist oder nicht. Selbst oder gerade auch in Krisen und seelischen Erkrankungen sah er einen religiösen Kern. Für ihn waren die meisten Krisen und seelischen Erkrankungen, seien sie gesellschaftlich-kollektiver oder individueller Art, immer auch ein Ausdruck für einen gestörten Bezug des Menschen zu seinem innersten Wesen, das er »Selbst« nannte und das sowohl persönliche wie überpersönliche Aspekte beinhaltet. Er verstand Krankheitssymptome als regulative, kompensatorische Signale und »Aufrufe« des »Selbst« an den Menschen, sich seines transpersonalen Ursprungs und seines transpersonalen Lebenssinns bewußt zu werden.

Auch in Jungs Leben ist das Transpersonale »gerufen und nicht gerufen« immer wieder in mehr oder weniger krisenhafter Form eingebrochen und hat ihn zu lebenslanger Auseinandersetzung damit gezwungen. Jung wurde 1875 in Kesswil in der Schweiz geboren und lebte von seinem vierten Lebensjahr an mit seinen Eltern in Basel. Sein Vater war Pfarrer. Schon seit seiner frühesten Kindheit wurde er in hohem Maße – bedingt wohl durch seine ausgeprägte introvertierte, intuitive Einstellung – von Phantasien, Träumen und Einfällen beeinflußt. Bereits der erste Traum, an den er sich erinnern kann und den er etwa mit drei bis vier Jahren hatte, war von solch archetypischer und für ihn zukunftsweisender Art, daß er von ihm sagt, er habe ihn sein ganzes Leben lang beschäftigt.

In diesem Traum entdeckte er auf einer Wiese ein dunkles, rechteckiges Loch in der Erde. Er folgte einer Steintreppe, die in die Tiefe führte. In der Mitte eines großen Raumes stand ein wunderbar reicher, goldener Thronsessel, auf dem ein merkwürdiges Gebilde saß, das er sich noch nicht erklären konnte.

»Es war ein riesiges Gebilde, das fast bis an die Decke reichte. Zuerst meinte ich, es sei ein hoher Baumstamm. Der Durchmesser betrug etwa fünfzig bis sechzig Zentimeter und die Höhe etwa vier bis fünf Meter. Das Gebilde war aber von merkwürdiger Beschaffenheit: Es bestand aus Haut und lebendigem Fleisch, und obendrauf war eine Art rundkegelförmigen Kopfes ohne Gesicht und ohne Haare; nur ganz oben auf dem Scheitel befand sich ein einziges Auge, das unbewegt nach oben blickte.«[5]

Wenn man will, kann man diesen Traum als einen Schlüssel zu Jungs Leben und Werk auffassen. So war es sein tiefstes, lebenslanges Anliegen, die schöpferische Potenz und Dynamik, die in den unbewußten Regionen der Psyche enthalten ist und die sich im Traum als die unterirdische phallische Gottheit symbolisiert, dem Menschen wieder bewußt und zugänglich zu machen. Dazu mußte er auch wagen, die von der Gesellschaft und Kultur tabuisierten, archaischen und triebhaften Aspekte des Religiösen aus der Verdrängung und Verleugnung zu erlösen, was ihm bis heute von vielen Theologen (und von manchen Esoterikern) verübelt wird, weil sie das Transpersonale vom Unbewußten der Seele deutlich abgrenzen wollen. Das wirklich Neue und Epochale in Jungs Psychologie liegt eben nicht nur in einer Wiederentdeckung des Religiösen und der archetypischen Dimensionen der Psyche, sondern auch in der Betonung der schattenhaften, dunklen Seiten des Göttlichen.

Der beschriebene Kindheitstraum von Jung muß natürlich auch kompensatorisch zu seiner damaligen Familiensituation gesehen werden. Sein Vater, der Pfarrer war, litt daran, seinen Glauben verloren zu haben, und versuchte, diesen Verlust durch eine äußerlich eingenommene, starre religiöse Haltung zu ersetzen. Die wirkliche religiöse Erfahrung war ihm abhanden gekommen. Jungs Mutter hingegen hatte sich, trotz äußerer Anpassung an die religiösen Konventionen, eine starke Verbundenheit zu allem Naturhaften, eine natürliche Religiosität bewahrt, die vermutlich Jungs eigene religiöse Einstellung unbewußt prägte. Wie der Traum zeigt, lebte das wahre Religiöse in Jung und seiner Familie offenbar in ursprünglicher Weise als archaische Phallus-Gottheit unter der Oberfläche des Bewußtseins weiter. Es von dorther wiederzugewinnen machte das lebenslange Bemühen von Jung aus.

Während sich die ungeheure schöpferische Potenz des »Unbewußten« in den ersten Lebensjahren Jungs erst ankündigte, brach sie in der Lebensmitte, in den Jahren 1913–1916, vollständig durch. Ausgelöst war sie wohl durch den Bruch der freundschaftlichen Beziehungen zu S. Freud, zu dessen geistigem Nachfolger er bereits erkoren worden war. Dieser Bruch hatte sich eigentlich schon bald nach Beginn ihrer Freundschaft angekündigt und sich im wesentlichen an der Sexualtheorie Freuds entzündet.

»Ich erinnere mich noch lebhaft, wie Freud zu mir sagte: ›Mein lieber Jung, versprechen Sie mir, nie die Sexualtheorie aufzugeben. Das ist das Allerwesentlichste. Sehen Sie, wir müssen daraus ein Dogma machen, ein unerschütterliches Bollwerk.‹ Das sagte er zu mir voll Leidenschaft und in einem Ton, als sagte ein Vater: ›Und versprich mir eines, mein lieber Sohn: geh jeden

Sonntag in die Kirche!‹ Etwas erstaunt fragte ich ihn: ›Ein Bollwerk – wogegen?‹ Worauf er antwortete: ›Gegen die schwarze Schlammflut‹ – hier zögerte er einen Moment, um beizufügen: ›des Okkultismus‹.«[6]

Diese Forderung Freuds, aus der Sexualtheorie ein Dogma und Bollwerk zu machen, bezeichnete Jung als einen Stoß, »der ins Lebensmark unserer Freundschaft traf«. Was Freud unter »Okkultismus« zu verstehen schien, war so ziemlich alles, was Philosophie, Religion, Esoterik und Parapsychologie über die Seele auszusagen wußten, wofür Jung aber schon immer ein starkes Interesse gehabt hatte. Später vermutete Jung, daß die Sexualität für Freud unbewußt eine verdrängte religiöse Dimension gehabt haben mußte, anders konnte er sich dessen Faszination von ihr nicht erklären. Nur unter diesem Gesichtspunkt konnte sich Jung einen Charakterzug Freuds erklären, der ihm lange unverständlich geblieben war: dessen Bitterkeit.

»Letzten Endes wollte er (Freud, Anm. d. Verf.) lehren – so schien es mir – daß, von innen her betrachtet, Sexualität auch Geistigkeit umfasse, oder Sinn enthalte. Seine konkretistische Terminologie war aber zu eng, um diesem Gedanken Ausdruck zu geben. So hatte ich von ihm den Eindruck, daß er im Grunde genommen gegen sein eigenes Ziel und gegen sich selbst arbeitete; und es gibt keine schlimmere Bitterkeit als die eines Menschen, der sein eigener ärgster Feind ist.«[7]

Freud faßte also die sexuellen, erotischen Inhalte der menschlichen Seele nur konkret auf und machte deshalb die konkrete Sexualität zum Hauptinhalt seiner Lehre. Jung hingegen verstand die Sexualität auch symbolisch, wodurch sie, ohne ihren konkreten Gehalt zu verlieren, in ihrer Bedeutung um die religiöse, transpersonale Dimension erweitert wurde (Sexualität als religiöse Sehnsucht der Vereinigung der Gegensätze im Selbst). Jung vermutete, daß es eben gerade diese verdrängte, aber eigentlichere, »mystische« Dimension gewesen sei, die Freud veranlaßt hatte, sich so auf die Sexualtheorie zu fixieren und sie zum Allerwesentlichsten zu erklären.

»Freud hat sich nie gefragt, warum er ständig über den Sexus reden mußte, warum ihn dieser Gedanke so ergriffen hat. Es wurde ihm nie bewußt, daß sich in der ›Monotonie der Deutung‹ eine Flucht vor sich selbst ausdrückte, oder vor jener anderen, vielleicht als ›mystisch‹ zu bezeichnenden Seite in ihm. Ohne Anerkennung dieser Seite konnte er jedoch nie in Einklang mit sich selbst kommen. Er war blind gegenüber der Paradoxie und Doppeldeutigkeit der Inhalte des Unbewußten und wußte nicht, daß alles, was aus dem Unbewußten auftaucht, ein Oben und ein Unten, ein Innen und ein Außen hat... Gegen diese Einseitigkeit Freuds war nichts zu machen. Vielleicht hätte ihm eine eigene innere Erfahrung die Augen öffnen können; doch womöglich hätte sein Intellekt auch sie auf ›bloße Sexualität‹ oder ›Psychosexualität‹ reduziert. Er blieb dem einen Aspekt verfallen, und eben darum sehe ich in ihm eine tragische Gestalt; denn er war ein großer Mann und, was noch mehr ist, ein Ergriffener.«[8]

Nach der Trennung von Freud geriet Jung in eine tiefe existentielle Krise, in deren Verlauf er in solchem Ausmaß mit visionären Erfahrungen und archetypischen Symbolen konfrontiert wurde, daß diese zum »Urstoff« seines Lebenswerkes wurden. Vermutlich kam nun endgültig alles zum Vorschein, was er an eigenem Schöpferischen in der intensiven Vater-Sohn-Beziehung zu Freud nicht zu offenbaren wagte. Er schreibt über diese Zeit in seinen Erinnerungen:

»Die Jahre, in denen ich den inneren Bildern nachging, waren die wichtigste Zeit meines Lebens, in der sich alles Wesentliche entschied. Damals begann es, und die späteren Einzelheiten sind nur Ergänzung und Verdeutlichung. Meine gesamte spätere Tätigkeit bestand darin, das auszuarbeiten, was in jenen Jahren aus dem Unbewußten aufgebrochen war und mich zunächst überflutete. Es war der Urstoff für ein Lebenswerk.«[9]

Jungs Lebenswerk bestand im wesentlichen darin, die Existenz und die immense Bedeutung einer archetypischen, transpersonalen Dimension in der menschlichen Seele nachzuweisen und sie den Menschen zugänglich zu machen. Da es für ihn ohne Geschichte keine wirkliche Psychologie geben konnte, suchte er für alle seine theoretischen Auffassungen (z.B. zum Selbst-, Schatten-, Anima-, Individuationsbegriff usw.) nach Vorläufern und Parallelen in der Kultur- und Geistesgeschichte der Menschheit. Diese fand er bei den Gnostikern und Neuplatonikern ebenso wie bei den Kirchenvätern und den Mystikern des Mittelalters, in den esoterischen Systemen, bei den Alchemisten und Rosenkreuzern wie in der romantischen Philosophie und in der Naturphilosophie. Außer mit der Kultur und Philosophie des Abendlandes beschäftigte er sich intensiv mit östlichen Philosophien sowie mit den Religionen, Mythen, Märchen, Sitten und Kunstleistungen der Völker der Welt. Um lebendiges Anschauungsmaterial zu erhalten, unternahm er Reisen nach Afrika und Ägypten, zu den Pueblo-

Indianern Arizonas und Neu-Mexikos sowie nach Indien. Jungs Leben und Werk lassen sich nicht voneinander trennen:

»Meine Werke können als Stationen meines Lebens angesehen werden; sie sind Ausdruck meiner inneren Entwicklung, denn die Beschäftigung mit den Inhalten des Unbewußten formt den Menschen und bewirkt seine Wandlung. Mein Leben ist mein Tun, meine geistige Arbeit. Das eine ist vom andern nicht zu trennen. Alle meine Schriften sind sozusagen Aufträge von innen her; sie entstanden unter einem schicksalhaften Zwang. Was ich schrieb, hat mich von innen überfallen. Den Geist, der mich bewegte, ließ ich zu Worte kommen. Ich habe nie mit einer starken Resonanz auf meine Schriften gerechnet. Sie stellen eine Kompensation dar zu meiner kontemporären Welt, und ich mußte das sagen, was niemand hören will.«[10]

Als Jung 1961 im Alter von beinahe 86 Jahren starb, hinterließ er ein theoretisches Werk, das mehr als achtzehn Bände umfaßt, dazu drei Bände gesammelter Briefe und eine Autobiografie, die von A. Jaffé aufgezeichnet und herausgegeben wurde.

Jung wurde von Gegnern lange abwertend und spöttelnd als »Mystiker«, »Esoteriker«, »Prophet« bezeichnet, was nicht zuletzt mit seinen »okkulten« Interessen und Themen zusammenhing, die den »aufgeklärten«, alles besser wissenden Kritikern äußerst suspekt waren. Seine Schriften haben zudem tatsächlich einen deutlichen »Urstoff-Charakter«, man spürt, wie ergriffen Jung von seinen jeweiligen Themen war, wie sie ihn mit sich fortgerissen haben und wie wenig er dabei auf seine Leser achten konnte. So sind einige seiner Werke für den nicht tief in sein Denken eingedrungenen Interessierten so gut wie unzugänglich, weil sie höchste Ansprüche an seine geistige Offenheit und Spannweite und seine kulturelle Bildung stellen. Zudem sind sie wenig systematisch und konsequent. Jung hat aber nie einen Hehl daraus gemacht, daß es nicht in seinem Interesse lag, eine eindeutige Lehre oder umfassende Theorie zu entwickeln. Er habe nur versucht, seelische Tatbestände zu bezeichnen, deren systematische Einordnung er anderen überlassen wollte.

Der Beitrag Jungs zur Wiederentdeckung alter magisch-esoterischer Methoden und Denkmodelle läßt sich etwa so zusammenfassen: Er entwickelte die »magische« Technik der »Aktiven Imagination«, einer intensiven Form der Auseinandersetzung mit dem Unbewußten, er entdeckte die sogenannten »autonomen Komplexe«, die er in einen Zusammenhang mit dem Glauben an Geister und Dämonen brachte, erweiterte die Psychologie der Symbolik, beschrieb den Prozeß der Individuation, der Verwirklichung des »Selbst«, als der Mitte und dem Wesenskern des Menschen und entwarf die Theorie des »kollektiven«, transpersonalen Unbewußten als einer überpersönlichen, objektiv-psychischen Ebene im Menschen. Seine Entdeckung der transpersonalen, religiösen Dimension des Unbewußten und seiner Strukturelemente, der »Archetypen«, die er durch umfangreiche psychiatrische, religions-, geistes- und kulturgeschichtliche Studien belegte, ist wohl seine bedeutendste Leistung. Mit ihr hatte Jung den Anschluß an die alte esoterische Tradition des Abendlandes wiederhergestellt, die sich im Zeitalter der Aufklärung verloren hatte und nur noch zeitweilig in der Romantik, den Naturphilosophen und verschiedenen okkulten Geheimorganisationen (etwa den Rosenkreuzern, Freimaurern, Theosophen und Anthroposophen) weiterlebte. Wie später noch ausführlicher dargestellt werden wird, sah er beispielsweise die Alchemie des Mittelalters als einen wesentlichen Vorläufer seiner Psychologie an.

In einer Urkunde zur Verleihung eines Ehrendoktorats im Jahre 1955 anläßlich seines 80. Geburtstages findet sich folgende Würdigung der Persönlichkeit und des Werkes Jungs:

> »Dem Wiederentdecker der Ganzheit und Polarität der menschlichen Psyche und ihrer Einheitstendenz, dem Diagnostiker der Krisenerscheinungen des Menschen im Zeitalter der Wissenschaften und der Technik, dem Interpreten der Ursymbolik und des Individuationsprozesses der Menschheit.«[11]

Diese Zusammenfassung der wesentlichen Anliegen Jungs könnte ebensogut heute einem modernen Buch über die Zielsetzungen der Humanistischen und Transpersonalen Psychologie entnommen sein.

Moderne Erforscher des Transpersonalen

Freud und Jung sind die großen Pioniere der Wiederentdekkung der magischen Dimension der Seele, und alle wesentlichen tiefenpsychologischen, humanistischen und transpersonalen Richtungen bauen auf ihren Einsichten in die verborgenen Seiten der Psyche auf, auch wenn diese sie häufig nicht würdigen.

Von den moderneren Psychologen, die Modelle und Techniken in die psychotherapeutische Praxis einführten, die früher als »magisch« oder »esoterisch« bezeichnet worden wären, seien an dieser Stelle die bekanntesten kurz aufgeführt: R. Assagioli (unter anderem Visualisation und Willenstraining)[12], J. H. Schultz (Autogenes Training als selbsthypnotisches Entspannungsverfahren, formelhafte Selbstprogrammierung, imaginative und meditative Techniken der Oberstufe des A. T.)[13], J. L. Moreno (psychodramatische Inszenierung unbewußter Vorgänge)[14], H. Leuner (Katathymes Bilderleben als ein imaginatives Symboldrama)[15], F. Perls (Gestalttherapeutisches Identifizieren mit Traum- und Phantasiegestalten)[16], M. H. Erickson (Hypnosetherapie)[17], J. Grinder und R. Bandler (Neurolinguistisches Programmieren, verschiedene Kommunikationsformen mit dem Unbewußten)[18]. In der neueren Humanistischen und Transpersonalen Psychotherapie wird zudem verstärkt mit Meditations- und Ekstasetechniken gearbeitet. C. Green[19], S. La Berge[20], P. Tholey[21] und W. Zurfluh[22] sind moderne Pioniere des Klar- oder luziden Traumes, einer alten magischen Technik, die früher als »Astralwandern« bezeichnet wurde. Die Erforschung des Wachbewußtseins im Traum läßt weitere wesentliche Einsichten in die Psychologie des Traumes und des Unbewußten erhoffen. S. Grof[23] hat mit Hilfe der Erfahrungen seiner Versuchspersonen unter LSD-Einfluß die bisher umfassendste Darstellung der verschiedenen Ebenen und Phänomene des Unbewußten gegeben und damit die Glaubensvorstellungen östlicher und westlicher Religionen wie auch die Modellvorstellungen der Tiefenpsychologie (besonders von Freud, Jung und Rank) und der Esoterik experimentell bestätigt. Sein Beitrag ist sicher der revolutionärste und weitgehendste der letzten Jahrzehnte. K. Wilber[24], der als der führende Theoretiker der transpersonalen Psychologie gilt, ergänzt diese Resultate von der systematisch-theoretischen Seite, indem er auf den Modellen der Bewußtseinsentwicklung von J. Gebser und E. Neumann und verschiedenen esoterischen Systemen aufbaut und eine interdisziplinäre und kulturübergreifende Vorstellung von der Entwicklung des menschlichen Geistes entwirft.

Das Symbol

Seine Bedeutung für Esoterik
und Individuation

Das Symbol erweckt Ahnung; die Sprache kann nur erklären.
Das Symbol schlägt alle Seiten
des menschlichen Geistes zugleich an;
die Sprache ist genötigt,
sich immer nur einem einzigen Gedanken hinzugeben.
Bis in die geheimsten Tiefen der Seele
treibt das Symbol Wurzeln;
die Sprache berührt wie ein leiser Windhauch
nur die Oberfläche des Verständnisses.
Jenes ist nach innen; diese nach außen gerichtet.
Nur dem Symbol gelingt es,
das Verschiedenste zu einem einheitlichen Gesamteindruck
zu verbinden;
die Sprache reiht Einzelnes aneinander
und bringt immer nur stückweise zum Bewußtsein . . .
Worte machen das Unendliche endlich;
Symbole entführen den Geist über die Grenzen der endlichen,
werdenden in das Reich der unendlichen, seienden Welt.

Johann Jakob Bachofen

Mythenforscher Basel

Wie in der Einführung dargestellt wurde, soll in diesem Buch davon ausgegangen werden, daß es sich bei den esoterischen Denkmodellen um Symbolsysteme handelt, um Systeme, die mit Hilfe von Symbolen auf eine andere Wirklichkeit hinweisen und sie erfahrbar machen wollen. Diese Funktion hatten Symbole seit Urzeiten.

Symbole und die meist mit ihnen verbundenen Rituale sind schon immer die großen Beweger der Menschheit gewesen. Die Religionen bedienten sich ihrer Macht, Politiker und Ideologen setzten sie demagogisch ein, und die Werbefachleute nutzen sie zur Erhöhung ihrer Verkaufsziffern. Alle wichtigen Ereignisse, Erfahrungen, Stationen der menschlichen Existenz sind oder besser waren begleitet von helfenden, orientierenden Symbolen und Ritualen. Was ist nun ein Symbol, und worin liegt seine so tiefreichende Wirkung?

Was ist ein Symbol?

Die erste Frage ist leichter zu beantworten als die zweite. Ein Symbol ist in tiefenpsychologischer Sicht die Darstellung eines bestimmten komplexen Sachverhaltes mit den Mitteln der Analogie (Entsprechung). Meistens – wenn es sich um faszinierende und psychisch wirksame, lebendige Symbole handelt – ist der Sachverhalt, der dargestellt werden soll, so vielschichtig, schwer erfaßbar, noch unbekannt oder unbewußt, daß das Symbol überhaupt die beste Darstellung oder Annäherung an das ist, worauf es hinweist. Die Darstellungsweise ist häufig bildhaft, es kann aber praktisch jede Wahrnehmungsgestalt (z. B. eine Tonfolge, ein Wort, eine Geste, ein Geruch, eine Berührung) zu einem Symbol werden. So kann sich zum Beispiel das uns Menschen noch weitgehend unbewußte Phänomen der Liebe symbolisieren im Bild einer roten Rose, einer leuchtenden Kerze, eines »entflammten« Herzens, in einem zärtlichen Lied, einer sanften Berührung, in der sexuellen Vereinigung. Unbewußt meint hier nicht, daß das Phänomen der Liebe uns unbekannt sei, sondern meint, daß wir kaum verstehen, was sich dabei in der Seele wirklich abspielt. Alle beschriebenen Symbol-Gestaltungen der Liebe weisen auf etwas hin, was sich anders noch nicht oder überhaupt nicht ausdrücken ließe.

Daß sich die Symbole der Mittel der Analogie bedienen, heißt, daß sie den symbolisierten Sachverhalt durch etwas ausdrücken, was ihm irgendwie ähnlich und dem Symbolbetrachter oder -erleber vielleicht schon etwas vertrauter, bekannter, näher ist als das Symbolisierte selbst. So drückt die rote Rose etwas von der Schönheit und leidenschaftlichen Erregung, die leuchtende Kerze etwas von der »inneren Strahlkraft«, das Lied etwas von dem »Zauber« und der »Poesie« und die sexuelle Vereinigung etwas von der Hingabe- und Verschmelzungssehnsucht der Liebe aus. Alle diese Symbole umkreisen andeutend und anspielend das »Mysterium der Liebe«, indem sie sich auf etwas vielleicht schon Bekanntes beziehen. Ist dem Betrachter des Symbols aber die Erfahrung, auf die das Symbol hinweist, nicht ansatzweise vertraut, kann er mit dem betreffenden Symbol wenig anfangen. Ein Mensch, der beispielsweise seine Hingabe- und Verschmelzungssehnsüchte weitgehend verdrängt hat (wenn das bei einem solchen Urbedürfnis überhaupt geht), könnte die sexuelle Vereinigung kaum als ein Symbol verstehen, das auf etwas »Tieferes« oder »Höheres« im Menschen hinweist. Die sexuelle Vereinigung würde ihm nicht mehr »sagen«, als daß sie eine reine, lustvolle Triebbefriedigung sei (was sie natürlich auch ist).

Daraus läßt sich ableiten, daß die Frage, ob etwas ein Symbol ist oder nicht, auch weitgehend vom Betrachter abhängt. Je nach Sichtweise und Perspektive kann die gleiche Sache für den einen ein tiefes Symbol sein und für den anderen nur ein konkreter Gegenstand. Entscheidend ist der »symbolische Blick« oder die symbolische Einstellung. Wenn man eine Kerze sachlich und objektiv betrachtet, ist sie eben nur eine bestimmte Art von Lichtquelle; wenn man sie symbolisch betrachtet, sich also fragt: Was könnte die Kerze symbolisieren, was ist so ähnlich wie eine Kerze?, dann kann sie einen bis in die höchsten Bewußtseinsräume von Licht, Leben und Liebe führen.

Symbole arbeiten also mit den Mitteln der Analogie, und man unterscheidet drei Arten von Analogiebildung: Analogie durch Ähnlichkeit, Analogie durch räumliche Nähe, Analogie durch zeitliche Nähe. Bei der Analogie durch Ähnlichkeit werden Sachverhalte in Beziehung zueinander gesetzt, die in irgendeiner Hinsicht ähnlich sind. Wenn wir sagen: »Rot ist die

Liebe«, dann wird die Farbe Rot in Beziehung zur Liebe gesetzt, weil das Rot in uns meist starke Gefühle und Emotionen auslöst, wie es auch die Liebe tut. Bei der Analogie durch räumliche Nähe werden Sachverhalte miteinander verbunden, die irgendwie räumlich zusammengehören. Der Schreibtisch des Vaters kann im Traum für den Vater selbst stehen, weil »der Vater an seinem Schreibtisch« vielleicht früher einmal als eine zusammengehörende Einheit erlebt wurde. Und bei der Analogiebildung durch zeitliche Nähe vermutet man, daß Dinge, die gleichzeitig auftauchen, auch zusammengehören und irgendwie miteinander zu tun haben. Sehen wir beispielsweise zwei Menschen zusammen oder kurz nacheinander in einen Raum kommen, dann haben wir unvermeidlich den Eindruck, daß sie in einer Beziehung zueinander stehen. Die Prinzipien der Analogiebildung sind von so fundamentaler Bedeutung für alle symbolischen Prozesse, für frühere Denkformen (z. B. die des magischen und abergläubischen Denkens) und für unbewußte psychische Vorgänge (wie z. B., Träume, Fehlleistungen etc.), daß man sich intensiv mit ihnen beschäftigen muß, wenn man die Funktion und Wirkungsweise von Symbolen verstehen will.

Wie wirkt ein Symbol?

Wir können uns die Antwort auf die Frage nach der Wirkungsweise eines Symbols relativ leicht selbst geben, wenn wir uns einmal kurz ein lachendes Kindergesicht mit glänzenden, strahlenden Augen vorstellen. Stellen wir uns dieses Kindergesicht plastisch vor und fragen wir uns, wieso dieses Bild auf uns eine viel bewegendere Wirkung hat, als wenn wir es etwa so beschreiben würden: Hier handelt es sich um das Gesicht eines dreijährigen Mädchens, bei dem sich die Reflexion eines Licht-Quantums an der feuchten Hornhaut des Auges vollzieht.

Die letzte Beschreibung ist zwar sachlich korrekt, aber interessiert und fasziniert uns wenig. Das Bild dagegen erreicht uns unmittelbar gefühlsmäßig. Es umgeht unsere abstrakte, rationale Begrifflichkeit. Wenn wir uns von einem Bild oder Symbol anrühren lassen, dann verbindet es sich assoziativ mit unseren Gefühlen, Sehnsüchten, Hoffnungen, Ängsten und Bedürfnissen. Wir sehen dann nicht nur ein Kinderauge, sondern es klingt in uns das ganze Umfeld dessen an, was wir mit Kindheit, mit Gesicht, mit Licht und Leuchten verbinden. Dieses eine Bild könnte uns, wenn wir es als Symbol auffassen würden, zu Betrachtungen veranlassen, mit denen man viele Bände füllen könnte. Es könnte uns in wehmütige Stimmung versetzen, oder es könnte uns die Erleuchtung bringen über das Wunder des menschlichen Lebens. Lassen Sie mich ein häufig gebrauchtes Zitat des Basler Mythenforschers Bachofen über das Wesen des Symbols bringen:

»Das Symbol erweckt Ahnung; die Sprache kann nur erklären. Das Symbol schlägt alle Seiten des menschlichen Geistes zugleich an; die Sprache ist genötigt, sich immer nur einem einzigen Gedanken hinzugeben. Bis in die geheimsten Tiefen der Seele treibt das Symbol Wurzeln; die Sprache berührt wie ein leiser Windhauch nur die Oberfläche des Verständnisses. Jenes ist nach innen; diese nach außen gerichtet. Nur dem Symbol gelingt es, das Verschiedenste zu einem einheitlichen Gesamteindruck zu verbinden; die Sprache reiht Einzelnes aneinander und bringt immer nur stückweise zum Bewußtsein . . . Worte machen das Unendliche endlich; Symbole entführen den Geist über die Grenzen der endlichen, werdenden in das Reich der unendlichen, seienden Welt.«[1]

Mit anderen Worten also: Das Symbol verbindet unser Bewußtsein mit vielen Aspekten unseres Wesens und mit den unbewußten, unbekannten Dimensionen unserer Psyche. Damit hat es eine brückenbauende, gegensatzverbindende Funktion, die Jung auch die »transzendente Funktion« nannte, weil sie die verschiedenen Bewußtseinsbereiche und widersprüchlichen Einstellungen des Menschen transzendiert. Aber es verbindet nicht nur von »außen nach innen« und von »oben nach unten«, sondern auch von »unten nach oben«, indem es noch unbekannte Seiten unseres Wesens allmählich unserem Bewußtsein zugänglich machen kann. Jede neue Erkenntnis, jede neue Einstellung, die sich in uns entwickeln möchte, jeder schöpferische Impuls wird unserem Bewußtsein zuerst in einer vagen, unbestimmten, bildhaften, symbolischen Form zugänglich.

Die folgende Abbildung soll illustrieren, worin die umfassende Bedeutung des Symbolischen liegt:

Ebene des Bewußtseins und der Ich-Funktionen

— —

Persönliche – Biographische Ebene des Unbewußten

— —

Archetypische – Transpersonale Ebene des Unbewußten

— —

Nicht bewußtseinsfähige körperlich-seelische Lebensgrundlagen

Der Kreis, der das Symbol darstellt, übergreift in diesem Schema alle Bereiche des Psychischen, das Bewußte und das Unbewußte. Das Symbol steht in einer Beziehung zum ganzen Menschen, zu seinem Körper, seinen emotionalen Vorgängen, zu seinen Phantasien und Wünschen und zu seinem Denken. Psychischen Symbolen ist damit ein Ganzheitscharakter immanent, und darauf beruht ihre heilende Wirkung. Die Pfeile links und rechts deuten an, daß es mit Hilfe des Symbols genauso möglich ist, über einen regressiven Prozeß tiefste Ebenen der Psyche anzusprechen, wie es möglich ist, daß durch einen progressiven Prozeß sehr unbewußte Inhalte allmählich vom Bewußtsein integriert werden können. Das Symbol wirkt dabei wie ein Vermittler zwischen den Ebenen, weshalb es auch in der Gestalt des Hermes-Mercurius einen sehr treffenden Ausdruck findet. Und Hermes-Mercurius ist aufgrund seiner paradoxen und gegensatzvereinigenden Gestalt eine dem Selbst als dem Zentrum unserer Psyche sehr nahestehende Symbolfigur.

Die vermittelnde, verbindende, heilende und schöpferische Fähigkeit des Symbols beruht neben diesem Übergreifen der seelischen Ebenen auch darauf, daß es grundsätzlich mehr- und vieldeutig, ja paradox ist und sogar widersprüchliche Botschaften zu vermitteln vermag. Das ist natürlich ein Ärgernis für viele, die Eindeutigkeit und Klarheit lieben, aber eine Wohltat für alle, die sich gerne im weiten Raum der Phantasie bewegen.

C. G. Jung schrieb an die Autorin eines Artikels über die Symbolik des Steins, den er sich selber in seinen Garten gesetzt und bearbeitet hatte, folgendes:

»... Da ich aber keineswegs den Anspruch erhebe, glücklicher Besitzer metaphysischer Wahrheiten zu sein, wäre es mir sehr viel lieber, wenn Sie meine Symbole als ebenso vorläufig ansehen wollten wie Ihren Erklärungsversuch. Ich habe nämlich weder in religiöser noch in anderer Hinsicht Gewißheit über meine Symbole. Morgen können sie sich ändern. Es sind nur Anspielungen, sie deuten auf etwas hin, sie stammeln, und oft gehen sie in die Irre. Sie versuchen nur, in eine bestimmte Richtung zu weisen, nämlich zu jenen dunklen Horizonten, hinter denen das Geheimnis des Seins verborgen ist. Sie sind eben gerade keine Gnosis, keine metaphysischen Behauptungen. Zum Teil sind es sogar unzulängliche und zweifelhafte Versuche, das Unaussprechliche auszudrücken. Darum ist ihre Zahl unendlich und die Gültigkeit eines jeden ungewiß. Es sind nur bescheidene Bemühungen, das nicht zu Beschreibende zu formulieren, zu definieren, zu formen. ›Wo faß' ich Dich, unendliche Natur?‹ (Faust). Sie bilden keine Lehre, sondern sind nur Ausdruck der Erfahrung eines unaussprechlichen Mysteriums und eine Antwort darauf.«[2]

Ein ganzheitliches, lebendiges Symbol, das uns auf den verschiedensten Ebenen gleichzeitig anrührt, wird nie vom Verstand her gemacht oder konstruiert, sondern erscheint in uns einfach und spontan als urtümlicher seelischer Ausdruck. Alle ersten Erfahrungen und Erkenntnisse haben symbolischen Charakter, sie sind viel mehr Symbole als objektive Tatsachen. Nicht nur die esoterischen Systeme, sondern auch die meisten wissenschaftlichen Theorien und Modelle sind zunächst symbolisch, was aber meist nicht gleich erkannt wird. Freud beispielsweise faßte die sexuellen, erotischen Inhalte der menschlichen Seele sehr konkret auf und machte deshalb die konkrete Sexualität zum Hauptinhalt seiner Lehre. Jung hingegen faßte die Sexualität symbolisch auf, wodurch sie, ohne ihren konkreten Gehalt zu verlieren, in ihrer Bedeutung um die religiöse, transpersonale Dimension erweitert wurde (Sexualität als religiöse Sehnsucht nach der Vereinigung der Gegensätze im Selbst).

Symbole sind also die ersten Versuche unserer Seele, das noch Unbekannte zu fassen und bewußtseinsfähig zu machen. Das gilt für die Religionen, Mythen und Märchen der Menschheit, das gilt für die esoterischen Systeme, wie zum Beispiel die Astrologie oder die Alchemie, und das gilt ebenso für das Unbewußte unserer Seele. Die Symbole des Anfangs haben immer einen so starken Evidenzcharakter, daß es zunächst gar nicht möglich ist, das Symbol vom Symbolisierten zu unterscheiden. Man hält dann das Symbol wie selbstverständlich für die Realität und ist nicht in der Lage zu erkennen, daß es sich dabei um eine bildhafte Vorstellung handelt, die sich über den eigentlichen, den unbekannten Sachverhalt legt. Am eindrücklichsten erfahren wir das in der Liebe. Die Überzeugung, daß die oder der Geliebte tatsächlich jene so heiß ersehnte Traumgestalt ist, die den Himmel auf Erden verspricht, ist anfänglich oft so stark, daß alles bessere Wissen und alle Erfahrung sie nicht relativieren können. Es ist dann unmöglich, zu sehen und zu verstehen, daß der andere Mensch seine faszinierende Wirkung nur deshalb in diesem Ausmaß auf uns ausübt, weil er etwas symbolisiert, was unserer tiefsten Sehnsucht entspricht: die Vereinigung mit unserem Selbst.

Die Verwechslung von Symbol und Symbolisiertem ereignet sich also immer dann, wenn wir, aus welchen Gründen auch immer, auf die Ebene des »magisch-mythischen« Denkens regredieren, zum Beispiel in der Liebe, bei Komplexreaktionen, während einer emotionalen Krise, bei Angstzuständen und Erschöpfung oder durch eine entsprechende bewußtseinsverändernde Technik (Meditation, Trance, Hypnose o. ä., vgl. Kapitel über die Magie). In einer intensiven Psychotherapie beispielsweise kann der Therapeut vom Patienten auf den verschiedensten Ebenen erlebt werden: Auf der »normalen«, realistischen Beziehungsebene ist er einfach der Therapeut, der er ist. Auf der symbolischen Ebene hat der Patient den Eindruck, der Therapeut sei für ihn so etwas wie ein Symbol: *wie* ein guter, schützender Vater oder *wie* eine gute, nährende Mutter. Der Patient kann immer noch unterscheiden zwischen der wirklichen Person des Therapeuten und dessen symbolischem Aspekt. Schließlich, bei tieferen Regressionen, auf der magisch-mythischen Ebene, nimmt der Therapeut für den Patienten deutliche Züge der ursprünglich symbolischen Gestalt an. Hier ist der Therapeut nicht mehr *wie* ein böser Vater, sondern er ist für den Patienten teilweise oder ganz *tatsächlich* und unbezweifelbar der böse Vater, so daß er sich ihm gegenüber entsprechend verhält.

Die Verwechslung von Symbol und Realität findet sich auch sehr deutlich in den magisch-mythischen Religionen, in denen die Natur voller Dämonen, Geister und Gottheiten ist. Für den frühen Menschen war es unmöglich, zu erkennen, daß es sich dabei um Bilder, symbolische Verstehensentwürfe der Seele handelte. Auch ist dort beispielsweise der Name einer Sache gleichbedeutend mit der Sache selber. Der Name ist nicht etwas, was der Mensch der Sache gegeben hat, sondern der Name haftet der Sache gewissermaßen seit Urzeiten an, er ist mit ihr identisch. »Nomen est omen« – der Name sagt etwas über die wahre Natur seines Besitzers. Deshalb spielen die Namen bei vielen magischen Handlungen eine große Rolle. Wer die Namen der Dämonen und Gottheiten kennt und zu verwenden weiß, besitzt Macht über sie.

Von einer späteren Bewußtseinsebene aus kann man leicht solche Vorstellungen und Bilder als Illusionen abtun, weil es ja die Dämonen draußen und drinnen in dieser Gestalt gar nicht gibt. Dabei wird aber übersehen, daß diese Dämonen- und Götterbilder ursprünglich machtvolle Gegebenheiten und Kräfte des Lebens darstellten, die nach wie vor wirksam und vorhanden sind. Immer noch gibt es im Menschen und in der Natur jene rasenden, zornigen, leidenschaftlichen »Gottheiten«, die ganz und gar nicht leicht zu bewältigen und zu beruhigen sind. Die alten Dämonen- und Gottesvorstellungen waren mit Ritualen, Vorschriften und Regelungen verbunden, die dem Menschen halfen, einen einigermaßen adäquaten Umgang mit diesen Kräften zu finden.

Wenn wir nun mit dem Ablegen der alten symbolischen Ausdrucksformen glauben, damit auch die ursprünglich gemeinten Kräfte abgelegt zu haben, dann begehen wir einen fatalen Irrtum. Unsere ganze aufklärerische Kultur und Gesellschaft ist von diesem Irrtum befallen, indem sie glaubt: »Rational verstanden haben heißt bewältigt haben.« Wir wissen zur Genüge aus regelmäßiger eigener Erfahrung, daß es sich hier um eine große Illusion handelt. Das Verstehen ist sicher eine der wichtigsten Vorbedingungen für einen wirklich guten Umgang mit den seelischen Sachverhalten; daneben aber gibt es Aspekte und Mächte des Menschen, die wesentlich stärker und bewegender sind als alles Denken und Verstehen. Diesen Kräften gegenüber bedürfte auch noch der moderne Mensch hilfreicher Symbole und Rituale, die er aber kaum findet.

Die regulative Wirkung des Symbols für die Gesellschaft

Erich Neumann hat in seinem Buch »Ursprungsgeschichte des Bewußtseins« beschrieben, wie Kulturen und Gesellschaften, die sich im gesunden Ausgleich befinden, in der Lage sind, Krisen und Veränderungen dadurch zu meistern, daß sie tragende kollektive Symbole und Rituale besitzen. Durch sie wird es ihren Mitgliedern oder auserwählten einzelnen möglich, sich immer wieder erneuernd mit den Tiefenschichten des Unbewußten auseinanderzusetzen, um von dort schöpferische Impulse zu erhalten und die Erstarrung und Einseitigkeit des herrschenden Bewußtseinssystems aufzulockern. Diese Symbole und Riten werden in der Religion, in den Festen und Feiern und in der Kunst erfahren, aber auch, wenn diese den einzelnen nicht mehr genügend tragen, in den geheimen Ritualen und Systemen esoterischer Organisationen, die dann meist in einem ergänzenden und kompensatorischen Verhältnis zu den momentan gültigen kollektiven Werten stehen.

In den modernen Kulturen aber fehlen diese wirklich tragenden Symbole. Das Bewußtsein des modernen Menschen scheint in Erstarrung und Hybris geraten zu sein, es hat seinen transpersonalen Ursprung und seine religiösen Wurzeln vergessen beziehungsweise verloren. Daraus resultieren die kollektiven Neurosen des Sinnverlustes, der Entfremdung, der Betäubung und der Flucht vor sich selbst. Der moderne Mensch traut seinem Unbewußten nicht mehr. Wenn er ihm zu begegnen droht, dann tut er alles, um ihm auszuweichen. Michael Ende hat diese kollektiven Neurosen und Psychosen der modernen Gesellschaft in seinen märchenhaften Romanen »Die unendliche Geschichte« und »Momo« auf einfache, aber tiefschürfende Weise symbolisch dargestellt.[3]

Wir stehen hier vor dem eigentümlichen Phänomen der Seelenangst und Seelenflucht, von dem unsere ganze westliche Industriegesellschaft ergriffen zu sein scheint. Sozialkritiker weisen häufig darauf hin, wie sehr der heutige Mensch den Eindruck macht, auf der Flucht zu sein, immer in Hetze, in Eile, voller Termine und Verpflichtungen, so daß selbst die Freizeit für ihn zu einem Problem wird, weil er nicht weiß, mit welchen Aktivitäten er sie füllen soll.

Jeder von uns kennt das wohl in geringerem oder größerem

Ausmaß: Was stellt man beispielsweise mit freien Minuten sinnvoll an, die sich irgendwo ergeben, weil bis zur nächsten Aufgabe oder dem nächsten Termin noch etwas Zeit ist? Viele Menschen werden in solchen Situationen ausgesprochen unruhig, gereizt und unzufrieden. Es scheint, als sei ihnen dieser Zustand aufs äußerste unangenehm. Manche versuchen die dann auftretende Leere und Stille durch Lärm zu füllen. Jung gibt in einem Brief aus dem Jahre 1957 folgende Erklärung dafür:

»Der Lärm ist willkommen, denn er übertönt die innere instinktive Warnung. Wer sich fürchtet, sucht laute Gesellschaft und tosenden Lärm, der die Dämonen verscheucht. (Die entsprechenden primitiven Mittel sind Geschrei, Musik, Trommeln, knallendes Feuerwerk, Glockenläuten usw.) Der Lärm gibt ein Sicherheitsgefühl, wie die Volksmenge; daher liebt man ihn und scheut sich, etwas gegen ihn zu tun, denn man fühlt instinktiv den apotropäischen Zauber, der von ihm ausgeht. Der Lärm schützt uns vor peinlichem Nachdenken, er zerstreut ängstliche Träume, er versichert uns, daß wir ja alle zusammen seien und ein solches Getöse veranlassen, daß niemand es wagt, uns anzugreifen. Der Lärm ist so unmittelbar, so überwältigend wirklich, daß alles andere zum blassen Phantom wird ... wir hätten den Lärm nicht, wenn wir ihn nicht heimlich wollten. In der Stille nämlich würde die Angst den Menschen zum Nachdenken veranlassen, und es ist gar nicht abzusehen, was einem dann alles zum Bewußtsein käme. Die meisten Menschen fürchten die Stille, darum muß immer, wenn das beständige Geräusch, z. B. einer Unterhaltung, aufhört, etwas getan, gesagt, gepfiffen, gesungen, gehustet oder gemurmelt werden. Das Bedürfnis nach Geräuschen ist beinahe unersättlich ... In der bezeichnenderweise sogenannten ›Totenstille‹ wird es unheimlich. Warum? Gehen etwa Gespenster um? Dies wohl kaum. Das, was in Wirklichkeit gefürchtet wird, ist das, was vom eigenen Innersten kommen könnte, nämlich all das, was man sich durch Lärm vom Halse gehalten hat.«[4]

Der moderne Mensch lebt in einer doppelten Entfremdung: Er fühlt sich fremd in seiner Außenwelt und in seiner Arbeit, er fühlt sich auch fremd in sich selber. Deshalb sind auch seine Feste und Feierlichkeiten hohl und leer, sie sind eher eine Ablenkung und Betäubung als eine Intensivierung und Erhöhung des Lebens. Erst wenn er beginnt, nach sich und seiner Seele zu fragen, nach seinen wirklichen Bedürfnissen und den mit ihnen verbundenen Symbolen, und diese auch nach außen hin verwirklicht, vermag er diese Entfremdung zu überwinden. Dies scheint kaum mehr auf kollektiver Ebene möglich zu sein, sondern nur noch auf individueller, indem der einzelne ermutigt wird, seine eigenen Symbole zu finden.

Zur Problematik des symbolischen Erlebens und Denkens

Viele Menschen sind heute aber nicht nur wegen der Angst vor dem Unbewußten, sondern auch aus anderen, durchaus berechtigten Gründen Symbolen und Ritualen gegenüber mißtrauisch und kritisch. Vergangenheit und Gegenwart zeigen uns eindrücklich, wie sehr die weit ins Unbewußte hineinreichende Wirkung der Symbole mißbraucht werden kann, wie sehr Symbole uns manipulieren können. Die großen Symbole sind in gewisser Hinsicht wertneutral. Das sich drehende kosmische Sonnenrad kann der einen Kultur transpersonale Wiedergeburt und Erleuchtung verheißen, der anderen Kultur kann es als Hakenkreuz ein »Deutschland erwache« versprechen und eine ganze Nation in den Strudel eines Massenwahns ziehen.

Je individueller der Mensch wird, desto mehr flüchtet er sich berechtigterweise vor kollektiven Massensymbolen und Massenritualen, weil sie eine emotional-ansteckende, gleichschaltende, unbewußt und unverantwortlich machende Wirkung haben. Menschen, denen die Freiheit und Individualität wichtig ist, spüren deshalb auch ein gewisses Unbehagen bei allen größeren Menschenansammlungen, sei es im Fußballstadion oder selbst bei einer Friedensdemonstration. So sicherheitsverleihend und geborgenheitsvermittelnd es nämlich sein kann, sich von einer Vielzahl gleichdenkender und gleichfühlender Menschen getragen zu wissen, so bedrohlich kann das auch sein. Eine Masse von gleichdenkenden Menschen hat aufgrund der beschriebenen ansteckenden Wirkungen unabhängig von ihrem gemeinsamen Ziel immer etwas Gewalttätiges und Ausuferndes, Inflationäres an sich.

Ein weiterer, nicht ungefährlicher Aspekt symbolischen Denkens liegt, wie vorne bereits besprochen, darin, daß es für uns häufig sehr schwer, wenn nicht gar unmöglich ist, genügend zwischen Symbol und Realität zu unterscheiden. Aufgrund der beschriebenen umfassenden Wirkungsweise haben Symbole häufig starken Evidenzcharakter. Man glaubt, die Dinge seien tatsächlich und objektiv so, wie man sie symbolisch erlebt.

Mit magischen und esoterischen Methoden zu arbeiten bedeutet, unbewußte Bereiche der Seele zu beleben. Wird dabei die Unterscheidung zwischen Symbol und Realität nicht genügend beachtet, dann verfällt man sehr leicht einem abergläubischen Denken, man setzt Beziehungen und knüpft Zusammenhänge, wo objektiv keine sind. Aus einem Weg der Befreiung wird dann ein Weg in die Angst und in den Zwang. Auf diesen Punkt kann nicht nachdrücklich genug verwiesen werden, denn die Grenze zwischen Symbolik und Aberglauben, Vorurteil und Wahn ist sehr schmal. Im Kapitel über die Psychologie des Hermes-Mercurius muß deshalb noch eingehender auf diese Gefahr eingegangen werden.

Der konstruktive, heilende Umgang mit Symbolen

Zwei Hauptwege der Symbolarbeit

Dennoch aber sollten wir nicht darauf verzichten, die wandelnde Wirkung von Symbolen für unseren Reifungsprozeß zu nutzen. Wenn uns auch die überlieferten religiösen und esoterischen Symbole in unserem Transformationsprozeß eine große Hilfe sein können, so sind wir doch nicht grundsätzlich allein auf sie angewiesen. Wir können unsere eigenen geheimen, esoterischen Symbole finden, und wir können unsere eigenen magischen Rituale gestalten, die uns auf dem Weg zur Mitte weiterhelfen. Damit würden wir unserer Seele wieder einen Freiraum gestatten, sich selbst zu offenbaren. Die Seele lebt in und durch Bilder und Symbole. Während wir uns für die Bewältigung der Außenwelt am besten auf unsere äußere Wahrnehmung, auf unsere Sinne, unsere konkreten Erfahrungen, unser mitmenschliches Gefühl und unseren rationalen Verstand verlassen, benötigen wir für den Umgang mit unserer Seele Bilder, Symbole und Rituale. Nur sie werden der Tiefe und Weite, der Komplexität und Ganzheit der Seele gerecht.

Wie findet man aber nun seine persönlichen, hilfreichen und heilenden Symbole? Wenn wir uns die verschiedenen Bewußtseinsebenen des vorne wiedergegebenen Modells anschauen, dann können wir daraus zwei grundsätzliche Möglichkeiten entnehmen. Man beginnt »oben« auf der mehr rationalen Ebene und läßt sich dann von dem Symbol nach unten in die tieferen seelischen Ebenen führen, oder man läßt Symbole von »unten« »aufsteigen«. Ich möchte mit dieser letzten Möglichkeit beginnen, weil mit ihr in der Regel viele tiefenpsychologische Richtungen und esoterische Systeme arbeiten.

Hierbei geht es meist darum, daß man zunächst eine konstruktive Beziehung zu seinen unbewußten Seelenvorgängen herstellt, weshalb man auf die unbewußten Symbolbildungen achten muß. In einer analytischen Psychotherapie geht man davon aus, daß die Klienten deswegen leiden, weil sie wesentliche Seiten und Bedürfnisse aus ihrem Leben ausgeschlossen haben. Die verdrängten, unbewußten Aspekte der Persönlichkeit können sich nur in symbolischer, bildhafter Form zeigen, denn dies ist die urtümliche Erscheinungsweise seelischer Inhalte. Auf sie richtet sich deshalb zunächst die Aufmerksamkeit von Klient und Therapeut. In einem späteren Schritt versucht man dann zu verstehen, was sich in diesen Symbolen möglicherweise ausdrückt und wie der in ihnen enthaltene Sinn im Hinblick auf eine Erweiterung des Bewußtseins und eine Vertiefung des Lebens realisiert werden kann.

Die freie Assoziation

Wie kommt man aber nun mit den Symbolen seiner Seele in Kontakt? Es ist im Grunde ganz einfach: Man fragt sie. Man setzt sich oder legt sich entspannt hin und fragt sich beispielsweise: Wer bin ich? Was will ich eigentlich wirklich? Was ist meine tiefste Sehnsucht? Und dann achtet man »wohlwollend«, ohne abzuwerten und zu urteilen, auf alles, was »hochkommt«, was einem einfällt, und man betrachtet diese Phantasien und Einfälle auf symbolische Weise. Das ist die klassische Freudsche Methode der freien Assoziation.

Merkwürdigerweise (oder eigentlich gar nicht merkwürdigerweise) ist dieses so elementare, einfache Vorgehen den meisten Menschen sehr suspekt. Sie machen komplizierte astrologische Berechnungen, stundenlange Körperübungen und benutzen fremdartige Meditationstechniken, um herauszufinden, wer sie sind und was sie wollen. Aber der einfachste Weg ist doch: Wenn ich etwas wissen will, dann frage ich. Es ist im Grunde bereits alles da. Man benötigt im wesentlichen nur Offenheit und Ehrlichkeit. Weil der einfache Weg des Fragens und Hinschauens der unmittelbarste ist, ist er auch der bedrohlichste. Deshalb machen wir lieber große Umwege.

Wenn manche Patienten zur Therapie kommen, weil sie herausfinden wollen, was mit ihnen los ist, und sie aufgefordert werden, einfach zu erzählen, was ihnen durch den Sinn geht, dann geraten sie in Panik. Sie möchten nicht sehen, was da in ihnen vor sich geht, möchten nicht wirklich ihre Phantasien und Gefühle wahrnehmen. Das ist sehr verständlich, denn zuerst kommen meist tabuisierte, peinliche, perverse Gedanken und Gefühle. Man begegnet zunächst einem ungeliebten Schatten: Da tauchen unerträgliche blamable Erinnerungen auf, man schämt sich wegen seiner größenwahnsinnigen Überheblichkeiten und Eitelkeiten. Da fließt das Blut, da wird zerstückelt und zerhackt, da wird verführt und vergewaltigt, da werden Inzeste vollzogen, da wird gefressen und geschissen. Es ist eine wahre Höllenfahrt, und diese Zone des Dunklen und Schattenhaften schreckt viele Menschen auf dem Wege zu sich selbst ab. Sie hoffen, sie könnten sich durch bestimmte Techniken sogleich gen Himmel schwingen und sich und ihrer Eigenart aus dem Wege gehen. Dabei verlieren sie aber nur sich selbst.

Das Focusing

Eine andere, ähnliche Methode wie das direkte Fragen und die freie Assoziation ist das »Focusing« des Amerikaners Gendlin[5]. Es handelt sich um eine Art meditatives Vorgehen, bei dem man sich im entspannten Zustand auf eine Thematik, eine Frage oder ähnliches einstellt und dann auf Empfindungen, Gefühle, Phantasien und Begriffe wartet, die als Reaktion auf die Frage »aufsteigen«. Das Focusing ist nichts anderes als eine systematische, stufenmäßige Vorgehensweise, wie wir sie automatisch bei allen schöpferischen Prozessen einsetzen.

Am besten, wir probieren es jetzt einmal gemeinsam aus: Setzen Sie sich ganz entspannt hin, schließen Sie die Augen, tun Sie in aller Ruhe ein paar tiefe Atemzüge und lassen Sie sich ganz los. Bitte stellen Sie sich folgende Frage: »Was ist meine tiefste Sehnsucht?« Lassen Sie diese Frage zunächst ganz ruhig auf sich wirken, in sich hineinfallen wie einen Stein, der in die Tiefe des Wassers sinkt. Reagieren Sie nicht gleich, denken Sie nicht nach, sondern warten Sie, bis sich ein gewisses Gefühl, ein körperliches Erleben als Reaktion auf die Frage einstellt. Das kann eine oder mehrere Minuten dauern. Lassen Sie sich ganz auf dieses wahrscheinlich noch sehr undeutliche körperliche Gefühl ein und fragen Sie sich dann, mit welchem Bild, mit welchem Symbol sich dieses Gefühl am besten ausdrücken ließe. Welches Symbol paßt am besten als Antwort auf meine Frage? Gehen sie so lange zwischen Gefühl und Bild hin und her, bis Sie den Eindruck haben, daß sie zueinander passen, daß sie stimmen. Dann freuen Sie sich darüber, daß Sie eine Antwort Ihrer Seele erhalten haben, und kehren Sie allmählich wieder zurück.

Nicht immer erhält man auf solche oder andere Fragen auch gleich eine Antwort. Manchmal dauert es Tage, manchmal Wochen. Wir können aber sicher sein: Wenn wir nur ausgiebig lange und engagiert danach gefragt haben, was denn für den jetzigen Zeitpunkt das Symbol ist, das der inneren Befindlichkeit und den eigenen Entwicklungstendenzen, Sehnsüchten und Wünschen am besten entspricht, werden wir unweigerlich auf eines stoßen. Das kann durch einen spontanen Einfall geschehen, durch ein Buch, ein Gespräch, ein Bild in der Zeitschrift oder ein äußeres Ereignis.

Als ich vor etlichen Jahren damit anfing, nach hilfreichen Symbolen für mich zu suchen, ging ich zunächst Tage und Wochen vergeblich damit um. Alles, woran ich dachte, fand keine rechte Resonanz in mir. Eines Abends kam ich nach Hause, es hatte gerade ein wenig geregnet, da saß auf der Eingangstreppe eine Erdkröte. In dem Moment »wußte« ich, daß sie mein Symbol war. Ich hatte mich vorher nie mit Kröten beschäftigt und fand sie eher abschreckend. Ich begann die Kröte zu malen, über sie nachzudenken, zu assoziieren und zu phantasieren. Erst später entdeckte ich, daß die Kröte den Alchemisten auch ein Symbol für die »prima materia«, für die Urmaterie, den Ausgangsstoff war, mit dem alle Arbeit zu beginnen hatte. Mit meinem damaligen Evidenzgefühl, mit meiner inneren emotionalen Resonanz auf die äußere Erscheinung der Kröte hatte mir mein »Unbewußtes« verschiedene Signale gesetzt, deren symbolische Botschaft ich mir erst nach und nach erarbeitete. Durch die Kröte lernte ich eine Menge über mein Verhältnis zur Erde, zum Körperlichen, zur Sexualität, und meine Ambivalenz gegenüber der »Großen Mutter«. Aber ich lernte auch, daß eben diese Bereitschaft, auf die Impulse und auf die durch das Unbewußte vermittelten Evidenzgefühle zu achten und sie ernst zu nehmen, tatsächlich der Urstoff der Selbstbegegnung ist.

Die Träume

Eine andere wichtige Quelle für Seelensymbole sind unsere Träume. Manche Klienten träumen wunderbare und wichtige Symbole, und ich bedauere es häufig sehr, daß es mir aufgrund notwendiger therapeutischer Distanz oder auch anderer Gründe manchmal kaum möglich ist, sie zu einer intensiveren Symbolarbeit zu überreden. Täte ich es, es würde doch wenig nützen, weil sie selbst fasziniert sein, selbst teilnehmen müssen. Einige Symbole könnten »Seelenaufbaunahrung« für viele Jahre sein, sie würden die Klienten ins Zentrum ihres Wesens führen. Ein Patient träumt beispielsweise ganz am Anfang der Therapie den scheinbar lapidaren Traum: »Ich tanze eng umschlungen mit einer unbekannten Frau.« Was will er mehr? Hier hat er die symbolische Antwort auf sein Leiden. Würde er sich einige Jahre lang intensiv mit dem beschäftigen, was es heißt, zu tanzen – die Symbolik des Tanzes reicht ja von den elementarsten Ausdrucksformen der Sinnlichkeit bis in religiöse Dimensionen –, würde er sich damit beschäftigen, was es heißt, sich mit seinem unbekannten »Weiblichen« tanzend zu verbinden, er könnte bis ins Zentrum seines Selbst vorstoßen. Aber das wäre nur möglich, wenn das Traumbild nicht als tatsächlicher äußerer Akt, als eine Art Tagesrest, sondern als ein symbolisches Geschehen aufgefaßt würde und er sich diesem Symbol mit Haut und Haaren, leidenschaftlich, aussetzte.

Nehmen wir ein weiteres Beispiel: Eine Frau von 60 Jahren träumt, daß sie schwanger ist und schließlich zu ihrem Erstaunen einen großen Phallus gebiert.

Wenn man einen solchen Traum nun nicht einfach als abartig oder pervers abtut oder seine schöpferischen Möglichkeiten nicht gleich mit einer einfältigen theoretischen Deutung, zum Beispiel als Ausdruck eines tiefsitzenden »Penisneides«, tötet, sondern ihn ernst nimmt und sich von ihm tiefer in die Seele führen läßt, dann könnte man vielleicht herausfinden, welch ein immens wichtiges Symbol in ihm enthalten ist.

Die beiden ersten Karten des Tarot »Der Magier« und die »Hohe Priesterin«. Der Magier stellt auf dieser Karte den ganzen Symbolgehalt des Phallischen prägnant dar (phallische Gestalt des Magiers). Der Phallus symbolisiert neben seinem offensichtlichen Fruchtbarkeitsaspekt auch eine mehr männliche Bewußtseinsentwicklung, die mit dem aktiven Aufrichten »Hier stehe ich!«, der unterscheidenden Abgrenzung »Das ist mein Platz!«, der Autonomie »Ich will!« und der Zentrierung im Ich »Ich bin ich!« verbunden ist. Die »Hohe Priesterin« symbolisiert dagegen ein »weibliches« (vaginale Gestalt!) »matriarchales«, mondhaftes Bewußtsein, das durch seine Nähe zu unbewußten Dimensionen (das Wasser des Unbewußten im Hintergrund) und damit zum Bildhaften, Intuitiven bestimmt ist. Magier und Hohepriesterin wirken im magischen Prozeß schöpferisch zusammen.

Diese Frau könnte sich den erigierten Penis für eine Zeitlang zu ihrem zentralen Symbol machen, sie könnte dieses sogar zu einer Art Phalluskult ausarbeiten, sie könnte lernen, den Phallus zu feiern, wie es viele frühe Kulturen gemacht haben. Die Geburt ihres Phallus würde ihr dann beim vertiefenden Weiterarbeiten möglicherweise zum Symbol einer neuen, selbstsicheren Identität und Autonomie werden; sie könnte auf diese Weise vielleicht nach und nach verstehen, was die Faszination der Erektion ausmacht. Sie ist nämlich nicht nur die Fähigkeit zum Eindringen in Unbekanntes, zum Zerteilen und zum Lustvoll-sich-Verströmen, sondern noch viel grundlegender die ungeheure Erfahrung des Sich-Aufrichtens.

Für einen Menschen, dem es erstmals gelingt, sich aufzurichten und hinzustellen, offenbart sich eine neue Welt von Freiheit, Übersicht und Autonomie. Die Hände werden frei zum schöpferischen Tun. Die Faszination am erigierten Penis weist deshalb symbolisch zurück auf das Wunder der Welt- und Bewußtseinsentstehung, die durch die Trennung von Oben und Unten gekennzeichnet ist, sie weist auf die berauschende Erfahrung zurück, in sich selbst stehen zu können, in sich selbst sicher verankert und verwurzelt zu sein. Zu diesen Einsichten und Erfahrungen kommen wir aber erst, wenn wir uns auf ein symbolisches Bild wirklich einlassen, wenn wir uns von seiner äußeren, peinlichen oder auch banalen Erscheinung nicht abbringen lassen. Ich habe diese für die Identitätsbildung grundlegende phallische Symbolik an anderer Stelle in ihren positiven wie negativen Aspekten dargestellt[6].

Neben freier Assoziation, Focusing und der Arbeit mit Träumen gibt es noch eine Vielzahl weiterer Methoden, Symbole des Unbewußten zu erfahren. Im Kapitel über die Magie werden verschiedene okkulte Praktiken dargestellt, die in der Psychologie als »psychomotorische Automatismen« bezeichnet werden: das »Channeling« – eine moderne Bezeichnung für den alten Mediumismus –, das Pendeln, das automatische Schreiben und Malen, das Gläser- und Tischerücken. Darüber hinaus kann im Grunde fast alles, was ein Mensch in eine Selbsterfahrung oder Therapie hineinbringt, symbolisch aufgefaßt werden: seine Symptomatik, seine Fehlleistungen, sein Körperausdruck, seine Kleidung, seine Übertragungsvorgänge. Entscheidend ist eben der »symbolische Blick«, das heißt, ob ich das, was ein Mensch fühlt, denkt, sagt und tut, auch symbolisch sehen will. Die Berechtigung für eine solche Auffassung leitet sich einfach daraus ab, daß jeder Mensch in seinem Erleben und Verhalten weitgehend von unbewußten Vorgängen mitgesteuert wird, die sich wiederum immer symbolisch darstellen.

Die Arbeit mit esoterischen Symbolen

Wem ein solcher direkter Zugang zu eigenen Symbolen noch nicht möglich ist, weil er im »symbolischen Blick« noch wenig geübt ist oder weil er seiner Seele und ihren spontanen Produkten noch nicht recht traut, der kann natürlich auch auf allgemeine religiöse, literarische, künstlerische oder esoterische Symbole zurückgreifen, von denen er sich angesprochen fühlt. Das wäre die zweite der beschriebenen Hauptmöglichkeiten der Symbolfindung. Man fragt sich, welches bekannte oder vertraute Symbol einem besonders liegt, welches man besonders mag, und läßt sich dann auf dieses Symbol ein. Manche meinen, daß man auf diese Weise nicht wirklich zu sich komme, weil man sein Symbol ja bewußt ausgewählt habe und in dieser Auswahl schon eine Menge Abwehr enthalten sein könne. Das stimmt in gewisser Hinsicht. In anderer Hinsicht aber kann man davon ausgehen, daß sich in der Auswahl, die man trifft, immer auch ein unbewußtes Motiv findet, so daß man sich auf diese Weise nicht wirklich entgehen kann. Wir können unserem Unbewußten niemals davonlaufen. Wenn ein Klient einen erfundenen Traum mit in die Therapie brächte, könnte man ihn ebensogut bearbeiten wie einen »richtigen« Traum. Das könnte sogar noch spannender sein, denn je mehr jemand versucht, einen bestimmten täuschenden Eindruck zu erwecken, um so mehr legt er sich unbewußt offen.

Man kann also nach Symbolen suchen, indem man beispielsweise sein Lieblingsmärchen nimmt, sich für eine besonders faszinierende Szene daraus entscheidet und diese symbolisch bearbeitet. Genauso läßt sich mit altüberlieferten esoterischen Orakelmethoden wie etwa den Runen oder dem chinesischen Weisheitsbuch »I Ging« umgehen oder über Tarot-Karten meditieren. Wie man jeweils dabei vorgeht, ob »psychologisch«, indem man sich mit den Bildern und Symbolen beschäftigt, die einen in besonderer Weise ansprechen, oder »magisch«, indem man sie mit einem kleinen Ritual verbindet und es der »Fügung des Schicksals« und den unbewußten »höheren Mächten« überläßt, welches Symbol man erhält, ist eine Frage der Einstellung. Sicher ist, daß die »magische« Methode spannender ist als die »psychologische« und immer auch einen kleinen Nervenkitzel erzeugt, was die emotionale Beteiligung an einem Symbol dann wesentlich erhöht. Allerdings ist es hier auch leichter möglich – bei ungünstigen Orakeln etwa –, daß man sich unnötig mit Ängsten belastet und im schlimmsten Fall eine »sich selbst erfüllende Prophezeiung« hervorruft, indem man durch seine Erwartungshaltung gerade das erst unbewußt konstelliert, was einem vorausgesagt wurde.

Die Tarot-Karten haben in den letzten Jahren nicht nur in esoterischen Kreisen eine große Popularität erfahren. Es ist ein regelrechter Tarot-Boom entstanden. Die genaue Herkunft des Tarot-Spiels ist ungewiß, man kann sie bis ins 14. Jahrhundert zurückverfolgen. Es handelt sich um insgesamt 78 Karten, die in die 22 »Großen Arkana« (Geheimnisse) und die 56 »Kleinen Arkana« eingeteilt werden. Die »Kleinen Arkana« haben viele Gemeinsamkeiten mit unseren modernen Spielkarten, so daß es wahrscheinlich ist, daß letztere sich aus ersteren heraus entwickelt haben. Im Laufe der Jahrhunderte haben die Karten viele Gestaltungen erhalten; die Okkultisten zu Anfang des Jahrhunderts haben sie noch mit vielen magisch-esoterischen Symbolen erweitert und verändert, aber ihr Grundcharakter ist doch erhalten geblieben.

Über den Ursprung der Tarot-Karten gibt es viele Vermutungen. Da sie in Europa gleichzeitig mit den Zigeunern in Erscheinung traten, sieht man darin entsprechende Zusammenhänge. Andere Autoren spekulieren, sie könnten aus Ägypten stammen, und ihre Symbole könnten bei den ägyptischen Einweihungen bereits eine wichtige Rolle gespielt haben. Wieder andere meinen, es handele sich um das geheime »Buch des Thoth«, in dem der ägyptische Gott der Wissenschaft und Hermetik (vgl. Kapitel über Hermes-Mercurius) das ganze Wissen der Welt symbolisch niedergelegt hat. Mir gefällt besonders die Geschichte, die der französische Okkultist Papus erzählt, weil sie gut zu der »magischen« Atmosphäre paßt, die sich beim Spielen mit den Tarot-Karten einstellt:

»Das alte ägyptische Reich stand einst, vor einigen tausend Jahren, unter der Bedrohung, von einem mächtigen Feind erobert und zerstört zu werden. Angesichts der Gefahr befürchtete die Priesterschaft des Landes, daß das mühsam im Laufe der Zeit von ihnen erworbene Wissen durch die drohende Katastrophe unwiederbringlich verlorengehen könnte. Da versammelten sich die obersten Priester des Landes, um darüber zu beraten, wie dieses Wissen der Menschheit trotz Vernichtung und Zerstörung erhalten und weitergegeben werden könnte.

Ein Priester machte den Vorschlag, dieses Wissen in tief ausgehauene Zeichen und Symbole auf die Wände und Mauern der Pyramiden und Tempel einzugraben. Aber sein Vorschlag wurde abgelehnt mit der Begründung, daß auch die stärksten Mauern schließlich von Menschenhand erbaut und somit vergänglich seien. Ein Priester wollte die zehn weisesten und klügsten Köpfe des Landes auswählen, um sie in die Geheimnisse einzuweihen, die sie dann vor ihrem Tode wiederum an andere, von ihnen für weise befundene Menschen weitergeben sollten.

Gegen diesen Vorschlag erhob aber ein Priester Einspruch: ›Weisheit hat keinen dauernden Bestand, und schon oft ist aus einem Weisen ein Narr geworden. Damit ist der Fortbestand unseres Wissens nicht gesichert. Aber es gibt etwas, das bei den Menschen dauernden Bestand hat, nämlich das Laster. Laßt uns deshalb unsere Weisheit und unser Wissen dem Laster anvertrauen. Nur auf diese Weise ist gesichert, daß es alle Schwankungen und Veränderungen der Zeiten überdauern kann.‹

Dieser Vorschlag wurde allgemein für gut befunden, und man ging daran, das gesamte Wissen der Priester in Bildern auf Spielkarten zu zeichnen, die dann dem Volk übergeben wurden, damit es seinen Lastern und Leidenschaften frönen konnte.«[7]

Diese Geschichte ist zwar erfunden, aber jeder, der sich eingehender mit dem symbolischen Gehalt des Tarot beschäftigt, ist fasziniert und erstaunt über ihre vielfältigen Bedeutungsmöglichkeiten und ihren archetypischen Hintergrund. Deshalb ermöglichen sie einen sehr guten Zugang zum symbolischen Denken und Erleben[8].

Obwohl das I Ging, das Buch der Wandlungen, nicht der abendländischen magischen Tradition entstammt, möchte ich es an dieser Stelle doch kurz ansprechen, weil es bei uns in letzter Zeit eine große Beachtung gefunden hat. Es wird als eines der wichtigsten und ältesten Bücher der Weltliteratur angesehen. Es stellt die Quintessenz chinesischer Weisheit dar, und die beiden Zweige der chinesischen Philosophie, der Konfuzianismus und der Taoismus, haben in ihm ihre gemeinsamen Wurzeln[9]. In 64 sehr symbolischen und für den heutigen Menschen oft recht schwierig zu verstehenden Texten und Kommentaren wird eine Darstellung des menschlichen Lebens, seiner Konflikte und deren Lösung, seiner Stufen und Wandlungen gegeben. Die symbolischen Bilder, Zeichen und Texte können einfach als Weisheitslehre dienen, durch deren Studium man sich mit allgemeingültigen Lebensprinzipien vertraut machen kann. Sie werden aber auch als Orakelsprüche verwendet.

Ein Orakelspruch wird meist entweder durch eine längere meditative Prozedur, bei der Schafgarbenstengel geteilt werden, ermittelt oder durch die kürzere Methode des Münzenwerfens.

Ich habe vor einiger Zeit das I Ging befragt, was es eigentlich selbst vom Orakelnehmen hält. Es hat mir in seiner typischen verhüllten, mehrdeutigen Art mit dem 38. Zeichen, KUI, geantwortet und mit dem Urteil: »Der Gegensatz. In kleinen Sachen Heil.« Das dazugehörige Bild lautet: »Oben das Feuer, unten der See: das Bild des Gegensatzes. So behält der Edle bei aller Gemeinschaft seine Besonderheit.« Soll das Urteil heißen, daß die Orakelantworten des I Ging gegensätzlicher, paradoxer Natur sind und damit ebenso wie das delphische Orakel das eine wie das andere meinen können? Soll das Bild heißen, daß man sich in kleinen, nicht so entscheidenden Angelegenheiten schon des Orakels bedienen darf, es aber nicht zur Grundlage von lebenswichtigen Entschlüssen machen sollte? Soll das heißen, daß man bei aller kollektiven Weisheit, die in den Sprüchen enthalten ist, nicht seine individuelle Situation vergessen und den Mut haben sollte, zur eigenen, persönlichen Ansicht zu stehen? Hat das I Ging dies alles mit seiner Antwort gemeint, oder habe ich das hineininterpretiert? Der Leser kann das selbst überprüfen, indem er sich fragt, wie er die Antwort des I Ging auf meine oben gestellte Frage versteht.

Wir berühren damit die zentrale Frage der magischen Systeme, die ihre Gegner zu heftigster Kritik und ihre Anhänger zu großen Hoffnungen veranlaßt hat: Kann man mit ihrer Hilfe etwas über die Zukunft oder die Wahrheit einer aktuellen Situation erfahren? Diese Frage ist nicht so leicht zu entscheiden, wie mancher Kritiker glaubt. Ich werde ihr im Kapitel über die Astrologie in bezug auf das »Evidenzphänomen« weiter nachgehen. Auch wenn die Interpretation der obigen I-Ging-Antwort meiner subjektiven Auffassung entstammt, so hat mich der Orakelspruch doch zu einer mir ganz vernünftig erscheinenden Antwort angeregt. In dieser Antwort hat sich das I Ging in bezug auf die Möglichkeit des Orakelnehmens selbst relativiert und damit paradoxerweise gleichzeitig bestätigt.

Wenn man nun ein Symbol hat, wie kann man weiter mit

ihm umgehen, damit es seine heilende Wirkung entfalten kann? Das wichtigste ist, daß man es für sich zum Leben erweckt, es mit »Libido« besetzt, es emotional »auflädt«. Man muß mit ihm so umgehen wie mit einer Sache oder einer Person, die man leidenschaftlich liebt und deren Geheimnis man verstehen lernen möchte. Man muß sich immer wieder neu und auf den verschiedensten Ebenen mit ihm in Beziehung setzen. Das kann ein wochenlanger, monatelanger oder jahrelanger Prozeß der Auseinandersetzung sein. Denken wir nur daran, mit welcher Intensität und Leidenschaft ein Übender des Zen sich viele Jahre mit einem sinnlos erscheinenden Koan, vielleicht dem des Klatschens der einen Hand, abmüht, damit sich hinter der verstandesmäßig unlösbaren Aufgabe eines Tages die Paradoxie des Seins offenbaren kann. Oder denken wir daran, wie lange tibetische Mönche vor einem Mandala meditieren, damit sich in ihnen eine entsprechende Zentrierung im Selbst vollzieht.

Man kann das Symbol gestalten und mit ihm sprechen wie mit einem ernstzunehmenden, sehr weisen Gesprächspartner. Die Frage nach einer rationalen Interpretation oder Deutung, also was das Symbol alles bedeuten könnte, ist zunächst eher störend und tötet seinen Zauber. Das Denken ist der mächtigste Abwehrzauber, den wir zur Verfügung haben, also sollten wir ihn, wenn wir von der Kraft der Symbole leben wollen, nur ganz behutsam einsetzen, zum Beispiel wenn uns das Symbol allzusehr beunruhigt. Einige andere bessere Methoden wurden schon angedeutet: das künstlerische Gestalten, Malen, Töpfern, das umkreisende Assoziieren, Phantasieren und Imaginieren. Ich habe diese Methoden in meinem Buch: »Suche nach dem Zauberwort«[10] ausführlicher dargestellt. Wichtig ist vor allem, daß man ständig mit dem Symbol umgeht, daß man sich von ihm wirklich bewegen läßt, daß man es nicht hauptsächlich rational zu verstehen sucht, sondern es ganzheitlich realisiert.

Das Ritual

Eine besonders bewegende Form der Symbolbearbeitung ist das Ritual. Im Ritual meditiert und gestaltet man das Symbol nicht nur, sondern man vollzieht es mit Körper, Seele und Geist.

Rituale haben zu allen Zeiten verschiedenste Funktionen erfüllt: Die magischen Zauber-Riten dienten beispielsweise dazu, Fruchtbarkeit des Bodens und eine günstige Wetterlage zu gewährleisten oder den Einfluß von krankmachenden und Unheil bringenden Dämonen zu verhindern. Überreste solcher Rituale finden wir noch in zahlreichen abergläubischen Gesten und Gebräuchen.

Die Initiations-Riten sollten den Pubertierenden helfen, die Abhängigkeit von der Mutter oder den Eltern zu überwinden und zu verantwortlichen Mitgliedern der Gesellschaft zu werden. Die religiösen Einweihungs-Riten wollten dem Einzuweihenden höhere Erkenntnis und transpersonale Erfahrung vermitteln. Abgesehen davon, daß wir natürlich im religiösen Bereich auch heute noch viele solcher Rituale haben, wurden einige über Jahrhunderte in den Geheimgesellschaften gepflegt, die Frauenbewegung hat andere in den letzten Jahren neu belebt.

Unabhängig von ihrem Inhalt und Zweck folgen Rituale in der Regel einem drei- bis vierteiligen dramatischen Aufbau (vgl. auch Kapitel Magie): 1. Vorbereitung zum Ritual, 2. Durchführung des Rituals bis zum Höhepunkt der Handlung, der Begegnung mit dem zentralen Symbol, 3. Beendigung des Rituals, 4. Rückkehr in den Alltag und Übertragung der Erfahrung auf das Leben. Dieser Aufbau entspricht dem archetypischen Wandlungsprozeß, der allen schöpferischen Veränderungen zugrunde liegt und den wir später anhand der alchemistischen Symbole noch ausführlicher besprechen wollen. Wenn es also nun darum geht, ein eigenes wichtiges Symbol in einem Ritual zu vertiefen, dann kann man sich an dieser archetypischen Ritual- und Wandlungsstruktur orientieren. Manchmal aber erzwingt das Symbol sich selbst das ihm gemäße Ritual. Wir spüren dann deutlich, welche Form ihm am ehesten gerecht wird.

Nehmen wir als Beispiel für eine einfache rituelle Symbolhandlung noch einmal die Frau mit ihrem Phallussymbol. Diese Frau könnte sich jeden Morgen, nachdem sie ihre Morgentoilette – vielleicht in angemessener meditativer Einstellung – »vollzogen« hat (Vorbereitung), zu einem geheimen Ort begeben, wo sie ein wertvolles Kästchen aufbewahrt hat. Sie würde es feierlich öffnen und ihm ein Phallus-Symbol entnehmen (Erscheinen des Symbols). Sie würde das symbolische Objekt in die Hand nehmen, sich einige Zeit darauf konzentrieren und vielleicht mehrmals eine bestimmte Formel wiederholen, zum Beispiel: »Ich stehe zu mir selbst.« Dann würde sie das Objekt wieder zurücklegen, das Kästchen verschließen und verstecken (Beendigung des Rituals). Schließlich würde sie zur Arbeit gehen, und immer dann, wenn sie spürt, daß sie wieder einer Entscheidung ausweichen will oder »Ja« sagt, wo sie eigentlich »Nein« sagen wollte, fallen ihr das Symbol und die Formel ein, und sie bemüht sich, »zu sich selbst zu stehen« (Rückkehr in den Alltag und Übertragung der Erfahrung auf das Leben).

Ich gebe zu, dieses Ritual erscheint etwas lächerlich, aber es ist wirksam. Symbolarbeit hat immer mit unserem inneren Kind zu tun, deshalb kann sie ruhig etwas Lustiges, Spielerisches, vom Erwachsenen-Bewußtsein her gesehen »Kindisches« haben. »Wenn ihr nicht umkehrt und werdet wie die Kinder . . .« – Rituale durchführen heißt »werden wie die Kinder«, sich ganz spielerisch einem verwandelnden Tun hingeben. Im übrigen: Von einem rationalen Standpunkt aus wirken alle Rituale irgendwie lächerlich.

Alle ausdauernd und anteilnehmend durchgeführte Symbol- und Ritualarbeit führt – manchmal zwar sehr unmerklich, aber dennoch unweigerlich – in die eigene Mitte. Wenn wir unserem Selbst Raum geben, hat es eine unbändige Tendenz, sich zu verwirklichen. Manche Menschen machen sich aber diese Selbst-Verwirklichung unmöglich, weil sie ihren Phantasien und Wünschen nicht trauen. Ihnen sind ihre Symbole zu klein, zu unbedeutend, zu nichtssagend. Sie möchten am liebsten gleich mit dem Mandala anfangen und verhindern damit alles. Sie haben eine zu hohe Vorstellung, sie sehen nicht, daß das Selbst das einfach so seiende Leben in ihnen ist. In dem Maße aber, in dem wir es wagen, uns wirklich – sprichwörtlich – »um unseren eigenen Dreck zu kümmern«, beginnen wir, unserem

Selbst zu begegnen, so wie es der Spruch der alten Alchemisten verspricht: »Unser Gold wird im Dreck der Straße gefunden.«

Die »Unendliche Geschichte« von Michael Ende verdeutlicht uns diesen Vorgang der Selbst-Findung in wunderbarer Weise. Es ist ein Buch, das für jeden Menschen, der den magisch-symbolischen Weg zu sich selbst gehen will, viele wichtige Hinweise zu geben vermag[10]. Es geht um die Geschichte des kleinen Jungen Bastian, der in Gefahr ist, seine Identität zu verlieren. Es dauert lange, bis er bereit ist, sich ganz auf seine Innenwelt – die Welt Phantásiens – einzulassen, an ihr teilzunehmen. Endlich wagt er den Sprung, und er muß ganz von vorne beginnen, sich mit Hilfe seiner Wünsche, Phantasien und Träume wieder eine Beziehung zu seinem Selbst herzustellen. Er hat nicht mehr als ein unscheinbares Sandkorn, das ihm von der Kindlichen Kaiserin überreicht wird. Ausgehend von diesem unscheinbaren Sandkorn baut Bastian Phantasien wieder auf. Er muß sehr gefährliche Wege und Umwege gehen, auf denen er sich immer wieder zu verlieren droht, bis er von der Dame Aiuola, einer der phantásischen Figuren, erfährt:

»Du bist den Weg der Wünsche gegangen, und der ist nie gerade. Du hast einen großen Umweg gemacht, aber es war dein Weg. Und weißt du, warum? Du gehörst zu denen, die erst zurückkehren können, wenn sie die Quelle finden, wo das Wasser des Lebens entspringt. Und das ist der geheimste Ort Phantásiens. Dorthin gibt es keinen einfachen Weg. Und nach einer kleinen Stille fügt sie hinzu: Jeder Weg, der dorthin führt, war am Ende der richtige.«[11]

Indem wir den vielleicht unscheinbaren Symbolen und Bildern unserer Seele folgen – mit Hilfe von Meditation, Gestaltung, Ritual und Realisierung im Alltag –, umkreisen wir in immer enger laufenden Spiralbewegungen unser Selbst, bis wir vielleicht das erfahren können, was Bastian erfährt, als er zu den Wassern des Lebens gelangt, diesem wunderbaren Selbst- und Mandalasymbol.

Bastian steht in einer gewaltigen Kuppelhalle. In der Mitte liegen kreisförmig zwei riesige Schlangen, die sich gegenseitig in den Schwanz beißen; nachtschwarz die eine, silberweiß die andere. Sie umschließen einen mächtigen Springquell, der ein einziges Brausen, Jubeln, Singen, Jauchzen, Lachen und Rufen mit tausend Stimmen der Freude ist. Sie locken: »Wir, die Wasser des Lebens! Quelle, die aus sich selbst entspringt und um so reicher fließt, je mehr ihr aus uns trinkt.« Bastian springt in das kristallklare Wasser hinein und er

»trank und trank, bis sein Durst gestillt war. Und Freude erfüllte ihn von Kopf bis Fuß, Freude zu leben, Freude er selbst zu sein. Denn jetzt wußte er, wer er war und wohin er gehörte. Und das schönste war, daß er jetzt genau der sein wollte, der er war. Wenn er sich unter allen Möglichkeiten eine hätte aussuchen dürfen, er hätte keine andere gewählt. Denn jetzt wußte er: Es gab in der Welt tausend und tausend Formen der Freude, aber im Grunde waren sie alle eine einzige, die Freude, lieben zu können. Beides war ein und dasselbe.«[12]

Hermes-Mercurius

Die paradoxe Gottheit der hermetischen Künste

In der Nähe unseres Ferienhauses in Tisvilde wohnt ein Mann,
der hat über der Eingangstür seines Hauses
ein Hufeisen angebracht,
das nach einem alten Volksglauben Glück bringen soll.
Als ein Bekannter ihn fragte:
»Aber bist du denn so abergläubisch?
Glaubst du wirklich, daß das Hufeisen dir Glück bringt?«,
antwortet er: »Natürlich nicht;
aber man sagt, daß es auch dann hilft,
wenn man nicht daran glaubt.«

Niels Bohr, erzählt von Werner Heisenberg

Wir waren davon ausgegangen, daß es der esoterisch-hermetischen Methode entspricht, sich dem Wesen und der Eigenart eines rational schwer faßbaren Inhaltes mit Hilfe der Symbolik zu nähern. Nun gibt es auch in der Esoterik einige Grundsymbole, die den ganzen Bereich des Esoterischen umfassen. Eines dieser Grundsymbole ist das Mandala, ein anderes die Zahlenreihe von 1 bis 10, wieder ein anderes ist die »Tabula Smaragdina«, und noch ein anderes ist die Gestalt des Hermes-Mercurius. Da Hermes-Mercurius nicht nur der »Ahnvater« und »Gott« aller hermetisch-esoterischen Künste ist, sondern auch zugleich der »Psychopompos«, der Seelenführer, der durch die verschiedensten Bereiche der unbewußten Dimensionen hindurchzugeleiten vermag, soll er uns zunächst beschäftigen. Er wird uns in den Geist und die Besonderheit esoterisch-hermetischen Denkens einführen. Es ist kein Zufall, daß die alten Hermetiker gerade Hermes-Mercurius zu ihrem Gott auserkoren haben, denn seine paradoxe Gestalt mit seinen seltsamen, widersprüchlichen Eigenschaften war besser als alle anderen geeignet, die Essenz, das Wesentliche und das Schöpferische, zugleich aber auch das Problematische und Dunkle ihres Gegenstandes zu symbolisieren. Ein Verständnis der Symbolik des Hermes-Mercurius kann uns entscheidende Einsichten in die Eigenarten und Merkwürdigkeiten der geheimen Wissenschaften vermitteln. Hermes-Mercurius vermag eine versöhnende Brücke zu bauen zwischen einer rational-konkreten und einer magisch-symbolischen Einstellung, wobei er allerdings ein Höchstmaß an Toleranz, Offenheit und Bereitschaft, Sachverhalte auch ungeklärt zu lassen, von uns fordert.

Das Wort »hermetisch« bedeutet im modernen Sprachgebrauch zunächst »dicht verschlossen, luft- und wasserdicht«. Diese Begriffsverwendung stammt ursprünglich aus der Alchemie, wo es für die verschiedenen alchemistischen Prozesse notwendig erschien, die Retorte, also das alchemistische Gefäß, »hermetisch« verschlossen zu halten. Die Alchemisten bezogen sich dabei auf den sagenhaften ägyptischen Weisen Hermes Trismegistos (griech: Hermes tris mégistos, »dreimal größter Hermes«), der unter anderem die Kunst erfunden haben soll, eine Glasröhre mit einem geheimnisvollen Siegel (sigillum Hermetis) luftdicht abzuschließen. Der Name »Hermes

Trismegistos« kommt aus der synkretistischen Geisteswelt des hellenistischen Alexandrien, das in der Zeit nach Christi Geburt das geistige Zentrum der Alten Welt war, und bezeichnete zunächst den ägyptischen Gott der Weisheit, der Schrift und der Zahlen, Thoth[1]. Hermes Trismegistos soll zahllose Schriften über geheime Wissenschaften (z. B. Medizin, Metallscheidekunst, Alchemie, Astrologie, Magie) hinterlassen haben. Die »Tabula Smaragdina«, die smaragdene Tafel, die uns später noch beschäftigen wird, ist sein legendäres »Testament«, in dem er seine ganze Weisheit zusammengefaßt hat. Sie wurde von den Alchemisten aller Zeiten fast wie ein Evangelium verehrt.

Hermes Mercurius Trismegistos (Intaglioarbeit von Giovanni die Stefano in der Kathedrale von Siena, 14. Jh.). Die legendäre Gestalt des Hermes Trismegistos (der dreimal größte Hermes) gilt als der Ahnherr der Alchemie und der hermetischen Künste. Er geht einerseits auf den ägyptischen Gott der Weisheit, der Schriften und Wissenschaften zurück und andererseits auf den griechischen Gott Hermes, den Götterboten und Seelenführer.

Die Notwendigkeit eines hermetischen Verschlusses hatte mit Hermes-Mercurius selbst zu tun. Er, der für die Alchemisten nicht nur eine zentrale Symbolfigur war, die den alchemistischen Prozeß begleitete und förderte, sondern gleichzeitig selbst jene Substanz, um deren Veränderung es eigentlich ging, galt als ein sehr flüchtiger, nie recht zu greifender und zu fixierender Geist. Das Gefäß sollte »hermetisch« so gut verschlossen sein, daß selbst der so gewandte Hermes nicht entkommen konnte. Hierin begegnet uns bereits eine wesentliche Eigenschaft des Hermes: seine Beweglichkeit, Flüchtigkeit und Ungreifbarkeit.

Hermes-Mercurius ist also zunächst und hauptsächlich ein Gott leichter, beweglicher Dynamik, er ist der Grenzenüberschreiter par excellence. Seine Aufgabe ist es, den Willen der Götter an die Menschen und an die Unterweltlichen zu vermitteln und wiederum deren Wünsche und Sorgen denen im Olymp nahezubringen. Er ist also Mittler und Verbinder der verschiedenen Welten und bewegt sich leichtfüßig beflügelten Schrittes zwischen Tag und Nacht, Götterwelt und Menschenwelt, Menschenwelt und Unterwelt. Er gilt in der griechischen Mythologie auch als der Herr der Wege und Kreuzungen und damit als Gott der Menschen, die wie er aus den verschiedensten Gründen und mit den verschiedensten Zielen ständig unterwegs sind. Wanderer, Reisende, fahrendes Volk, Händler und Kaufleute, Boten und Diplomaten, aber auch Abenteurer, Agenten, Landstreicher, Einbrecher, Diebe, Betrüger unterstehen seinem besonderen Schutz und auch alle diejenigen, die auf dem Weg, auf der Reise zu sich und ihrem wahren Selbst sind.

Um solchen vielfältigen Vermittlungsaufgaben, den verschiedensten Gottheiten und Lebensbereichen – vom Olymp durch die Luft in die Erde bis zum Hades – gerecht werden zu können, bedarf es der Freundlichkeit und Offenheit, sicherer diplomatischer Umgangsformen, einer guten Einfühlungsfähigkeit und einer tarnenden, wandlungsfähigen Anpassungsbereitschaft. Hilfreich dabei sind eine wache Intelligenz, Spontaneität und Ideenreichtum, die Fähigkeit zu geschickten Schachzügen, bei denen man immer einen Zug weiter rechnen können muß als der Gegner, und eine gute Kenntnis über die Eigenart des Menschen, seine Stärken, Schwächen und Neigungen, sei-

Hermes mit Flügelschuhen und seinem Zauberstab, dem Caduceus (Cartari, Le Imagini de i dei de gli antichi). Hermes steht auf der Erdkugel, was seine weltumspannenden, globalen Aktivitäten andeutet. Seine kommunikativen und vermittelnden Fähigkeiten ermöglichen es, scheinbar unversöhnliche Gegensätze miteinander zu verbinden. Die Füllhörner versinnbildlichen den Reichtum der Gaben, die aus seiner vereinigenden Fähigkeit hervorgehen. Auch der Caduceus mit den polar angeordneten Schlangen weist auf diese integrative Kraft hin.

ne geheimen Wünsche, Hoffnungen, Bedürfnisse und Ängste. Diese Fähigkeiten vermittelt Hermes allen seinen Schützlingen.

Weiter gilt Hermes als schlau, listig, trickreich, fingerfertig und in vielerlei Täuschungskünsten wohl bewandert. Moral ist nicht seine Sache. »Der Zweck heiligt die Mittel« ist vielmehr seine Devise. Er ist ein Meister in der Kunst des Überlebens und ein Meister in der Kunst der Manipulation. Durch seine hohe Beredsamkeit, geistige Beweglichkeit und manuelle Geschicklichkeit, mit Hilfe von List, Verführung, Überredung und Täuschung bringt er die Menschen dazu zu glauben, was sie glauben sollen. Er ist der Schutzpatron der Gaukler, Taschenspieler und Täuschungskünstler, der Propagandisten und Werbefachleute. Er deutet die Fakten so, wie er es braucht – Hermeneutik ist die Kunst der Deutung –, und arbeitet dabei mit den uns bestens bekannten Techniken der Rationalisierung, Intellektualisierung, der Umdeutung und der Doppel- und Vieldeutigkeit seiner Aussagen. Er formuliert so, daß er nicht wirklich festzulegen ist und immer noch ein Hintertürchen offen hat, aus dem er dann flugs entweicht, wenn man glaubt, ihn dingfest gemacht zu haben. »Und wenn du glaubst, du hast'n, dann springt er aus dem Kasten.« Das macht die Begegnung und Auseinandersetzung mit ihm auch so ärgerlich und frustrierend.

Die Tarot-Karte Nr. 1 »Der Magier« wird häufig dem Hermes zugeordnet. In älteren Darstellungen ist der Magier ein Taschenspieler, ein Gaukler, was auf den täuschenden, tricksterhaften Aspekt des Hermes hinweist.

Darüber hinaus ist er der Gott der vermittelnden Kommunikation, des freien Informationsflusses. Die modernen Informationsmedien, Zeitungen, Rundfunk, Fernsehen, Telefon und nicht zuletzt die Computer, unterstehen ihm. (Es gibt im übrigen einige recht erstaunliche Parallelen zwischen Computertechnologie und Esoterik, auf die an dieser Stelle aber leider nicht näher eingegangen werden kann.)

Aufgrund dieser ausgesprochen flexiblen, beweglichen intellektuellen Fähigkeiten steht Hermes-Mercurius in der Astrologie, wo er der Herr der Tierkreiszeichen Zwillinge und Jungfrau ist, für einen sehr freien, beweglichen, manchmal kreativen, manchmal oberflächlichen Verstand. Damit sind aber seine Eigenschaften keineswegs ausreichend umschrieben. Die vielfältige, paradoxe Natur ist am besten in der Alchemie dargestellt worden (siehe weiter unten).

Kerényi[2] bezeichnet diesen tricksterhaften Hermes auch als den Geist der Unordnung, den Feind von Begrenzungen und festen Ordnungen. Er taucht überall dort auf, wo es um Auflösung alter, festgewordener Strukturen und um Veränderung geht. Sein Lebenselement ist die Dunkelheit der Nacht, aber auch das Zwielichtige, Nebelhafte, Ungewisse, und sein Hauptcharakteristikum ist seine polare, paradoxe Natur, die ihn befähigt, sich nicht mit einem Gegensatz zu identifizieren, sondern zu Menschen und Dingen in einer eigentümlichen Distanz und emotionalen Beziehungslosigkeit zu bleiben. Dadurch überschreitet er jedes festgelegte, eindeutige und damit einseitige System, sei es nun ein Bewußtseinssystem, ein Normensystem oder ein Gesellschaftssystem. Er ist schillernd, unstet, unbestimmbar, widersprüchlich, sich ständig an anderem Ort und in anderer Gestalt zeigend. Seine Wirksamkeit im alltäglichen Leben erfahren wir zum Beispiel als die »Tücke des Objekts«, als den merkwürdigen Zufall, als Betrug, Irrtum oder Täuschung oder auch als plötzliche, vielleicht glückhafte, unvorhersehbare Wende im Ablauf eines Geschehens. Genauso erscheint er uns in allen spontanen Ausdrucksformen unbewußter psychischer Vorgänge, wie etwa bei peinlichen Fehlleistungen, in starken hysterischen Persönlichkeitseigenschaften oder auch bei ausgeprägten »Double-bind«-Kommunikationsformen (doppelte, widersprüchliche Botschaften). Und überall, wo er so auftaucht, erzeugt Hermes Irritation,

Erschrecken, Angst und Wut, aber auch Überraschung, Erstaunen, Freude und Lachen. Es geht dann nicht mehr mit »rechten Dingen zu« – »recht« im Sinne der bisherigen, für richtig gehaltenen Bewußtseinsorientierung und -ordnung –, man weiß nicht mehr, woran man eigentlich ist, man verliert seine Fassung oder den Boden unter den Füßen. Das bestehende Bewußtseinssystem wird in Frage gestellt und ver-rückt.

Hermes-Mercurius in Psychologie und Alchemie

Die Analytische Psychologie C. G. Jungs ließe sich in vieler Hinsicht als eine hermetisch-mercuriale Psychologie bezeichnen. So sind die zentralen theoretischen Grundpositionen, wie beispielsweise die Polarität des Psychischen, die Bedeutsamkeit des Symbols und der transzendenten Funktion, die Wandlungsstrebigkeit der Seele, die Gegensatzvereinigung und die hermaphroditische Ganzheit des Selbst, der Psychologie des Hermes entnommen. Am eindrücklichsten aber begegnet uns Hermes in Jungs Alterswerk, in seiner Auseinandersetzung mit der Alchemie. Jung war der Auffassung, daß die Bilder, Symbole und Prozeduren der Alchemisten ein unbewußter, in die Materie hineinprojizierter Ausdruck der Suche nach Selbstfindung waren, und er bemühte sich unablässig, die Parallelen des alchemistischen Vorganges zum kreativen Wandlungs- und Bewußtwerdungsprozeß im Menschen aufzuzeigen. Dem Leser, der sich diesen späten Werken Jungs nähert, kommen sie oft so dunkel, unverständlich, widersprüchlich und »okkult« vor wie die alchemistischen Werke selbst. Das ist nicht verwunderlich, denn im Zentrum der alchemistischen Betrachtungen steht die Figur des ungreifbaren Hermes-Mercurius. Ihn kann man nur unter dem Blickwinkel seiner eigenen Psychologie verstehen, und die ist eben sehr verwirrend und vieldeutig. Hermes-Mercurius ist nur in seinen vielen widersprüchlichen und paradoxen Gestaltungen erfahrbar, er steht für eine Sache, die unserem Bewußtsein letztlich unbekannt und unverständlich bleiben wird, nämlich für die Ganzheit des Selbst, die nach einer anderen Definition die Summe aller Paradoxien der Psyche ist.

Die Alchemisten waren fasziniert und getrieben von der Idee der Wandlung eines unedlen, chaotischen Ausgangsstoffes in seine höchste und feinste, heilbringende Form: dem philosophischen Stein der Weisen, der quinta essentia. Aber sie wußten nur recht dämmerhaft – wenn überhaupt –, was sie da taten, denn sie projizierten eine psychische Faszination in die Materie, so daß diese ihnen faszinierend erschien, und verwechselten so innen und außen. Es ergeht uns heute auch nicht wesentlich besser, denn die Begriffe, die wir für die Beschreibung des dem alchemistischen Opus parallelen Individuationsprozesses verwenden, wie das Unbewußte, Schatten, Animus und Anima, Selbst und so weiter, sind fast ebenso unbestimmt wie die alchemistische Terminologie. Wir haben nur den Vorteil, zu wissen, daß es sich vornehmlich um einen psychischen Vorgang handelt, aber die bei diesem Vorgang auftauchenden Bilder und Symbole bereiten uns die gleichen Schwierigkeiten wie die entsprechenden Imaginationen den Alchemisten. Und die heutigen tiefenpsychologischen »Alchemisten« stehen häufig vor dem gleichen zentralen Problem wie ihre Vorgänger: Immer, wenn sie glauben, ihrem ersehnten Ziele, dem Einen, dem Selbst, der conjunctio oppositorum, zum Greifen nahe gekommen zu sein, verflüchtigt es sich urplötzlich wieder, zerrinnt zwischen den Fingern, und übrig bleibt im schlechtesten Falle das Gefühl, einer Täuschung aufgesessen zu sein, oder im geringsten Fall die Hoffnung, dieser ganzheitlichen Erfahrung wieder begegnen zu dürfen.

Diese häufige, frustrierende Erfahrung, möglicherweise einer Illusion nachgelaufen zu sein, viel Anstrengung, Geduld, Zeit, Energie investiert zu haben und etwas anderes zu erhalten, als was man erwartete, trieb die alten Alchemisten schier zur Verzweiflung. Es gelang ihnen einfach nicht, ihre Wandlungssubstanz, den Mercurius, diesen »evasiven« (ausweichenden) hermetischen Trickster, in ihrem Gefäß, der Retorte, festzuhalten und einem endgültigen Wandlungsprozeß auszusetzen. Deshalb nannten sie ihn einen »treulosen und allzu flüchtigen arkadischen Jüngling«, einen »servus fugitivus« (flüchtiger Sklave) oder einen »cervus fugitivus« (flüchtiger Hirsch). Zudem hatte die ganze Prozedur eine nicht unerhebliche Gefährlichkeit, denn dem entweichenden Mercurius wurde eine solche Besessenheit und Frechheit nachgesagt, daß die, welche ihn erforschen wollten, aus Unwissenheit dem Wahnsinn verfielen[3].

Hermes im alchemistischen Gefäß (Mutus liber, 1702, Ausschnitt). Hermes als die Substanz, die sich im alchemistischen Prozeß wandeln soll. Er steht auf Sonne und Mond, womit seine gegensatzvereinigende Natur angedeutet wird. Die obere Sonne spendet die für den Veränderungsprozeß notwendige Hitze (emotionale Intensität), die Vögel und die Wolken deuten an, daß es hierbei um einen Vergeistigungsvorgang, d. h. um eine Bewußtwerdung geht. Psychologisch symbolisiert Hermes die Ganzheit und Paradoxität des Selbst, das Helles und Dunkles, Weibliches und Männliches, Geistiges und Körperliches, Bewußtes und Unbewußtes umfaßt. Im Prozeß der Selbstverwirklichung soll die ursprünglich unbewußte, latente Ganzheit des Menschen bewußtgemacht und realisiert werden.

Diese Vorstellungen zeigen nachdrücklich, welche Gefahren drohen, wenn Menschen ohne ausreichende Kenntnisse und Vorbereitungen versuchen, dem flüchtigen, täuschenden, sich stets verwandelnden Hermes-Mercurius in sein esoterisches Reich des Unbewußten zu folgen: Sie können »ver-rückt« werden, um ihren Verstand kommen und die bewußtseinsmäßige Orientierung verlieren. Diese Gefahr, daß das Bewußtsein an der Widersprüchlichkeit des Mercurius zerbricht, wird zum Beispiel im Zen-Buddhismus positiv genutzt, indem dem Meditierenden paradoxe Rätselsprüche (Koans) gegeben werden.

An ihnen sollen seine Denk-Bewußtseins-Schemata zerbrechen, wodurch er zur Erfahrung der Einheitswirklichkeit, des Einen oder des Selbst fähig wird. Dieser Zusammenbruch kann aber bei einer labilen psychischen Verfassung und bei fehlenden Integrationskräften verheerende Wirkung haben.

Die alten Alchemisten suchten die Ursache für die Flüchtigkeit des Mercurius in äußeren Umständen, so in der undichten, nicht hermetisch verschlossenen Apparatur, projizierten also wieder einen inneren Sachverhalt nach außen. Dementsprechend konnten sie nicht erkennen, daß es ihre eigene Bewußtseinsstruktur war, die es ihnen unmöglich machte, Mercurius' habhaft zu werden. Das abendländische Bewußtsein ist vom rational-mentalen Denken geprägt und fordert Eindeutigkeit, Klarheit, Logik, Ordnung et cetera. Sein Vorgehen ist Unterscheidung, Zergliederung, Isolierung, Abstrahierung (was weitgehend dem alchemistischen Prozeß entspricht), und es muß immer dann scheitern, wenn es auf die andere Wirklichkeit trifft, die eben nicht eindeutig, klar, logisch und geordnet, sondern vieldeutig, widersprüchlich, irrational und paradox ist. Und um diese andere Wirklichkeit verstehen zu können, bedarf es eines hermetischen, mercurialen Bewußtseins. Die Alchemisten scheiterten, weil sie ihre Methodik nicht hinterfragen konnten, weil sie etwas fangen, festlegen, extrahieren wollten, was sich von seinem Wesen her nicht fixieren ließ. Sie hätten Hermes-Mercurius selbst auf seinen dunklen, verschlungenen Pfaden nachfolgen, sich von ihm in die andere Wirklichkeit hinein- und wieder herausführen lassen müssen, anstatt ihm seinen Weg und sein Verhalten vorschreiben zu wollen.

Zusammengefaßt: Das archetypische Bild des Hermes-Mercurius ist ein Ausdruck der unserem rationalen Bewußtsein paradox und unverständlich erscheinenden Eigenschaften des Selbst und der mit ihm verbundenen Einheitswirklichkeit[4], die der tragende Hintergrund unseres Bewußtseins ist. Diese Einheitswirklichkeit ist ihrem Wesen nach paradox und widersprüchlich, insofern sie unserem Bewußtsein unvereinbar erscheinende Gegensatzpaare in sich vereint, so Wahrheit und Täuschung, Weisheit und Dummheit, Freude und Leid, Heiliges und Profanes, Göttliches und Teuflisches und so weiter. Überall dort, wo, in welcher Form auch immer, das Mercuriale erscheint, begegnen wir der anderen Wirklichkeit, dem untergründigen Eins- und So-Sein unserer Existenz, die sich unserem festhaltenden Zugriff aber sofort wieder entzieht. Das Mercuriale wird immer an der dünnsten, schwächsten, »unbewußtesten« Stelle unseres Bewußtseinssystems wirksam – an der Schwelle zu dieser »anderen« Wirklichkeit also. Und indem es Kontakt mit der unbewußten Dimension der Psyche herstellt, vermag es das Bewußtseinssystem aus seiner Einseitigkeitsverkrampfung zu befreien, es zu entspannen und zu erweitern, aber auch mit der Gefahr der Auflösung zu bedrohen, wenn es zu labil ist. Umgekehrt wird überall da, wo es um Schwellensituationen und um Systeme geht, die an ihre Grenzen gekommen sind, der Archetyp des Hermes-Mercurius konstelliert, der dann Verwirrung, Desorientierung, Unsicherheit und Angst, aber auch befreiendes Lachen stiftet. So häufen sich beispielsweise in Zeiten gesellschaftlichen Umbruchs tricksterhafte Manifestationen: Die Narren, Verrückten, die Clowns, die Komödianten, Kabarettisten, Satiriker erwecken zunehmendes Interesse, alternatives Leben wird gesucht und erprobt, Gegensätzlichstes steht schroff nebeneinander, alles wird möglich, kurzum: Die Welt dreht durch und wird ver-rückt. Und über allem tanzt hoch oben der Trickster auf seinem Seil und freut sich diebisch über das von ihm verursachte Chaos, das zugleich die Fülle dynamischen neuen Lebens ist.

Die mercuriale Persönlichkeit

Wenn man noch einen Schritt weitergehen will, dann kann man sich fragen, was das für Menschen sind, die sich mit solchen hermetisch-mercurialen Wissenschaften beschäftigen. Es ließe sich vermuten, daß sie in bestimmter Weise ähnliche Persönlichkeitseigenschaften und Verhaltensweisen zeigen, wie sie typisch für Hermes-Mercurius sind, und zwar auf verschiedenen Reifeebenen. In der Neurosenpsychologie kennt man die sogenannte »hysterische« Persönlichkeitsstruktur, die sehr viel Ähnlichkeit mit der hermetisch-mercurialen hat.

Menschen mit einer solchen Struktur haben eine grundlegende Angst vor dem Endgültigen, Unausweichlichen, Festlegenden und haben Schwierigkeiten mit dem Eingehen von dauerhaften Bindungen und tiefergehenden Beziehungen, mit dem Annehmen ihrer Geschlechtsrolle, den Begrenzungen durch Alter und Tod, der konkret-verbindlichen Realität, die sie festlegen und einschränken könnte. Mühselige Lern-, Erfahrungs- und Reifungsschritte werden gerne großzügig übersprungen, die Realität wird nur unscharf und durch Wunschphantasien überlagert wahrgenommen, und der bunten, zuweilen faszinierenden Fülle ihres dramatischen Lebensgeschehens fehlt die Zentriertheit und Bezogenheit. Insgesamt wirkt der Träger dieser Struktur oft »schillernd, planlos-aktiv, unstet, überraschend, spontan, aber auch desorientiert, unreif-infantil oder ewig-pubertierend, verspielt, stimmungsausgeliefert und untergründig angstgetrieben in Flucht nach vorn«[5]. Er neigt dazu, ein punktuelles Leben in Fragmenten zu leben, in dem alles offenbleiben muß. Da die Hysterie alle neurotischen Symptome nachahmen kann, wird sie interessanterweise auch als Clown unter den Neurosen bezeichnet.

Natürlich sind die psychodynamischen Gründe, wieso ein Mensch eine solche hysterische oder mercuriale Persönlichkeitsstruktur entwickelt, sehr komplex, und häufig handelt es sich dabei um sehr frühe und zentrale Störungen. Weil es solchen Menschen nicht gelingt, den Übergang zum psychischen Erwachsen-Sein zu schaffen und feste Ich-Bewußtseins-Grenzen aufzubauen, werden sie leicht von unbewußten Reaktionen beeinflußt. Dies mag sich einerseits in Phantasie- und Ideenreichtum, in Originalität und Kreativität wie auch im Durchbruch paranormaler, synchronistischer Phänomene äußern, andererseits aber auch in psychischen Störungen, Fehlverhaltensweisen und merkwürdigen Persönlichkeitszügen.

Manchmal wirken diese Menschen wie lebende Personifikationen des Unbewußten schlechthin, so daß in ihrer Paradoxität und inneren Widersprüchlichkeit die linke Hand nicht weiß, was die rechte tut. Vermutlich weisen viele esoterisch engagierte Menschen, Gurus und Psi-Medien eine solche mercuriale Persönlichkeitsstruktur auf. Ich bin an anderer Stelle auf diese Zusammenhänge zwischen paranormalen Phänomenen, veränderten Bewußtseinszuständen, bestimmten Persönlichkeitszügen und der archetypischen Gestalt des Hermes-Mercurius näher eingegangen[6].

Hermes-Mercurius als die Gegensätze vereinigendes Symbol (Valentinus, Duodecim claves, 1678). Hermes-Mercurius steht hier wie ein Offenbarungsgott in der Mitte zwischen den sich feindlich gegenüberstehenden bzw. sich bekämpfenden Gegensätzen, die durch Sonne und Mond und die beiden Personen symbolisiert werden. Die Schlange versinnbildlicht das erdhafte, körperliche Prinzip, das erhöht werden muß, und der Adler das luftige, geistige Prinzip, das erniedrigt werden muß, damit es zu einer schöpferischen Verbindung zwischen ihnen kommen kann. Hermes repräsentiert die durch diese Gegensatzvereinigung ermöglichte Erfahrung der Einheit und Ganzheit des Selbst.

Das hermetisch-mercuriale Prinzip kann auf den verschiedensten Bewußtseinsebenen und Reifungsstufen erscheinen: in seiner undifferenzierten Form als ein Bewußtsein, das noch kaum dem unbewußten, magisch-mythischen Stadium entwachsen ist und in dem sich von daher noch alle möglichen Gegensätze der menschlichen Psyche in ständigem Streit, Konflikt und Wechsel befinden (siehe oben beschriebene neurotische hysterische Persönlichkeitsstruktur), in seiner differenziertesten Form als ein Bewußtsein, das die Paradoxität des Seins und des Selbst aushalten und realisieren kann. Literarische Figuren dieser Ebene wären beispielsweise die weisen Narren, die Meister des Taoismus, Zen-Buddhismus oder Sufismus (z.B. Mulla Nasrudin), Carlos Castanedas Don Juan und Don Genaro.

Wenn Sie nun die Fülle der typischen Eigenarten des Hermes und der mit ihm verbundenen Phänomene schon ein wenig eingeschläfert und desorientiert hat, dann haben Sie bereits etwas von der Wirkung seines Zauberstabes, dem Caduceus, gemerkt. Mit diesem Zauberstab, den man psychologisch auch als ein Symbol für die »transzendente Funktion«, die Fähigkeit der Seele, die verschiedensten Bewußtseinsebenen miteinander zu verbinden, auffassen kann, schläfert Hermes uns ein und schickt uns Assoziationen, Phantasien, Träume und Symbole. Sicherlich sind das nicht nur erleuchtende Träume, sondern vermutlich auch solche, in denen wir in der Dunkelheit herumirren und nach klärendem Licht suchen.

Die folgende Tabelle stellt nun noch einmal die wesentlichen Eigenschaften von Hermes-Mercurius im Überblick dar:

Konstruktive Eigenschaften des Hermes-Mercurius	Destruktive Eigenschaften des Hermes-Mercurius
Herr der Wege und Kreuzungen	Irreführung im Labyrinth der vielen Wege und Möglichkeiten
»Psychopompos«/Seelenführer im Individuationsprozeß	
Grenzüberschreitung, Überwindung von Grenzen zwischen verschiedenen Bewußtseinszuständen, zwischen Bewußtem und Unbewußtem	Desorientierung, Verwirrung, Realitätsverlust durch Verwechslung und Vermischung verschiedener Bewußtseinszustände, Borderline-Zustände, Psychosen
Vermittlungs- und Kommunikationsfähigkeit	Unklare, vieldeutige Begriffe
leichter Informationsfluß	»babylonische Sprachverwirrung«
Hermeneutik: vermittelt Sinn, Bedeutung	vermittelt auch Un-Sinn und falsche Bedeutung
Paradoxität und Vieldeutigkeit: schöpferische Fülle und Ganzheitstendenzen	Desorientierende, »verrücktmachende« Wirkung Beliebigkeit von Deutungen
Beweglichkeit: schöpferische Neugier, Anpassungsfähigkeit	Realitäts- und Verantwortlichkeitsflucht, Unverbindlichkeit, Oberflächlichkeit; fehlende Erdung und Realisierung; Lüge, Täuschung, Diebstahl
der »magische Wirkungsfaktor«; Heilkraft von Hoffnung und Glaube	Neigung zu Vorurteil, Aberglauben
Offenheit und Lernbereitschaft	Identitätsverlust, fehlender eigener Standpunkt

Die Schattenseiten des Hermes-Mercurius

Hermes-Mercurius hat, wie aus dieser Zusammenstellung seiner Eigenschaften ersichtlich ist, auch gravierende Schattenseiten, die gesehen werden müssen, wenn man sich von ihm durch sein magisches Reich führen lassen will. Jedes Bild oder Symbol, besonders ein archetypisches wie das von Hermes, hat ambivalenten Charakter. Es vereinigt Helles und Dunkles, Schöpferisches und Destruktives[7]. Esoterisch orientierte Menschen neigen häufig dazu, sich von der schöpferischen Fülle und Vielseitigkeit archetypischer Symbole blenden zu lassen und ihre dunklen, gefährlichen Seiten zu übersehen. Sie neigen dazu, ihr eigenes System unkritisch zu idealisieren und die Warnungen ihrer Kritiker zu ignorieren. Diese dunklen, problematischen Seiten werden in den späteren Kapiteln immer wieder angesprochen, an dieser Stelle sollen sie im Hinblick auf die Gestalt des Hermes-Mercurius nur kurz zusammengefaßt werden.

Täuschendes Verwirrspiel im Labyrinth der vielen Wege und Möglichkeiten

Hermes-Mercurius ist der Herr der Wege und Kreuzungen, besonders auch der Wege, die im Zwielicht, im Nebel, in der Dunkelheit verlaufen. Dort fühlt er sich geradezu in seinem Element. Damit wird er einerseits zum idealen Führer, wenn es um die Erkundung neuer Wege und bisher verschlossener Erfahrungsbereiche geht. Andererseits besteht aber auch immer die Gefahr, daß er in merkwürdige, fremdartige, abseitige Bereiche hineinführt, die zwar faszinierend sein können, aber zu zunehmender Desorientierung führen.

Wer das erste Mal mit hermetisch-esoterischen Systemen und Gedanken in Berührung kommt, ist häufig genug verwirrt, besonders dann, wenn er im systematischen Denken geschult ist und eine gute Allgemeinbildung erworben hat. Er sieht sich auf einmal einer Vielzahl von Theorien, Lehren, Philosophien, Spekulationen und Praktiken gegenüber, die alles andere als einheitlich und widerspruchsfrei sind. Religions- und Weltanschauungssysteme aus verschiedenen Kulturen und Epochen werden ohne Rücksicht auf ihren historischen Ursprung und ihre soziokulturellen Bezüge miteinander in Verbindung gebracht und vermischt; differenziertere geistige, meditative Disziplinen werden mit »primitiven«, wundergläubigen, magischen Methoden in einem Atemzug genannt. Die Phantasie höchster geistiger Freiheit und Autonomie steht unmittelbar neben der Vorstellung von einer Beeinflussung durch Geistwesen, Erdstrahlen und planetare Einflüsse. Manche Systeme stellen sich geradezu konträr zum wissenschaftlichen Standpunkt und verteufeln ihn, andere bemühen sich um einen wissenschaftlichen Anstrich.

Menschen mit einer hermetisch-mercurialen Einstellung können sich in dieser chaotischen Fülle von magischen, religiösen und psychologischen Theorien und Techniken, in diesem Nebeneinander von östlicher Philosophie und westlichem Okkultismus, von allein seligmachenden Ideologien, von ehrlicher Erkenntnissuche und betrügerischen Heilsversprechungen recht wohl fühlen. Sie suchen oder »stehlen« sich wie Hermes das heraus, was sie brauchen können, was ihrer Persönlichkeit entspricht und zu ihrem Wesen paßt. Man kann das zwar nicht als »Suche nach der letzten Wahrheit« bezeichnen, aber das ist auch nicht Hermes' hauptsächliches Interesse. Hermes ist nicht an einer objektiven Wahrheit interessiert, sondern an einer relativen Wahrheit, die für eine bestimmte Situation, für eine bestimmte Person und zu einem bestimmten Zeitpunkt »stimmig« ist.

Ein Nachteil dieser Offenheit gegenüber den vielen möglichen Wegen liegt in der Verwirrung, durch die man den einen Weg vom anderen nicht mehr deutlich unterscheiden kann, so daß man wie im Nebel oder im Dunklen herumtappt; ein weiterer liegt darin, daß man verführt wird, keinen Weg richtig zu gehen. Es gibt »Esoteriker«, die sich Jahre oder Jahrzehnte lang auf dem Weg befinden, ohne daß sich an ihrer Persönlichkeit oder in ihrem Leben etwas verändert. Immer wenn der gerade aktuell begangene Weg langweilig oder schwierig wird, probiert man eben einen anderen und erhofft sich von diesem das Heil. Konsequentes, beharrliches Durchhalten ist nicht die Sache von Hermes; anstatt mühsam Hindernisse aus dem Weg zu räumen oder eine Suche durch Anstrengung zu Ende zu führen, erhebt er sich leicht beschwingt in die Lüfte und wechselt zu einem anderen Schauplatz.

Verlust des Realitätsbezugs

Hermes-Mercurius vermag nicht nur äußere Wege und abgegrenzte Bereiche zu be- und zu überschreiten, sondern bewegt sich auch leichtfüßig in den seelischen Innenbezirken und verschiedenen Bewußtseinszuständen. Damit ist eine höhere Durchlässigkeit der verschiedenen psychischen Dimensionen verbunden, was sich in regem Gedankenfluß, spontanen, intensiven Gefühlen, originellen Phantasien und kreativen Einfällen, also in einer sehr angeregten bewegten seelischen Tätigkeit ausdrücken kann. Diese seelische Lebendigkeit ist aber nur dann wirklich schöpferisch, wenn sie mit dem alltäglichen Leben und der äußeren Realität gut verbunden wird. Wo dies nicht gelingt, bekommt die seelische Dimension eine möglicherweise krankmachende, neurotisierende Überbetonung. Wie es eine Flucht vor der Seele gibt – was esoterisch eingestellte Menschen häufig dem modernen Menschen unserer Zeit vorwerfen –, so gibt es auch eine Flucht vor der äußeren Realität, den Beziehungen zu anderen Menschen und dem gelebten Leben. Die Innenwelt wird zu einem Zufluchtsort, der einen vor den Ängsten und Kränkungen des Lebens schützt und das Gefühl von geborgener Führung vermittelt. Man kann sich darin all das erhoffen und erträumen, was man nicht zu leben gewagt hat oder was einem das Leben versagte.

Diese Flucht oder »Emigration nach innen« ist verführerischer, als man gerne wahrhat. Es ist sicher nicht zufällig, daß Esoterikern häufig vorgeworfen wird, sie seien lebensuntüchtig und wenig beziehungsfähig. Lebensmeisterung und allumfassende Liebe läßt sich in der Zurückgezogenheit leicht phantasieren, sie wirklich zu leben ist eine andere Sache. Der fehlende Bezug zum äußeren Leben und die mangelnde Übersetzung innerseelischer Vorgänge in den Alltag kann in schwereren Fällen zu psychotischen Zuständen führen, in denen innere und äußere Realität nicht mehr unterschieden werden können. Ganz besonders groß ist diese Gefahr bei bestimmten mediumistischen und magischen Praktiken, die zu einer starken Aktivierung psychischer Komplexe und Bilder führen, wie im Kapitel über Magie näher ausgeführt werden soll.

Eine harmlosere Form der Störung durch eine zu große Belebung seelischer Vorgänge bei fehlender Abgrenzungs- und

Kontrollfähigkeit liegt in der Schwierigkeit, sich zu konzentrieren, Gedanken in eine sinnvolle Ordnung zu bekommen und ständig wechselnden Gefühlen und Ideen ausgeliefert zu sein. Das erzeugt ein unangenehmes Gefühl der Desorientierung und Verwirrung, das Gefühl, neben sich zu stehen oder nicht richtig da zu sein, wie viele Menschen es kennen, wenn sie im Streß nicht mehr in der Lage sind, alle Eindrücke und Informationen adäquat zu verarbeiten. Hermes ist eben auch der Gott des Informationsflusses. Wenn es nicht gelingt, die Fülle der Informationen in geregelte Bahnen zu lenken, dann werden wir von ihnen überflutet, und das psychische Verarbeitungssystem blockiert oder bricht zusammen. Der beste Schutzmechanismus gegen eine solche Überflutung durch Inhalte der Innenwelt ist die Auseinandersetzung mit der Außenwelt. Das hat meist einen stabilisierenden und »erdenden« Einfluß.

Rückfall in prälogisches und abergläubisches Verhalten

Die intensive Auseinandersetzung mit den seelischen Innendimensionen hat notwendigerweise regressiven Charakter, das heißt, es werden ursprünglichere, »primitivere« Formen des Denkens und Erlebens wiederbelebt, die den »tieferen Schichten« des Seelischen entsprechen. Wie in einem späteren Kapitel gezeigt wird, arbeiten diese »primärprozeßhaften« Vorgänge vor allem mit den Mitteln der Analogie, der Ähnlichkeit. Hierbei werden Sachverhalte miteinander verknüpft oder gleichgesetzt, wenn sie in zeitlicher oder räumlicher Nähe gemeinsam auftreten oder ähnliche Eigenschaften aufweisen.

Analoges Denken ist die Grundlage jedes schöpferischen Denkens. Ein gravierender, aber nur sehr schwer zu entdekkender Nachteil liegt darin, daß es komplizierte, vielschichtige Sachverhalte vereinfacht und gerade dadurch sehr einleuchtend wirkt. Solche unmittelbar einleuchtenden Erkenntnisse und Zusammenhänge sind einer Kritik und Veränderung nur schwer zugänglich. Hierin liegt das Wesen vieler Stereotypien und Ideologien. Hauptsächlich auf analogem Denken aufgebaute Modelle reduzieren komplizierte Sachverhalte wie zum Beispiel das Wesen von Mann und Frau, die Eigenarten von Menschen verschiedener Kulturen oder die moralische Unterscheidung von Gut und Böse auf ein paar prägnante schwarzweiß polarisierende Formeln. Damit können sie zwar Orientierung vermitteln, erzeugen aber auch Vorurteile und Aberglauben (z.B.: das Dunkle und Schwarze macht angst und wird deshalb von uns als böse und bedrohlich erlebt; der Mensch, dem wir begegnen, hat eine dunkle, schwarze Hautfarbe, also ist er bedrohlich und böse). Weil Vorurteile und Aberglauben in der Regel auf Analogieschlüssen beruhen und das Arbeiten mit Analogien ein wesentliches Merkmal ursprünglicher seelischer Vorgänge ist, besteht bei Menschen, die sich auf diese Ebene seelischer Wirklichkeit einlassen, immer die Gefahr, daß sich mit Vorurteilen behaftete und abergläubische Einstellungen und Verhaltensweisen wiederbeleben.

Der Rückfall in prälogisches, abergläubisches Denken und Erleben ist immer mit einer Zunahme von Angst verbunden, weil das Ich einen Teil seiner reiferen Angstbewältigungsmechanismen verliert. Vorgänge der Innen- und Außenwelt werden zunehmend als bedrohlich empfunden. Gegen diese Bedrohung werden häufig unbewußt infantile Angstabwehrrituale eingesetzt. Wenn esoterisch orientierte Menschen auf Außenstehende häufig den Eindruck von »Spinnern« und »Sonderlingen« machen, dann hängt das zum großen Teil mit ihren abergläubischen Verhaltensweisen zusammen. In leichteren Fällen meinen sie dann beispielsweise, das vorherige »Auspendeln« ihrer Nahrungsmittel könne sie vor Krankheitserregern schützen oder das Einhalten bestimmter Ernährungsvorschriften oder Körperstellungen könne ihnen größere Gesundheit garantieren. Statt die ersehnte größere Freiheit zu gewinnen, verfallen sie in Angst, Unselbständigkeit und Zwang.

In schwereren Fällen führt ein Rückfall in das prälogische Denken und Erleben zu psychotischen Verfolgungsängsten oder umgekehrt zu Allmachts- und Größenphantasien, in denen geglaubt wird, die eigenen Gedanken könnten die Mitmenschen oder gar das ganze Weltgeschehen auf magische Weise steuern.

Das Mandala

Grundsymbol der Esoterik, der menschlichen Bewußtseinsentwicklung und des Individuationsprozesses

Gestaltung – Umgestaltung,
des ewigen Sinnes ewige Unterhaltung.

Johann Wolfgang Goethe

Das Mandala (sanskrit: Kreis) bildet als uraltes, archetypisches Symbol den Schlüssel zum Verständnis jedes religiösen, esoterischen und tiefenpsychologischen Denkens, seines Menschen- und Weltbildes und der daraus abgeleiteten praktischen Konsequenzen für Selbstfindung und Selbstverwirklichung. Alle wesentlichen Elemente der Esoterik sind in ihm potentiell enthalten[1]. In den östlichen Philosophien hat es eine lange Tradition. Im tibetischen Buddhismus dient es, auf Rollbildern (Thangkas) gemalt, der Kontemplation und Meditation. Wie in einem Initiationsprozeß durchschreitet der Meditierende die verschiedenen Bereiche des Mandala von außen nach innen, er vollzieht einen Stirb-und-werde-Prozeß, an dessen Ende er im Zentrum des Mandala in einen Zustand der Klarheit, der Erleuchtung und Verwesentlichung gelangt[2]. Aber auch im Abendland fand das Mandala in der Kunst, Religion, Mystik und Esoterik eine breite, meist unbewußte Verwendung. Das astrologische Horoskopbild hat Mandalastruktur, die Alchemisten stellten die Ganzheit ihres Werkes häufig in Mandalaform dar, und die Magier vollzogen ein Mandala-Kreis-Ritual, um sich mit göttlichen oder dämonischen Wesenheiten in Verbindung zu setzen.

Tibetanisches Mandala

Das Mandala (sanskrit: Kreis) bildet als uraltes, archetypisches Symbol den Schlüssel zum Verständnis jedes religiösen, esoterischen und tiefenpsychologischen Denkens. Alle wesentlichen Elemente der Individuation sind in ihm potentiell erhalten. Im tibetischen Buddhismus dient es, auf Rollbildern (Thangkas) gemalt, der Kontemplation und Meditation. Wie in einem Initiationsprozeß durchschreitet der Meditierende die verschiedenen Bereiche des Mandala von außen nach innen, er vollzieht einen Stirb-und-Werde-Prozeß, an dessen Ende er im Zentrum des Mandala in einen Zustand der Klarheit, der Erleuchtung und Verwesentlichung gelangt und seine Einheit und Ganzheit im Selbst erfährt.

Die Quadratur des Kreises (Maier, Scrutinum chymicum, 1687). Hier wird demonstriert, wie der alchemistische Prozeß der Verwandlung der Aufbaustruktur und der inneren Dynamik des Mandala folgt: von der Ursprungseinheit über die Polarität zur gegensatzvereinenden Ganzheit.

Das Mandala wird manchmal nur als ein ästhetisch schönes Gebilde betrachtet, das durch seine Ausgewogenheit und Symmetrie Ruhe und Harmonie vermittelt. Andere sehen in ihm ein kosmisches Symbol, einen Ausdruck der Einheit des Menschen mit dem Universum. Es läßt sich aber auch in eine Beziehung zum Selbst setzen und symbolisiert dann zum einen die potentielle Vollständigkeit und Ganzheit der Persönlichkeit und zum anderen den Ursprung, den Weg und das Ziel der menschlichen Entwicklung.

Es ist ein besonderes Verdienst C. G. Jungs, die Bedeutung des Mandala für den seelischen Reifungsprozeß des modernen Menschen erkannt und herausgearbeitet zu haben[3]. Jung selbst hatte in seiner oben beschriebenen Krise spontan seine ersten Mandalas gemalt, ohne von ihren östlichen Gegenstükken gewußt zu haben und ohne zu verstehen, was er da eigentlich tat. Er entdeckte, daß das Mandala ihm half, in die Fülle seiner Phantasien und Intuitionen Ordnung und Orientierung zu bringen. Er hatte den Eindruck, daß seine Mandalazeichnungen seiner jeweiligen inneren Verfassung entsprachen.

»Nur allmählich kam ich darauf, was das Mandala eigentlich ist: ›Gestaltung – Umgestaltung, des ewigen Sinnes ewige Unterhaltung‹ ... Meine Mandala-Bilder waren Kryptogramme über den Zustand meines Selbst, die mir täglich zugestellt wurden. Ich sah, wie das Selbst, d.h. meine Ganzheit, am Werke war. Das konnte ich allerdings zuerst nur andeutungsweise verstehen; jedoch schienen mir die Zeichnungen schon damals hochbedeutsam, und ich hütete sie wie kostbare Perlen. Ich hatte das deutliche Gefühl von etwas Zentralem, und mit der Zeit gewann ich eine lebendige Vorstellung des Selbst ... Erst als ich die Mandalas zu malen anfing, sah ich, daß alles, alle Wege, die ich ging, und alle Schritte, die ich tat, wieder zu einem Punkte zurückführten, nämlich zur Mitte. Es wurde mir immer deutlicher: das Mandala ist das Zentrum. Es ist der Ausdruck für alle Wege. Es ist der Weg zur Mitte, zur Individuation.«[4]

Eine ähnliche neuorientierende, zentrierende Wirkung beobachtete er bei Mandalabildern, die von Patienten im Laufe der Bewußtmachung des Unbewußten spontan produziert wurden. Häufig traten diese im Anschluß an Desorientierungen, Paniken und chaotische psychische Zustände auf. Indem sie Ordnung, Ganzheit, Ausgewogenheit und Gleichgewicht ausdrückten, hatten sie eine heilsame, beruhigende Wirkung auf sie und vermittelten ihnen zugleich einen Eindruck von den Selbstheilungskräften der Psyche. Interessanterweise wird diese Erfahrung durch die LSD-Forschung bestätigt. Im Ausklang einer psychedelischen LSD-Sitzung werden meist sehr intensive Mandalabilder in tausendfältigen Formen und Farben erlebt.

Das Mandala besteht aus drei einfachen, wesentlichen Elementen: 1. dem Zentrum, das durch einen kleinen Kreis, einen Punkt oder durch eine dem jeweiligen System wesentliche symbolische oder religiöse Gestalt dargestellt wird (z.B. Buddha, Shiva-Shakti, Lotus-Blume, Rose, Sonne, Stern), 2. einer Kreuz- beziehungsweise Quadratstruktur, welche die Fläche des Mandala meist in vier, acht oder zwölf Teile unterteilt oder zumindest vier oder mehr Eckpunkte markiert (meist in Form eines Kreuzes, eines Rades, einer Blüte oder auch in Analogie zum Aufbau eines Schlosses, einer mittelalterlichen Stadt, eines Gartens oder Hofes), und schließlich 3. dem umgebenden großen Kreis, der das Mandala begrenzt oder auch beschützt. Mit diesen drei Elementen, wenn man sie symbolisch auffaßt, lassen sich die Grundgedanken aller esoterischen Systeme, läßt sich der ganze Weg der Selbst-Verwirklichung, der Individuationsprozeß, beschreiben.

Da nach tiefenpsychologischer Vorstellung die ontogenetische Entwicklung des einzelnen Menschen den gleichen Gesetzmäßigkeiten und Abläufen folgt wie die phylogenetische Entwicklung der Menschheit von ihren Anfängen bis zu den differenziertesten Formen der Gegenwart, läßt sich dieses Modell ebensogut auf die Stadien der Bewußtseinsentwicklung der Menschheit übertragen. Im folgenden soll also versucht werden, im Symbolbild des Mandala diese allgemeingültigen, archetypischen Etappen jedes Bewußtwerdungsprozesses nachzuzeichnen, weil ihr Verständnis die Grundlage jedes esoterischen Systems und jedes Individuationsprozesses bildet.

Dabei greife ich auf ein Schema zurück, das verschiedene Forscher (z.B. J. Gebser[5], E. Neumann[6], zuletzt K. Wilber[7] in erweiterter Form) aus den Erkenntnissen der Ethnologen, Religionswissenschaftler, Entwicklungspsychologen und Psychotherapeuten entwickelt haben, um bestimmte Aspekte des menschlichen Bewußtseins und die Stadien seiner Entwicklung zu beschreiben. Im wesentlichen werden dabei vier Stadien unterschieden: die Ebene eines archaisch-unbewußten Welt- und Selbsterlebens, die Ebene eines magisch-mythischen Welt- und Selbsterlebens, die Ebene eines mental-rationalen Welt- und Selbsterlebens und die Ebene eines objektiv-integrativen Welt- und Selbsterlebens.

Das Zentrum des Mandala läßt sich verstehen als die erste Ebene des archaisch-magischen Welt- und Selbsterlebens, als die uranfängliche, noch unbewußte Einheitswirklichkeit des Selbst, den schöpferischen Ursprungszustand, in dem die ganze Fülle des menschlichen Daseins latent vorhanden, aber noch nicht zur bewußten Erfahrung geworden ist. Mit der Geburt und der damit sich allmählich vollziehenden Bewußtseinsentwicklung beginnt sich für den Menschen dieses uranfängliche Selbst zu verwirklichen, indem es für ihn in seine Polaritäten auseinandertritt. Bewußtwerdung ist nur möglich durch Unterscheidung, durch Trennung dessen, was zuvor ununterschieden vereint war.

Diese Bewußtwerdung des uranfänglichen, unbewußten Seins kann durch die Kreuz-Quadrat-Struktur des Mandala symbolisiert werden. Das Kreuz ist eines der am weitesten verbreiteten Symbole der Menschheit. Wegen seiner äußeren vier Punkte wurde es zu einem archetypischen Richtungs- und

Ordnungssymbol (z.B. die vier Himmelsrichtungen, das Koordinatensystem) und zum Symbol der Quaternität schlechthin. Außerdem wird die senkrechte Achse häufig dem »männlich«-aktiven Prinzip und die waagerechte dem »weiblich«-passiven Prinzip zugeordnet. Dadurch wird das Kreuz zu einem Symbol der Durchdringung und Vereinigung zweier polarer Bereiche. Die Kreuz-Struktur des Mandala symbolisiert also den Unterscheidungs- und Differenzierungsprozeß des

Der mercuriale Drachen (Lambsprinck-Bilderzyklus, Museum Hermeticum, 1678). Die uroborische geflügelte Kreisschlange symbolisiert in der Alchemie die »prima materia«, den Ausgangs- und Ursprungsstoff, von der alle Entwicklung ausgeht. Von ihr wird gesagt, daß diese so gefährliche, giftige Substanz zugleich die höchste Medizin enthalte. Psychologisch meint dies, daß die Erfahrung der tiefsten unbewußten Dimensionen der Seele verschiedene Wirkungen haben kann, je nachdem, wie stabil und reif das Ich-Bewußtsein ist, um sie integrieren zu können. Aus diesen Gründen wird in allen esoterischen Systemen immer eine vorsichtige und behutsame Annäherung an diese Ebenen des kollektiven Unbewußten empfohlen. Das Unbewußte kann sich dem Ich-Bewußtsein gegenüber verhalten wie ein tötendes, verschlingendes Ungeheuer oder wie ein feuriger Geist, der in die höchsten transpersonalen Bereiche zu führen vermag.

Bewußtseins, der sowohl die magisch-mythische Ebene als auch die mental-rationale Ebene bestimmt.

Der äußere Kreis des Mandala schließlich steht dann für das objektiv-integrative Bewußtsein, das die Trennung der Polaritäten und Dualitäten auf einer höheren Ebene zu überwinden und zu einer bewußten Ganzheit zu verbinden vermag. Die drei beschriebenen Elemente des Mandala mit den ihnen zugeordneten Bewußtseinsebenen sollen nun noch etwas ausführlicher dargestellt werden.

Einheit, Ursprung, Zentrum

Das archaisch-unbewußte Welt- und Selbsterleben und die Mitte des Mandala als präexistentes Selbst

Auf der Ebene eines archaisch-unbewußten Welt- und Selbsterlebens kann von einer deutlichen Unterscheidung zwischen Ich und Welt, Ich und Du, Innen und Außen noch nicht gesprochen werden. Dementsprechend gibt es auch kein abgegrenztes Ich, das sich einem anderen Objekt gegenüber als »Ich« empfinden könnte, vielmehr besteht eine Art Einheits- und Verschmelzungszustand, der in der psychologischen Literatur als Symbiose oder Dualunion beschrieben wird. Wir können über solche Zustände nur relativ wenig aussagen, weil sie »präverbal« sind. Sie entziehen sich einer sprachlichen Formulierung, die immer auf unterscheidbaren Polaritäten beruht. Auch ist es fraglich, inwieweit hier überhaupt von Bewußtsein gesprochen werden kann, insbesondere wenn sich ein Mensch hauptsächlich und vorwiegend in einem solchen Zustand befindet, ohne höhere Bewußtseinsformen zur Verfügung zu haben. Das kann der Säugling sein, von dem man vermutet, daß er während seiner ersten Lebensmonate in einer symbiotischen Phase lebt; es kann auch ein Mensch sein, der durch Krankheit oder Rausch dorthin regrediert, ohne über eine Ich-Instanz zu verfügen, die diese Erfahrung wahrnehmen und integrieren könnte. Erst wenn der Mensch ein ausreichend stabiles, integrationsfähiges Ich erworben hat, ist es ihm möglich, sich diesem Bewußtseinszustand zu öffnen, ohne von ihm aufgelöst zu werden und damit seine Bewußtseinsfähigkeit zu verlieren.

Wichtig ist also hier vor allem, daß die gleichen archaischen Vorgänge jeweils andere Wirkungen zeigen, abhängig davon, wie integrationsfähig das Ich ist. Es ist die Auffassung der meisten esoterischen Systeme, daß das bewußte »Eintauchen« oder die Rückkehr in diesen ursprünglichen Zustand das Ziel der menschlichen Evolution darstelle, weil sich der Mensch dann wieder seiner Verbundenheit mit dem Ursprung des Lebens bewußt werde. Unter diesem Gesichtspunkt handelt es sich beim Zentrum des Mandala um jenen präexistenten Aspekt des Selbst, der sich in den Religionen, Mythen und esoterischen Systemen unter verschiedenstem Namen dargestellt hat: das Eine, die Schöpfung, das uranfängliche Sein, das Atman, das Tao, Alpha und Omega, das innere Licht, der göttliche Funken, der innere Meister. In den Märchen ist es die »schwer zu erreichende Kostbarkeit«, der Schatz oder das Wasser des Lebens, in der Kabbala ist es das »En Soph«, in der Alchemie die »prima materia«, die in sich den »Stein der Weisen« enthält. Es ist der unbewußte Ausgangspunkt der menschlichen Existenz und sein immanentes Ziel. Die bewußte Erfahrung dieser transpersonalen Mitte ist das Anliegen jeder religiösen und esoterischen Suche. Wo sie sich ereignet, wird sie »Erleuchtung«, »Kosmisches Bewußtsein«, »Satori«, »Samadhi« oder »Im-Tao-Sein« genannt.

Entsprechend diesem höchsten Wert wird das Zentrum des Mandala meist mit einer symbolischen Figur, die diesen höchsten Wert oder Zustand ausdrücken soll, ausgestaltet: zum Beispiel ein Punkt oder einfach Nichts, Buddha, Christus, ein Heiliger, das »göttliche Kind«, eine Rose, ein Diamant. Die diesen Symbolen entsprechende seelische Erfahrung wird meist in Paradoxien beschrieben: Sie ist die abgründige Leere und gleichzeitig die schöpferische Fülle schlechthin, sie ist die tiefe Stille und die göttliche Musik, das ewige Wort, sie ist Alles und Nichts, sie ist unendlich weich, mild und sanft, gleichzeitig unzerstörbar fest und tragfähig.

Polarität und Dualität

Die Kreuz-Quadrat-Struktur des Mandala als leidvoller Weg des Menschen zur Ichbewußtseinsentwicklung

Das magisch-mythische Welt- und Selbsterleben

Auf der nächsten Ebene unseres Bewußtseinsentwicklungsmodells, dem magisch-mythischen Bewußtsein, beginnen die ersten polarisierenden Unterscheidungen, zum Beispiel zwischen Subjekt und Objekt, zwischen Ich und Welt. Allerdings wird diese Unterscheidung durch zahlreiche projektive »Überlappungen« gestört, durch die Innen-und Außenwelt immer wieder miteinander verschmelzen. Zum einen gelingt es dem magisch erlebenden Menschen nicht, bestimmte Seiten seines Wesens als zu sich gehörig zu erkennen. Dabei kann es sich um tabuisierte, angstbesetzte Eigenschaften handeln oder auch um starke Affekte und Triebe, die so autonom sind, daß er sie nicht genügend kontrollieren kann. Diese (noch) nicht integrierten oder abgespaltenen Seiten erscheinen ihm als Wesenheiten, Dämonen, Gottheiten, die sich seiner bemächtigen. Zum anderen aber erlebt er bestimmte Vorgänge seiner Umwelt nicht als von sich unabhängig und autonom, sondern als auf sich bezogen. Er verfällt immer wieder in einen »egozentrischen« Standpunkt. Er erklärt sich den Ursprung der Dinge nach menschlichem Maßstab, glaubt, sie seien gemacht, so wie er selbst die Dinge macht. Er stattet die Objekte seiner Umwelt mit menschlichen Eigenschaften wie Trieben, Wünschen und Willenshandlungen aus und glaubt aufgrund seiner partiellen Verschmolzenheit mit den äußeren Objekten, diese auch durch seelische Vorgänge wie Wünsche und Gedanken beeinflussen zu können.

Der magisch denkende Mensch faßt also die vielfältigen Beziehungen der einzelnen Elemente des Systems, in dem er lebt, sehr konkret und personzentriert auf: Das, was ich denke oder wünsche, beeinflußt unmittelbar einen anderen Menschen, auch wenn er sich weit entfernt von mir befindet. Die Planeten haben eine unmittelbare Wirkung auf mein Schicksal bis ins kleinste hinein. Die Dinge der Welt stehen in einer unmittelbaren Sympathie und Antipathie zueinander.

Heute wissen wir, daß es sich bei diesen magischen Vorstellungen weitgehend um Projektionen unbewußter seelischer Faktoren handelt. Die Objekte der Außenwelt sind nicht in dieser Weise miteinander und mit uns verbunden, wie wir es vermuten, wenn wir magisch erleben und denken. Das magische Weltbild entspricht nicht einer äußeren, sondern einer seelischen Realität, einer bestimmten Bewußtseinsverfassung. Wie sich bei uns im Traum psychisch-somatische Reize in bildhaft-symbolischer Form konkretisieren und auf die innere Leinwand projizieren, so projiziert sich beim magisch erlebenden Menschen die psychische Realität auf die Leinwand der äußeren Welt.

Dadurch wird eine magische Beziehung zwischen uns und den äußeren Objekten hergestellt, die äußeren Objekte werden beseelt, sie erhalten Bedeutung und Macht. Dies ist nun aber kein absichtlicher Vorgang, sondern ein automatischer und unbewußter, der aller Erkenntnis vorausgeht. Magisches Denken und Erleben ist urtümlicher und primärer als das objektive Denken. Nur durch einen langen Überprüfungs- und Erkenntnisprozeß wird es allmählich möglich, den »objektiven« Sachverhalt von einer projektiven Überlagerung durch die psychischen Inhalte zu unterscheiden.

Auch der moderne Mensch lebt noch in weit größerem Ausmaß in magischen Vorstellungen und Beziehungen, als ihm bewußt ist. Gemeint sind nicht die überall noch blühenden Überreste alten Aberglaubens, magischer und religiöser Sitten und Gebräuche, sondern das ganz normale, uns so rational erscheinende Leben. Magisches Denken ist nämlich auch hier eher die Regel als die Ausnahme. Es läßt sich leicht zeigen, daß wir überall dort, wo wir unbekannten, unverständlichen oder auch besonders emotional belastenden, bedrohlichen Situationen gegenüberstehen oder wo unsere Komplexe berührt werden, auf magische Bewältigungsstrategien zurückgreifen. Wie schnell beschwören wir dann die alten Gottheiten und Heiligen, auch wenn wir uns sonst vielleicht nicht mehr als religiös empfinden (»Ach herrje!«, »Ach du lieber Gott!«, »Heilige Maria und Joseph!« oder auch: »Teufel noch eins!«).

Wie im Kapitel über die Magie näher gezeigt wird, denken und erleben wir nur in unseren ruhigsten, entspanntesten und klarsten Momenten rational, objektiv und »reif«. Sobald wir in Spannung, Streß und Angst geraten, »regredieren« wir in mehr oder weniger starkem Ausmaß auf magisch-symbolisches Denken und Erleben und verwenden magische Techniken der Daseinsbewältigung. Diese beruhen vor allem auf vereinfachtem Analogiedenken, auf unbewußten Phantasiebildungen und Projektionen und daraus abgeleiteten rituell-symbolischen Handlungen. Wir verfallen dann in einen eigenartigen, unbewußten, tranceartigen Zustand, der unter anderem durch ein vorurteilhaftes Denken bestimmt ist, in dem wir unsere subjektiven Gedanken und Gefühle plötzlich für allgemeingültige Wahrheiten halten und in dem wir uns mit einfachsten vordergründigen Erklärungen zufriedengeben. Wir fangen an, mit uns selbst oder imaginären Gesprächspartnern Dialoge zu führen, wir verhalten uns den Gegenständen unserer Umwelt gegenüber so, als seien sie eigene Wesen (»Verdammtes Auto, warum muß es gerade hier an der Ecke stehen und darauf warten, daß ich es ramme?«) und als verfügten sie über eigenen Willen. Wir sind bereit, unsere Partner aller möglichen Dinge zu verdächtigen, machen sie zu Sündenböcken, und erst nachdem wir uns wieder etwas beruhigt haben, kommen wir allmählich »zu Sinnen« und erkennen vielleicht, was uns da passiert ist.

Kritisch betrachtet, lebt der magische Mensch in einer doppelten Täuschung oder Verkennung: Er täuscht sich über die wahre Natur seines Wesens und seiner Möglichkeiten, und er täuscht sich über die äußeren Objekte. Ein gewisser Vorteil gegenüber unserer heutigen rationalen Sicht könnte für den Menschen mit vornehmlich magischem Bewußtsein darin liegen, daß er sich in den Naturvorgang mehr eingegliedert und damit sich ihm näher verbunden und verpflichtet fühlt. Es ist aber vermutlich ein Irrtum, anzunehmen, daß sich der magische Mensch geborgener und sicherer als der moderne Mensch gefühlt habe. Das Gegenteil ist wahrscheinlich der Fall. Der magische Mensch war nicht nur einer Vielzahl äußerer Gefährdungen wesentlich mehr ausgesetzt, sondern fühlte sich auch aufgrund zahlreicher unbewußter, seelischer Mächte, denen er in der Projektion nach außen begegnete, verfolgt und bedroht. Die Vielzahl der angsterfüllten magischen Beschwichtigungs- und Abwehrrituale, die er den Gottheiten und Dämonen gegenüber zu vollziehen hatte, spricht dafür.

Das rationale Welt- und Selbsterleben

Eine Zwischenstellung zwischen der bisher beschriebenen magisch-mythischen Einstellung und der integrativen als der uns bekannten differenziertesten Bewußtseinsform nimmt das rationale Bewußtsein ein. Obwohl eine rationale, also der Logik und Vernunft verpflichtete Haltung ein wesentlicher Bestandteil auch des integrativen Bewußtseins ist, kann sie diesem unter bestimmten Bedingungen auch geradezu entgegenstehen. Dies vor allem dann, wenn Rationalität nicht für ein Bemühen um ein tieferes Verstehen eingesetzt wird, sondern der Abwehr dient. Historisch und entwicklungsmäßig gesehen aber war es zunächst ein immenser Fortschritt für die Menschheit, sich aus dem magischen Denken mit all seinen Vorurteilen, dem Aberglauben, der Machtausübung und Gewalttätigkeit, der Angst und dem Zwang zu befreien und sich an den Prinzipien der Vernunft, Logik und der objektiven Überprüfbarkeit zu orientieren. Erst die Fähigkeit, einen objektiven Standpunkt einnehmen zu können, ermöglichte die Konstituierung der Menschenrechte, des höchsten verbindlichen moralischen Wertesystems, über das wir heute verfügen, und die Entwicklung der Wissenschaft. Letztere ist ja in gewisser Hinsicht eine ideale Institution, sie ist international und überkonfessionell angelegt und fühlt sich der Freiheit und Objektivität des Denkens und dem Wohl der Menschheit verpflichtet. (Daß dieses Ideal in der Realität häufig nicht erreicht wird, ist weniger der Wissenschaft anzulasten als den Menschen, die sie betreiben und für ihre Zwecke ausnutzen und mißbrauchen.)

Die Entwicklung des rationalen, abstrakten und damit von emotionalen, subjektiven Einflüssen unabhängigen Denkens ist eine ungeheure evolutionäre Errungenschaft, die den Menschen erst wirklich zum Menschen macht. Problematisch an einer alleinigen Betonung der Rationalität aber ist, daß es damit möglich ist, komplexe und vielschichtige Phänomene des menschlichen Lebens auszublenden und zu ignorieren, weil sie sich nicht auf einen einfachen logischen Nenner bringen lassen.

In der Psychologie kennt man den Begriff der Rationalisierung als Bezeichnung für einen sehr häufig angewendeten Abwehrmechanismus, mit dem unbequeme, peinliche, angsterzeugende Aspekte der Persönlichkeit so erklärt werden, daß sie ihren irritierenden, das Selbstwertgefühl störenden Charakter verlieren. Man interpretiert sich die Ereignisse so, daß sie ins eigene System passen. Das geschieht nicht nur im kleinen, sondern auch im großen der religiösen, politischen und wissenschaftlichen Systeme: Das Unpassende, das System-aus-dem-Gleichgewicht-Bringende wird als nicht vorhanden wegerklärt. Ein klassisches Beispiel dafür aus den Wissenschaften ist das Verhalten der Schulpsychologie während der zwanziger und dreißiger bis in die sechziger Jahre unseres Jahrhunderts hinein. Sie verleugnete unbewußte seelische Vorgänge, weil sie sich einer direkten quantifizierenden Beobachtung entzogen, und ließ als einzigen Gegenstand psychologischer Forschung nur jene Eigenschaften und Verhaltensweisen gelten, die man unmittelbar und objektiv von außen erfassen konnte.

Eine solche Haltung entspricht aber noch nicht der Stufe des objektiv-integrativen Bewußtseins und einer im besten Sinne wissenschaftlichen Haltung, sondern eher einem magischen Abwehrzauber, der sich mit einem wissenschaftlichen Gebaren tarnt. Ein wirklich objektives Denken dagegen ist bestimmt von dem Bemühen um ein Erkennen und Verstehen des eigenen Wesens und der Welt, so wie sie sind. Dazu gehört die Bereitschaft, Einstellungen und Vorstellungen in Frage zu stellen, sie mit den Erfahrungen anderer Menschen zu vergleichen, zu überprüfen, sie zu modifizieren und zu erweitern.

Um die heute so viel kritisierten negativen Wirkungen des rationalen Denkens zu verstehen, muß man sich klarmachen, was seine ursprüngliche Funktion in der Bewußtseinsentwicklung des Menschen gewesen ist. Der Prozeß des Unterscheidens von Polaritäten ist ja auf der Ebene des magisch-mythischen Welt- und Selbsterlebens erst in seinen Anfängen. Immer noch hat der Mensch aufgrund der projektiven Verschmelzung von Innen und Außen keinen wirklichen Standpunkt gefunden, um sich und die Welt so verstehen zu können, daß er seinen konkreten äußeren wie inneren Gefährdungen – durch Tiere, Naturkatastrophen, Nahrungsknappheit, Krankheit und so weiter – wirksam begegnen könnte. Der erste Schritt der Projektionsrücknahme ist aber immer der, daß das äußere Objekt zunehmend »objektiver« als das erkannt wird, was es ist, während der auf das Objekt ursprünglich projizierte seelische Inhalt weiterhin unbewußt bleibt. Erkenntnis beginnt immer erst außen, was mit der immensen Schwierigkeit zu tun hat, sich selbst und seine eigenen seelischen Voraussetzungen zu verstehen.

Wie schwierig und mühsam es ist, sich selbst und die eigenen Projektionen wahrzunehmen, erfährt jeder, der beispielsweise eine tiefenpsychologische Therapie macht oder in einer Partnerschaftskrise herauszufinden versucht, was denn sein eigener Anteil daran ist. Ganz zwingend hat man immer den Eindruck, daß es im Grunde am anderen liege, und die unbewußte Überzeugung »Wenn alle Menschen so wären wie ich, dann wäre die Welt in Ordnung« bleibt bei den meisten Menschen ihr Leben lang hartnäckig bestehen. Das Außen und das Innen werden als voneinander unabhängige Größen gesehen, wobei der eigene Standpunkt als der gute und der fremde als der schlechte oder zumindest der problematische betrachtet wird. Man sieht hier deutlich, wie der egozentrische Standpunkt der magisch-mythischen Ebene noch durchscheint.

Vereinfacht gesagt: Was also auf der Ebene der rationalen Bewußtseinsentwicklung notwendig passiert, ist, daß die Unterscheidung der Polaritäten der menschlichen Existenz gewissermaßen auf die Spitze getrieben wird. Der beschriebene Mechanismus der Wegrationalisierung und Verdrängung macht aus den ursprünglich zusammengehörigen und aufeinander bezogenen Polaritätspaaren sich scheinbar feindlich gegenüberstehende und einander ausschließende Gegensätze. Deshalb ist es sinnvoll, in dieser Phase von Dualität zu sprechen anstatt von Polarität. Durch die Verdrängung wird nämlich ein Polaritätsteil so aus dem Leben ausgeschlossen, daß seine innere Beziehung und Abhängigkeit von dem anderen Polaritätsteil nicht wahrgenommen werden kann. Dies ist ein zwar leidvoller, aber unvermeidlicher Preis, den man als Mensch dafür zu zahlen hat, daß man in einer ganz spezifischen Umwelt aufwächst, die ihre jeweiligen Werte und Normen hat, denen man sich anpassen muß, wenn man überleben will. Die ursprüngliche Einheit und Ganzheit des Selbst, die auf der magisch-mythischen Ebene noch anklang, geht dadurch zwar verloren, aber erst die notwendige Einseitigkeit der Orientierung ermöglicht die weitere Entwicklung des Bewußtseins.

Der äußere Kreis des Mandala

Die Wiedererlangung der verlorenen Einheit und Ganzheit

Das integrale Welt- und Selbsterleben und die Vereinigung der Polaritäten durch die Umkreisung der Mitte

Die Ich-Entwicklung führt also zunächst zu Polarisierungs- und Verdrängungsprozessen, in deren Verlauf es in gewisser Hinsicht zu einer Distanzierung und »Entfremdung« von dem uranfänglichen, präexistenten Selbst kommt. Auf der nächsten, der integrativ-objektiven Ebene wird der Abwehr- und Rationalisierungscharakter des Denkens überwunden, das Denken wird nun zu einer unter mehreren bewußt eingesetzten Funktionen auf dem Wege zu einem vertieften oder erweiterten Bewußtsein. In den esoterischen Selbstfindungswegen und im psychologischen »Individuationsprozeß« sollen die aus dem bisherigen Leben ausgeschlossenen und unbewußt gebliebenen Selbstanteile dem Bewußtsein und Erleben schrittweise wieder zugänglich gemacht und damit integriert werden. Dieser Vorgang der Zentrierung auf das Selbst hin steht deshalb wieder mehr unter dem Symbolbild des Kreises oder der Kreisbewegung (äußerer Kreis des Mandala, Umkreisung der Mitte auf dem Wege der Bewußtmachung und Erfahrung der bisher unbewußt gebliebenen Polaritäten).

Die Vereinigung der Polaritäten in den esoterischen Systemen

In den meisten esoterischen Systemen spielt die Vereinigung und Synthese der Polaritäten eine entscheidende Rolle. Die Astrologie beispielsweise arbeitet mit einer Vielzahl polarer Elemente (vgl. Horoskopschema, S. 165). So stehen sich jeweils Sonne und Mond, Mars und Venus, Jupiter und Saturn gegenüber, während Merkur wieder eine vermittelnde Stellung einnimmt. Ebenso bezieht sich die Astrologie wie auch die Alchemie auf die vier polaren Elemente Feuer, Wasser, Luft und Erde. Das Horoskopschema wird raumsymbolisch aufgeteilt in eine Ich-Du-, eine Tages-Nacht-, eine Bewußtseins- und Unbewußtseins-Ebene; die Aspekt-Wirkungen, die die Planeten zueinander haben können, sind hemmender oder förderlicher Art.

Die Vereinigung der Gegensätze, das »Mysterium conjunctionis«, ist das zentrale Thema der Alchemie überhaupt. In immer wieder neu durchgeführten »Löse- und Verbinde«-Prozessen wird die »prima materia« in ihre Urelemente zerlegt, gereinigt, geläutert und wieder zusammengesetzt, bis sie schließlich in ihrer höchsten Form als »Quinta Essentia«, als der »Stein des Weisen« erscheint (vgl. Kapitel zur Alchemie und zur Parabola).

Aus der Verbindung von Sonne und Mond entspringt das Wasser des schöpferischen Lebens (Barchusen, Elementa chemica, 1718). Dieses Symbolbild erinnert von seiner Aussage her stark an das taoistische Tai-Chi (Yin-Yang)Symbol.

Auch viele magische Systeme und Praktiken beruhen auf einem polaren Menschen- und Weltbild, was schon in der klassischen Formel »Wie oben, so unten« zum Ausdruck kommt. Der Mensch steht als Mikrokosmos in Entsprechung und

Übereinstimmung mit dem Makrokosmos und enthält dementsprechend auch alle kosmischen Elemente in sich. Alle Erscheinungsformen entstehen aus dem dynamischen Wechselspiel polarer Kräfte und Elemente (Licht und Finsternis, Geist und Materie, Gut und Böse, Weibliches und Männliches, Objektivität und Subjektivität). Insofern der Magier sich diese Kräfte zunutze machen und sie lenken will, muß er sie sich zuerst bewußtgemacht haben.

Der Anthropos, der göttliche Urmensch, als die Summe verschiedener Polaritäten (vier Elemente, Sonne und Mond, Hell und Dunkel, verschiedene Werkzeuge) dargestellt und durch die Zehnzahl bezeichnet, welche Vollkommenheit bedeutet (Albertus Magnus, Philosophiam naturalis, 1560). Das Endziel des alchemistischen Prozesses hatte viele Namen: Quinta Essentia, philosophischer Stein der Weisen, philosophisches Gold, das Lebenselixier, der göttliche Hermaphrodit, der Erlöser, der Sohn des Kosmos (filius macrocosmi). In psychologischer Sicht handelt es sich hierbei um Symbole des Selbst.

Das große Symbol des Salomon (E. Lévi, Transcendental Magic, 1896)

Die psychologische Bedeutung des »Mysterium Conjunctionis«

Die Umkreisung der Mitte mit dem Ziel der Zentrierung im Selbst bedeutet im Modell der Analytischen Psychologie ungefähr dies: die Bewußtmachung unbewußter Bedürfnisse, unbewußter Abhängigkeiten und Fixierungen an einseitige Werte und Vorstellungen, die Bearbeitung angstbesetzter Komplexbereiche und verdrängter Polaritäten, die Differenzierung bisher ungeübter Ich-Funktionen (Denken, Fühlen, Intuieren und Empfinden), das Herstellen einer guten Beziehung zum eigenen Körper, seinen Reaktionen und Instinkten, die Auseinandersetzung mit der »Persona« und dem eigenen »Schatten« und die Herstellung einer Beziehung zum inneren Gegengeschlecht (»Anima«/»Animus«). Die Bewußtmachung der Persona dient der Unterscheidung zwischen den Seiten der Persönlichkeit, die das Ergebnis der Anpassung an die Kollektivwerte sind, und jenen, die dem Selbst entstammen. Eng damit verbunden ist die Integration des persönlichen Schattenbereiches, wobei der Mensch seine eigenen negativen und minderwertigen oder bisher ungelebten Seiten erfährt und allmählich ihre Projektion auf Sündenböcke in der Umwelt zurücknimmt. Er wird sich jetzt selbst zur moralischen Aufgabe, dadurch aber auch toleranter, verständnisvoller und menschlicher. Die Herstellung einer Beziehung zum inneren Gegengeschlecht macht insofern im tieferen Sinne beziehungsfähig, als der Partner nunmehr eher in seiner Wirklichkeit gesehen und angenommen werden kann, weil die die partnerschaftlichen Beziehungen überlagernden Animus/Anima-Projektionen zumindest teilweise zurückgenommen werden. Auch erschließt die Entwicklung der gegengeschlechtlichen Seite neue Erlebens- und Erfahrungsmöglichkeiten. Schließlich führt die Rücknahme der Projektion von Selbstaspekten auf äußere, materielle Objekte (wie sie etwa beim Macht- und Besitzstreben vorliegen, wodurch diese Objekte zum höchsten anzustrebenden Wert werden) zu einer Befreiung von der Abhängigkeit und Bindung an sie und zu einer objektiveren, gelasseneren Wahrnehmung der äußeren Realität.

Ein solcher Individuationsprozeß, in dem der Mensch zu dem wird, der er vom Wesen her ist, ist aber alles andere als ein einfacher, konfliktfreier Vorgang. Wer es wagt, die bisher unbewußten Seiten des Selbst bewußt werden zu lassen, der erfährt, daß er nicht so eindeutig ist, wie er glaubte. Er erfährt in mehr als einer Hinsicht die Faustschen zwei Seelen in seiner Brust, denn die Annäherung an das Selbst erzeugt natürlicherweise gerade jene Konflikte, die man durch ihr früheres Verdrängen und Unbewußthalten zu vermeiden versucht hatte. Deshalb stürzt der Individuationsprozeß den Menschen zunächst in einen meist qualvollen Zustand der Verunsicherung, der Hilflosigkeit und Desorientierung. Der Mensch geht den leidvollen Weg der seelischen Kreuzigung, des Ausgespanntseins zwischen den Polaritäten der Psyche. Jeder Mensch, so meinte Jung, der auch nur annähernd seine eigene Ganzheit realisieren möchte, müsse erfahren, daß sie eine Kreuztragung bedeutet.

Deshalb kann auch den mit ihr verbundenen Leiden nicht ausgewichen werden. Es gilt vielmehr, die Konfliktspannung zwischen den beteiligten Polaritäten so lange auszuhalten, bis eine Vereinigung auf höherer Ebene möglich wird. Das Selbst kann sich im Menschen nur dann ganzheitlich manifestieren, wenn er stark genug ist, eine psychische Kreuzigung zu erleiden. Das ist gleichbedeutend mit einem allmählichen Absterben der bisherigen Ich-Bewußtseinswerte und -Einstellungen, die aufgrund der Konfrontation mit der Polarität und Paradoxität des Selbst als relativ erfahren werden. Wenn der Mensch in diesem Prozeß spürt, daß er immer weniger in der Lage ist, aus eigener Kraft eine Lösung der an ihn herandrängenden Probleme zu finden, kommt er im Eingeständnis der eigenen Hilflosigkeit, Schwäche und Ausgeliefertheit zu einer demütigen Haltung, in der er sich den schöpferischen und die Gegensätze vereinigenden Impulsen des Selbst öffnet.

Jeder erstmalig bewußtwerdende Inhalt setzt den Menschen in kleinerem oder größerem Umfang diesem Stirb-und-werde-Prozeß aus. Aus der Erfahrung vieler solcher psychischer Tode und Wiedergeburten gewinnt er nach und nach Vertrauen zum Selbst, das er zunehmend als seinen tragenden Grund erfährt.

In dem Maße, in dem im Individuationsprozeß eine Synthese der verschiedenen Teilaspekte der bewußten und unbewußten Persönlichkeit gelingt, findet eine innere kopernikanische

Wende statt. Das Ich erlebt sich in seiner Abhängigkeit und Beziehung zum Selbst, das nun zum neuen Zentrum der Persönlichkeit wird. Entscheidend dabei ist, daß sich trotz dieser letztlichen Identität zwischen Selbst und Ich der Mensch nicht mit dem Selbst identifiziert oder sich in ihm auflöst. Das Selbst ist auf das Ich als ständigen Dialogpartner angewiesen und kann sich nur insoweit im Menschen verwirklichen, als ein Ich vorhanden ist, das zu diesem Dialog bereit ist, sich von ihm zu unterscheiden weiß und eine gewisse Eigenständigkeit beibehält. Das Ich gibt seine bewußtseinsbildende und realitätserhaltende Funktion nicht auf, sondern relativiert sich in seiner »narzißtischen« Bedeutsamkeit. Damit löst sich das Bewußtsein aus äußeren und inneren Bindungen, der Mensch befreit sich sowohl aus der unbewußten magischen Identität mit äußeren Objekten als auch von allen egozentrischen Vorstellungen eigener Bedeutsamkeit und Wichtigkeit. Es entsteht eine Persönlichkeit, die, wie C. G. Jung sagt, gewissermaßen nur noch in den unteren Stockwerken leidet, in den oberen aber dem leid- wie freudvollen Geschehen eigentümlich entrückt ist.

Das Einlassen auf den Individuationsprozeß vermittelt dem Menschen Lebenssinn und Lebensfülle. Diese beruhen aber nicht auf der Realisierung irgendeiner Vollkommenheit, sondern auf der Erfahrung eines tragenden, lichterfüllten, liebenden Hintergrundes, der ständig gegenwärtig ist, nicht verloren und zerstört werden kann und das Gefühl eines grundsätzlichen In-Ordnung-Seins schenkt. Die Befreiung des Bewußtsein von der Bindung an äußere und innere Objekte und die mit ihr verbundene Transparentwerdung des Seins vermittelt einen Zustand von Zeitlosigkeit und ewiger Gegenwart. Vermutlich ist dies einer der Gründe, weshalb auf dieser Ebene auch das Problem des persönlichen Überlebens des Todes unwesentlich wird. Zudem: Wo es kein Ich gibt, das sich an irgend etwas zu klammern hätte, weil es sich gerade im Loslassen paradoxerweise zutiefst gehalten fühlt, da gibt es auch kein ängstliches Klammern an das Leben. Unter diesem Gesichtspunkt spielen auch alle Fragen der Reinkarnation, der wiederholten Erdenleben, die für viele Esoteriker so zentral sind, keine besondere Rolle mehr. Es gibt nichts mehr, wohin noch zu gehen, wohin sich noch zu entwickeln wäre, es gibt nichts, was verloren werden könnte. Was objektiv gesehen mit einem solchen »losgelösten Bewußtsein« nach dem körperlichen Tod passiert, darüber kann keine Aussage gemacht werden, denn alle Aussagen werden immer von einem lebenden psychischen System gemacht. Jung wies lediglich auf den bemerkenswerten Umstand hin, daß die Psyche des Menschen sich nach der Lebensmitte in gewisser Hinsicht unbewußt auf den Tod vorbereite, so als sei er für sie nicht das Ende, sondern ein anzustrebendes Ziel. Und er vertraute der uralten archetypischen Weisheit der Seele auch in dieser Hinsicht.

Magie

Die Kommunikation mit der unbewußten Seele

Weitaus am liebsten aber wäre ich ein Zauberer geworden.
Dies war die tiefste, innigst gefühlte Richtung meiner Triebe,
eine gewisse Unzufriedenheit mit dem,
was man die »Wirklichkeit« nannte
und was mir zuzeiten lediglich wie eine alberne Vereinbarung
der Erwachsenen erschien:
eine gewisse bald ängstliche, bald spöttische Ablehnung dieser
Wirklichkeit
war mir früh geläufig, und der brennende Wunsch,
sie zu verzaubern, zu verwandeln, zu steigern.
Blicke ich zurück, so ist mein ganzes Leben unter dem Zeichen
dieses Wunsches nach Zauberkraft gestanden;
wie die Ziele der Zauberwünsche sich
mit den Zeiten wandelten,
wie ich sie allmählich der Außenwelt entzog
und in mich selbst einsog,
wie ich allmählich dahin strebte, nicht mehr die Dinge,
sondern mich selbst zu verwandeln,
wie ich danach trachten lernte, die plumpe Unsichtbarkeit
unter der Tarnkappe zu ersetzen
durch die Unsichtbarkeit des Wissenden,
welcher erkennend stets unerkannt bleibt –
dies wäre der eigentliche Inhalt meiner Lebensgeschichte.

Hermann Hesse

Ein Mann in einem langen, wallenden Gewand steht in einem abgedunkelten, mit rotem Samt ausgeschlagenen Raum. In einiger Entfernung von ihm befindet sich ein altarähnlich aufgebauter Tisch: Aus einem Räuchergefäß steigt ein beißender, penetrant riechender Rauch auf, links und rechts davon flackert eine rote Kerze. Ihr spärliches Licht fällt gelegentlich auf den eisernen Talisman, den der Mann sich umgehängt hat. Der Rubin in der Mitte des Talismans leuchtet dann geheimnisvoll glühend auf.

Mit seinem Schwert hat der Mann gerade einen imaginären Kreis um sich herum gezogen. Er nimmt eine kontemplative Haltung ein. Man hört ihn geheimnisvolle Worte murmeln, ständig die gleichen Silben wiederholen und schließlich ein hymnisches Gebet sprechen. Er scheint in einen trance- oder ekstaseähnlichen Zustand verfallen zu sein.

Während dieser ganzen Prozedur, die fast eine Stunde in Anspruch genommen hat, fühlt der Mann, wie die Atmosphäre im Raum immer dichter und spannungsgeladener geworden ist. Er vernimmt ein undefinierbares Stimmengewirr, das aber, je mehr er sich darauf einstellt, zunehmend lauter und verständlicher wird. Kampfgetümmel erfüllt den Raum, heiße Rauchschwaden steigen ihm in die Nase und erschweren ihm das Atmen. Schemenhafte Gestalten tauchen vor seinem inneren Auge auf und verdichten sich schließlich zu einer einzigen. Vor ihm steht ein gewaltiger Mann in kriegerischer Rüstung, mit wildem Gesicht und gezücktem Schwert. Der Mann im Kreis kann die von diesem Krieger ausgehende Wirkung kaum aushalten. Er streckt ihm seine offenen Hände entgegen und spürt nach einer Weile, wie feurige Energie seine Arme erfaßt, Schultern und Rücken durchflutet, sein Herz bis zum Bersten erfüllt und weiter in die Füße fließt.

So steht er eine geraume Zeit, bis die Erscheinung sich allmählich wieder im dunklen Hintergrund des Raumes verliert. Erneut murmelt der Mann unverständliche Worte und macht geheimnisvolle Gesten. Dann zieht er mit seinem Schwert nochmals einen Kreis und beendet damit seine merkwürdige Handlung.

Dieses Ritual, das in dieser oder ähnlicher Form seit Jahrhunderten von Magiern oder Hexen zelebriert wird, soll uns in die Welt des magischen Denkens einstimmen. Nachdem wir verschiedene Aspekte des magischen Denkens und Handelns betrachtet haben, werden wir erkennen, in welch naher Beziehung solche magischen Rituale zu modernen psychotherapeutischen Techniken stehen und daß sie sich relativ einfach in psychologischer Sprache interpretieren lassen.

Zauberer beim magischen Ritual (Kupferstich aus »The Astrologes of the 19. Century, 1825). Der Magier befindet sich in seinem Schutzkreis und stimmt sich auf die positiven, göttlichen Kräfte ein, damit er nicht von den Teufeln und Dämonen, das heißt seinen schattenhaften Komplexen, überwältigt wird, sondern sie sich dienstbar machen kann.

Die magische Welt und das magische Bewußtsein

Der Wunsch, zaubern zu können und mit Gedanken, Wünschen und Willenskräften die Welt zu lenken, ist eine der tiefsten Sehnsüchte des Menschen. In allen Kulturen und zu allen Zeiten finden wir magische Rituale und Praktiken, um die Grundbedürfnisse wie Nahrung, Fortpflanzung, Sicherheit, Schutz, Gesundheit, Liebe, Bewunderung und Macht zu realisieren und zu sichern. Für einen erwachsenen, rational orientierten Menschen heute ist es meist sehr schwer, nachzuvollziehen, wie Menschen auf die Idee kommen konnten, daß Gedanken so allmächtig sein sollten. Aber man braucht sich nur ein wenig in die Welt des Kindes zurückzuversetzen, um wieder etwas von der wie magisch erscheinenden Kraft des Bewußtseins, des Denkens und Wollens zu spüren.

Stellen wir uns einen Säugling vor, der in seinem Bettchen liegt, seine Händchen und Beinchen zappelnd bewegt und nach und nach beobachtet, wie diese beginnen, seinen Gedanken, Vorstellungen und Wünschen zu folgen. Kann es für ihn etwas Triumphaleres, Großartigeres geben als die Beobachtung, daß der Körper, der ja in der frühen Phase der Kindheit noch kaum als zur eigenen Person dazugehörig erlebt wird, nach eigenem Willen gelenkt werden kann? Das Wort »Magie« ist sprachlich wurzelverwandt mit ver-mögen und Macht. Hinter jeder Freude an der Funktion des Körpers wie auch daran, daß wir etwas, was wir uns ausgedacht haben, mit unseren eigenen Händen gestalten und verwirklichen können, steckt also etwas von dieser Freude und Begeisterung an der wundervollen »magischen« Fähigkeit der schöpferischen Tat. Im Erwachsenenalter vergessen wir aufgrund von Gewöhnung und Routine häufig, daß wir gar nicht wirklich wissen, wie dieses Wunder eigentlich zustande kommt, wie wir es eigentlich machen, wenn wir etwas Bestimmtes denken, sagen und dann tun. Wir denken einfach – und es geschieht.

Es liegt nun sehr nahe, daß der Mensch diese ungeheure Erfahrung der Beeinflussung des Körpers durch seine Gedanken auch auf den Umgang mit der Außenwelt übertrug, besonders in jener Phase des magischen Welt- und Selbsterlebens, in der, wie beschrieben, Innen- und Außenwelt noch nicht sehr deutlich als voneinander getrennt erlebt wurden. Natürlich merkte er auch, daß er damit nur teilweisen Erfolg hatte, denn die Mitmenschen und die Außenwelt gehorchten seinen Gedanken und Vorstellungen nicht beliebig. Aus dieser Frustration lernte er, mit anderen, konkreten Mitteln zu handeln und seine Ziele zu erreichen.

Aber er behielt magische Praktiken aus verschiedenen Gründen bei. Bei Naturvölkern, die wir heute noch beobachten können, findet man keineswegs nur ein prälogisches, magisches Denken, wie man früher häufig glaubte. Auf vielen Gebieten, die mit ihrer praktischen Lebensbewältigung zu tun haben, denken sie so rational und logisch wie wir. Nur dort, wo sie mit ihrem Wissen und Handeln an unüberwindliche Grenzen stoßen, bedienen sie sich magischer Vorstellungsmuster. Darin gleichen sie uns weitgehend. Auch wir greifen instinktiv, sobald wir vor unlösbar erscheinenden Problemen stehen, auf magische Erlebensweisen und Bewältigungsstrategien zurück. Diese erscheinen nämlich nur von einem einseitigen rationalen Bewußtsein her als unangemessen; psychisch gesehen sind sie durchaus wirkungsvoll und hilfreich, besonders eben in allen Bereichen, in die das Psychische hineinwirkt, zum Beispiel bei Störungen psychosomatischer und seelischer Art oder bei Fragen der Moral, der Beziehungsregelung, der Religion.

Wie wir vorne bereits festgestellt haben, scheint das magisch-symbolische Denken für die Bewältigung psychologischer Probleme durchschnittlich viel adäquater, tiefreichender und befriedigender zu sein als das rationale Denken, weshalb viele moderne Psychotherapien wieder alte magische Techniken in neuem Gewand verwenden. Auch der frühe Mensch bemerkte, daß von seinen magischen Handlungen bestimmte Wirkungen ausgehen konnten. Er konnte beobachten, wie sich andere Menschen und Tiere von bestimmten Lauten, Worten, körpersprachlichem Ausdruck, Gesten und einer ausdrucksstarken Mimik (»Der böse Blick«) beeindrucken und beeinflussen ließen, und er erfuhr – vermutlich unbewußt – deren starke Wirkung auf sich selbst.

Nicht zuletzt erlebte er durch magische Handlungen eine Veränderung seines Bewußtseins: eine Besserung seines Selbstvertrauens, Mut, Motivation, Hoffnung, Heilung. Die magischen Rituale waren deshalb sicher die ersten Formen von Therapie und Psychotherapie. E. Neumann betont in seiner »Entwicklungsgeschichte des Bewußtseins«, daß der magische Ritus des Frühmenschen – zum Beispiel der Jagdritus, mit dem er sich auf die Jagd vorbereitet – keineswegs illusionistisch, infantil und Wunschdenken sei. Allerdings beeinflußte er nicht, wie er annahm, das Tier, sondern sich selbst, indem er sich durch seine rituellen Handlungen ganz auf die kommende Aufgabe der Jagd konzentrierte und einstellte.

»Denn die magische Wirkung des Ritus ist eine faktische und keine illusionistische. Sie wirkt sich auch, ganz wie der Frühmensch annimmt, in seinem Jagderfolg aus, nur daß der Weg dieser Wirkung über das Subjekt geht, nicht aber über das Objekt (das heißt, der Jäger beeinflußt nicht das Tier, das er fangen wird, sondern sich selbst, Anm. d. Verf.). Der magische Ritus wirkt, wie jede Magie und auch jede höhere z. B. religiöse Intention, auf das Magie und Religion ausübende Subjekt und verändert und steigert dessen Aktionsfähigkeit. In diesem Sinne hängt durchaus objektiv der Ausgang des Tuns, der Jagd, des Krieges usw. von der Wirkung des magischen Rituals ab. Daß es sich bei der magischen Wirkung um die Wirklichkeit der Seele handelt, nicht um die Wirklichkeit der Welt, ist eine erst vom modernen Menschen festgestellte Tatsache.«[1]

Sigmund Freud war Ende des letzten, Anfang dieses Jahrhunderts einer der ersten Wissenschaftler, der den Bereich der magischen Wirklichkeit der Seele systematisch zu erforschen begann. Mit Hilfe der Hypnose, der Traumanalyse und der Methode der freien Assoziation, bei der man sich in entspanntem Zustand ganz den spontanen Einfällen, Gefühlen, Erinnerungen und Phantasien überläßt, erkundete er die Gesetzmäßigkeiten und Wirkungsweisen halb- und unbewußter Vorgänge. Seine Erforschung und Beschreibung der von ihm so benannten primärprozeßhaften Vorgänge des »Unbewußten« bildeten einen wissenschaftlichen Vorstoß in eine Dimension des Psychischen, die die Magier früherer Zeiten als ihr Operationsfeld, als ihre »magische Welt« angesehen haben. Ein Verständnis des Primärprozesses ist sehr hilfreich, um die Vorgänge der Magie, ihre schöpferischen Möglichkeiten wie auch ihre Gefahren zu verstehen.

Der »Primärprozeß« erhielt seinen Namen, weil Freud ihn für die ursprüngliche oder primäre Funktionsweise der Psyche hielt. Es sei die magische Art und Weise, wie wir im Säuglingsalter und in der Kindheit zu denken und die psychischen Reize zu verarbeiten beginnen. Daraus entwickele sich später allmählich der »Sekundärprozeß«, das ist die Art und Weise, wie das »reifere« Ich-Bewußtsein arbeitet. Für den Primärprozeß sind im Vergleich zum Sekundärprozeß folgende Dinge typisch: Wünsche und Bedürfnisse können nicht gut aufgeschoben werden, sie wollen gleich befriedigt werden. Wenn die Befriedigung nicht sofort möglich ist, kann das Objekt schnell ausgetauscht werden, so daß es zu einer Ersatzbefriedigung kommt. Das Interesse, die »Libido«, kann also sehr flexibel von einem Objekt zu einem anderen Objekt bewegt werden. Beispiel: Wenn der Säugling nicht an die Brust oder an die Flasche herankommt, lutscht er statt dessen am Daumen. Auch das Ausmalen von Wünschen und Erfolgen in der Phantasie kann eine solche Ersatzbefriedigung sein.

Das Denken im Primärprozeß ist vornehmlich nicht-rational und nicht-verbal, sondern bildhaft und symbolisch. Sachverhalte können – entsprechend den Analogieprinzipien, die wir im Symbolik-Kapitel bereits kennengelernt haben – durch ähnliche andere ausgedrückt werden, oder ein Teil kann für das Ganze stehen (Verschiebung). Auch können sich verschiedene Gedanken und Aspekte zu einem Gedanken oder zu einem Bild verdichten. Es ist sogar möglich, daß eine Sache durch ihr Gegenteil dargestellt wird. So etwas tun wir auch im täglichen Sprachgebrauch recht häufig, so wenn wir bei heftigem Regen sagen: »Das ist ja ein schönes Wetter!«

Diese primärprozeßhafte Art des Denkens und Erlebens ist nicht negativ oder pathologisch, sondern eben eine ganz urtümliche, die auch dann noch vorhanden ist, wenn wir meinen, ganz im rationalen, erwachsenen Denkmodus zu sein. Es scheint auch Beziehungen des primärprozeßhaften Denkens zum rechtshemisphärischen Denkens zu geben, das in den letzten Jahrzehnten von der Hirnforschung beschrieben wurde. Primärprozeßhaftes Denken setzen wir regelmäßig bei Tagesphantasien und in Träumen ein, beim Spielen und Scherzen; wir finden es in Witzen, Karikaturen, Reklameillustrationen, in Redensarten und Sprichwörtern, in Dialekten. Wenn es in der Realität gut eingebunden ist und in einem ausgewogenen Austausch zum sekundärprozeßhaften (»linkshemisphärischen«) Denken steht, ist es die Grundlage für schöpferisches, spontanes, lustvolles Tun. Wenn es allerdings dominiert und das Ich nur mit Mühe oder überhaupt nicht auf den Sekundärprozeß zurückgreifen kann, handelt es sich um eine schwerere seelische Störung, um eine starke Neurose oder sogar Psychose.

Freud entdeckte dementsprechend, daß in jeder Neurose etwas von diesem magischen, primärprozeßhaften Denken enthalten ist. Er berichtet von einem an Zwangsvorstellungen leidenden Patienten, der die Bezeichnung »Allmacht der Gedanken« geprägt hatte, um damit alle jene sonderbaren und unheimlichen Geschehnisse zu benennen, von denen er sich verfolgt sah:

»Dachte er eben an eine Person, so kam sie ihm auch schon entgegen, als ob er sie beschworen hätte; erkundigte er sich plötzlich nach dem Befinden eines lange vermißten Bekannten, so mußte er hören, daß dieser eben gestorben sei, so daß er glauben konnte, jener habe sich ihm telepathisch bemerkbar gemacht; stieß er gegen einen Fremden eine nicht einmal ganz ernst gemeinte Verwünschung aus, so durfte er erwarten, daß dieser bald darauf starb und ihn mit der Verantwortlichkeit für sein Ableben belastete. Von den meisten dieser Fälle konnte er mir im Laufe der Behandlung selbst mitteilen, wie der täuschende Anschein entstanden war, und was er selbst an Veranstaltungen hinzugetan hatte, um sich in seinen abergläubischen Erwartungen zu bestärken. Alle Zwangskranken sind in solcher Weise, meist gegen bessere Einsicht, abergläubisch.«[2]

Wichtig ist hierbei, daß es sich bei diesen vom Patienten erfahrenen nicht um echte paranormale Phänomene handelt – wenn es sie gibt –, sondern um »eingebildete«, das heißt, er erlebt seine Welt so, als sei sie magisch bewirkt. Er verknüpft Ereignisse und Situationen unbewußt so »magisch«, daß sie allein ihm so merkwürdig vorkommen, während ein neutraler, objektiver Beobachter wenig Auffälliges daran finden würde. Diese Eigentümlichkeit der Egozentrik und überwertigen Subjektivität ist auch typisch für andere Neuroseformen, zum Beispiel die der Hysterie[3].

Aber nicht nur der Neurotiker, sondern jeder Mensch verwendet zur Abwehr seiner unbewußten Phantasien und Bedürfnisse, beispielsweise tabuisierte sexuelle Wünsche oder heimliche Aggressionen, ganz ähnliche Mechanismen, Zwangs- und Schutzhandlungen wie der frühe Mensch gegenüber den ängstigenden Mächten des Inneren und des Äußeren. Zu solchen klassischen »Abwehrmechanismen« gehören etwa die Verdrängung (Bannung), die Projektion als Herausverlagerung eines seelischen Inhaltes nach außen (Exorzismus), das Ungeschehenmachen und die Wiedergutmachung (Opfer, Sühne) oder die Rationalisierung (Weg-Erklärung durch die Macht des Wortes). Unser sogenanntes Erwachsenen-Ich braucht nur relativ wenig irritiert und in seiner normalen Funktion gestört zu werden, um wieder auf primärprozeßhafte Mechanismen zurückzugreifen.

Sobald, aus welchen Gründen auch immer, Angst auftaucht, werden wir alle, ob wir wollen oder nicht, zu Zauberern und Hexen, die mit aller magischen Macht versuchen, die Angst zu bannen. Plötzlich »drücken« wir einander die Daumen, rufen: »Unberufen, toi, toi, toi« oder wünschen dem anderen »Hals- und Beinbruch« – letzteres zum Beispiel deshalb, damit die bösen Geister dem anderen in seiner schwierigen Situation keinen Schaden zufügen, weil man ihn schon vorsorglich mit einem Schadenszauber versehen hat. Wir mögen über diese Beispiele lächeln, weil wir glauben, daß wir solche Aussprüche nur scherzhaft sagen, bei genauerem Hinsehen entdecken wir aber, daß wir in allen gefährlichen, kritischen und angstmachenden Situationen auf magisches Denken zurückgreifen.

Die Kenntnis der beschriebenen primärprozeßhaften Vorgänge ist eine wichtige Hilfe bei der Entscheidung, wann magische Rituale hilfreich und schöpferisch und wann sie destruktiv sind. Das Hauptkennzeichen für destruktive Auswirkungen ist ein regressives Zurückverfallen und Fixiertsein in einem überwiegend durch den Primärprozeß bestimmten Bewußtsein. Ein solcher Mensch möchte auf möglichst einfache und schnelle Weise Ziele erreichen wie Geld, Besitz, Macht, Ansehen, Erfolg, Liebe. Diese Ziele sollen ihm möglichst »in den Schoß fallen«, ohne daß er sich anstrengen oder viel Verantwortung übernehmen muß. Mit der Macht »positiven Denkens« oder mit Hilfe dienstbarer Geister aus dem Unbewußten, die selbstverständlich nichts anderes und besseres zu tun haben, als die narzißtischen Bedürfnisse des Betreffenden sogleich zu befriedigen, vermeidet er die schwierige Auseinandersetzung mit seiner Persönlichkeit, ihren Ängsten und Defiziten, er vermeidet die Entwicklung seiner Ich-Kräfte, der Verantwortung und Beziehungsfähigkeit. Seine Ich-Schwäche, die sich beispielsweise in ausgeprägter Bequemlichkeit, im Aufbau von

Phantasiewelten und in Kontaktängsten zeigt, kompensiert er häufig durch Größenphantasien und das Gefühl, besser, reifer, erleuchteter zu sein als seine Mitmenschen.

In dieser infantilen Haltung finden wir unter anderem auch die Ansätze dessen, was »schwarze Magie« genannt wird. Hier handelt es sich immer um eine sehr problematische Mischung aus Lebensunfähigkeit, Angst, Realitätsflucht, Trägheit, Riesenansprüchen, Triebhaftigkeit und Aggressivität. Eine solche »schwarzmagische« Einstellung ist in der Regel nur für den Betreffenden schädlich, weil sie ihn in einen zunehmenden Teufelskreis von Versagenserlebnissen, Lebensangst, Isolierung und Realitätsflucht hineinzieht. Sie kann aber auch für andere, noch schwächer strukturierte Menschen schädlich werden, wenn der »Magier« durch die Inflationierung mit unbewußten Inhalten eine gewisse faszinierende »Ausstrahlung« hat. Dann entsteht zwischen dem »Magier« und seinen Anhängern eine magische Beziehung, in der die Anhänger auf den Magier die Erfüllung ihrer infantilen Idealisierungssehnsüchte und schattenhaften Bedürfnisse projizieren, die der Magier dann vermeintlich zu befriedigen verspricht. Glücklicherweise scheitern solche leicht ins Kriminelle abgleitenden Gruppierungen häufig daran, daß sich der erwünschte Lebenserfolg und die soziale Anerkennung doch nicht einstellen.

Ein weiterer, wesentlicher negativer Aspekt infantiler Magie liegt in der Besessenheit durch unbewußte Inhalte. Dieser ungemein wichtige Punkt, der im Grunde die Gefahr aller Auseinandersetzung mit dem Unbewußten darstellt, soll im folgenden anhand der von Jung entdeckten psychischen »Komplexe« ausführlicher erläutert werden.

Die Komplexe-Struktur der Psyche

Die Geister und Dämonen des Unbewußten

Jeder kennt eine der folgenden Erfahrungen: Bei einem Gespräch fällt ein bestimmtes Wort, oder es klingt beiläufig ein bestimmtes Thema an, und auf einmal ist man nicht mehr in der Lage, weiter konzentriert zuzuhören, man »schaltet ab« und verfällt eigenen Gedanken und Phantasien. Oder es werden in froher Runde Witze gemacht, man ist heiter und ausgelassen, aber bei einem bestimmten Witz ist einem plötzlich »das Lachen vergangen«, und man kann seine Betroffenheit nur schlecht verbergen. Oder man war morgens noch bester Laune und stellt mittags fest, daß man depressiver oder gereizter Stimmung ist, ohne recht zu wissen, weshalb. Was ist da passiert?

Offenbar wird in allen diesen Fällen durch einen bestimmten Reiz – ein Wort, eine Anspielung, eine Situation – unbewußt ein »wunder« Punkt oder ein heimliches Interesse angerührt. Der Auslösereiz führt dazu, daß die Aufmerksamkeit von der gegenwärtigen Situation weggelenkt wird und ein veränderter Bewußtseinszustand entsteht, der je nach Art des ausgelösten Inhaltes als angenehm, lustvoll und faszinierend oder als irritierend, erschreckend und blockierend erlebt wird.

Diese dynamischen Elemente der Seele, die in uns solche Abweichungen unserer Ich-Bewußtseins-Kontinuität und solche veränderten Bewußtseinszustände hervorrufen, hat C. G. Jung »Komplexe« genannt. Dieser Begriff ist in den alltäglichen Sprachgebrauch übergegangen, wenn man beispielsweise sagt, daß dieser oder jener deutliche »Komplexe« habe, womit man meist Minderwertigkeits- und Versagenskomplexe meint. Solche Komplexe führen dazu, daß sich der unter ihnen Leidende sehr unfrei und gehemmt fühlt und nicht weiß, was er tun kann, um sich von ihrer Macht zu befreien.

Aus diesem Alltagsgebrauch des Komplexbegriffes könnte man ableiten, daß Komplexe hauptsächlich negative, störende und pathogene Gebilde sind. Schließlich fallen sie uns auch meist in unangenehmen Zusammenhängen auf, zum Beispiel bei Hemmungen, Fehlleistungen, Mißgeschicken, Unfällen, Trieb- und Affektdurchbrüchen, psychosomatischen Reaktionen und den verschiedensten psychischen Symptomen. Bei genauerem Hinsehen entdeckt man aber, daß Komplexe zentrale Struktur- und Steuerungselemente der Seele sind, die das menschliche Erleben und Verhalten sowohl in normaler als auch in krankhafter Hinsicht in weitestgehendem Maße bestimmen[4].

Die Komplexe sind Brenn- und Knotenpunkte der Persönlichkeit und bestimmen deren Eigenart. In diesem Sinne sind sie einer Landkarte vergleichbar, die eine Orientierung ermöglicht[5]. Kennt man die Komplexe eines Menschen, so wird sein Verhalten verständlich und voraussehbar. Komplexe führen dazu, daß die Welt in bestimmter individueller Weise erfahren und auf sie in subjektiver Weise reagiert wird. Jeder, der beispielsweise durch eine Ladenstraße spaziert, wird dabei anderes wahrnehmen und erleben, je nachdem, welche Komplexe bei ihm gerade aktiviert sind. Viele Komplexe entfalten ihren Einfluß nur auf äußerst subtile, unbewußte Weise. Sie lenken die Aufmerksamkeit und das Interesse einmal hier- und einmal dorthin oder erzeugen unmerkliche Stimmungsveränderungen. Andere dagegen brechen mit elementarer Gewalt durch und rufen stärkste Affektionen, Kurzschlußhandlungen und schwere psychische Störungen hervor.

Es lassen sich verschiedene Komplexebenen unterscheiden: Komplexe, die unserer ganz persönlichen Lebensgeschichte entstammen (z. B. Minderwertigkeitskomplexe), Komplexe, die für die Gruppe, Gesellschaft und Kultur, in der wir leben, charakteristisch sind und durch den Sozialisationsprozeß vermittelt werden (z. B. Sexualkomplex, Leistungskomplex, Rivalitätskomplex), und Komplexe, die offenbar durch die Eigenart unserer psychosomatischen, genetischen Struktur bestimmt werden und allen Menschen mehr oder weniger gemeinsam sind. Diese allgemeinmenschlichen Komplexe gehen vermutlich aus den Grundbedürfnissen, Grundängsten und psychischen Grundverarbeitungsmöglichkeiten des Menschen hervor und können auch als archetypische Komplexe bezeichnet werden.

Bei magisch erlebenden Naturvölkern findet man häufig eine deutliche Unterscheidung zwischen Seelenteilen, die der Mensch besitzt und die den Menschen eventuell verlassen und ihm verlorengehen können, und Geistern, die unabhängig von den Menschen in einem Zwischenreich oder Jenseits wohnen. Die Seelenteile werden als weitgehend zur eigenen Persönlichkeit gehörend empfunden, und C. G. Jung vermutet, daß es sich dabei um Komplexe des persönlichen Unbewußten handelt, während die »Geister« Ausdruck autonomer archetypischer Komplexe des kollektiven Unbewußten sind[6]. Beide Komplexarten können seelische Störungen hervorrufen, erstere in Form von »Seelenverlust«, letztere in Form von »Besessenheit«. Dementsprechend gibt es auch Unterschiede in der

Behandlung solcher Störungen. Während es bei den persönlichen Komplexen in der Regel um ihre Bewußtmachung und Integration geht, was meist mit einem Kraftzuwachs und der Erweiterung der Möglichkeiten der Persönlichkeit verbunden ist, geht es bei den archetypischen Komplexen zwar auch um Bewußtmachung, aber weniger um eine Integration, sondern um eine In-Beziehung-Setzung und auch, wenn nötig, Distanzierung. Wenn ein Komplex des kollektiven Unbewußten das Ich dominiert,

> »so empfindet das Individuum diesen Inhalt als fremd, unheimlich und zugleich faszinierend; auf jeden Fall wird das Bewußtsein dadurch in beträchtlicher Weise beeinflußt, sei es, daß es den Komplex als krankhaft empfindet, sei es, daß es dadurch dem normalen Leben entfremdet wird. Es tritt durch Assoziation eines kollektiven Inhaltes an das Ich immer ein Zustand von ›Entfremdung‹ ein, denn es mischt sich etwas in das individuelle Bewußtsein, das eigentlich unbewußt, das heißt vom Ich getrennt, bleiben sollte. Gelingt es, einen solchen Inhalt wieder aus dem Bewußtsein zu entfernen, so fühlt sich das Individuum erleichtert und normaler. Der Einbruch dieser fremden Inhalte findet sich als charakteristisches Symptom am Anfang vieler Geisteskrankheiten. Die Kranken werden von fremden und unerhörten Gedanken befallen, die Welt sieht verändert aus, die Menschen haben fremde, verzerrte Gesichter usw.«[7]

Die Analytische Psychologie C. G. Jungs faßt also die in allen Kulturen vorkommenden Erfahrungen mit Geistern, Dämonen, Teufelchen, Kobolden, Fabelwesen, Heinzelmännchen, Engeln und Göttern als ein Erleben unbewußter archetypischer Komplexe auf, wobei sie betont, daß archetypische Komplexe nichts mit dem Ich-Bewußtsein eines Menschen zu tun und einen weitgehend autonomen Charakter haben. Deshalb nannte Jung diese Komplexe auch »autonome« Komplexe oder »Teil-Persönlichkeiten«, weil sie sich unter bestimmten Umständen eben aufführen, als wären es tatsächlich eigene Persönlichkeiten mit eigenem Willen, Fühlen und Denken (vgl. dazu auch das eigenartige Phänomen der sogenannten »multiplen Persönlichkeiten«). Es wäre sehr gefährlich, wenn das Ich meinen würde, es hätte oder erzeuge diese Komplexe, weil es sich dann mit den Komplexen identifiziert und seine Freiheit verliert. Häufig genug ist es nämlich umgekehrt: Die Komplexe haben das Ich.

Deshalb ist es auch eine der Aufgaben einer Psychotherapie, das Ich aus einer unbewußten »Komplex-Besessenheit« zu befreien, das heißt dem Ich-Bewußtsein zu helfen, sich von einem Komplex zu unterscheiden, indem es ihn als solchen erkennt und ihm gegenüber Stellung bezieht. Der Komplex wird dann gewissermaßen zu einem inneren, weisen Dialogpartner, der einen mit der instinktiven Weisheit der Psyche und des Organismus verbindet. Auf diese Weise können auch archetypische Komplexe eine heilende, schöpferische und bewußtseinserweiternde Wirkung haben.

Die Frage, um was es sich bei den archetypischen Komplexen wirklich handelt, ist sehr strittig und berührt eine inzwischen jahrhundertalte Kontroverse zwischen den sogenannten »Animisten« und den »Spiritisten«. Die Animisten stehen auf dem Standpunkt, daß sich Geistererscheinungen, Besessenheitsphänomene und mediumistische Kontakte weitgehend psychologisch als unbewußte Vorgänge erklären lassen, ebenso paranormale Phänomene wie Telepathie und Hellsehen. Die Spiritisten hingegen gehen von der tatsächlichen Existenz von Geistern von Verstorbenen aus.

Es hat sich gezeigt, daß es in den meisten konkreten Einzelfällen, in denen solche Phänomene untersucht wurden, sehr schwer war, zu einem endgültigen Schluß zu kommen. Meist lagen sehr zwielichtige, unklare Situationen vor, die alle möglichen Formen von Fremd- und Selbsttäuschungen erlaubten und in denen die beteiligten Personen in der einen oder anderen Weise als befangen und nicht zu einem objektiven Urteil fähig angesehen werden mußten. Wir bewegen uns hier also wieder auf typisch dämmrigen, mercurialen Pfaden, auf denen keine rechte Klarheit aufkommen will.

Beispiele für die beschriebenen archetypischen Komplexe sind das, was Jung den »Schatten«, »Animus«, »Anima«, »den Alten Weisen«, »die Große Mutter«, »das göttliche Kind«, »das Selbst« genannt hat. In allen Kulturen hat zum Beispiel die Auseinandersetzung mit dem Bösen und dem Gegengeschlechtlichen eine große Rolle gespielt. Auch heute noch bilden sie die Grundbestandteile jedes einigermaßen interessanten Romans und Films. Die meisten von uns finden Geschichten, die nicht mit einer gewissen Prise von »Sex and Crime« gewürzt sind, langweilig. Das scheint archetypisch zu sein, denn in allen Kulturen werden bestimmte »böse«, »egoistische« und triebhafte Seiten der Persönlichkeit mit Bann und Tabu belegt, so daß sie sich nur auf indirekte Weise befriedigen lassen, häufig also auf dem Weg der Projektion, bei der der andere (der Kriminelle) das tut, was man selbst gerne täte.

In unserer westlichen, christlichen Kultur wird der kollektive Schatten-Komplex »Teufel« oder »Satan« genannt. Er sieht schreckenerregend aus, verzieht sein Gesicht zu einem »teuflischen«, sadistischen Lachen, trägt tierisches Fell, hat einen Bocksfuß, Hörner und ist häufig in Rot, der Farbe der Aggression und Leidenschaft, gekleidet. Er verkörpert das Böse schlechthin. Wenn wir von jemandem sagen: »Der ist ja vom Teufel besessen«, dann meinen wir meist jemanden, der aggressiv, machthungrig, triebhaft und geldgierig ist. Der Teufel symbolisiert dunkle Seiten unserer Natur, die von einer Vielzahl von Menschen in unserer christlichen Kultur abgespalten werden müssen (vgl. Kapitel über Teufels- und Hexenrituale). Der Teufel repräsentiert sicherlich auch sehr gefährliche Aspekte der Psyche, aber bei Menschen, die dazu neigen, überangepaßt und überfreundlich zu sein, und die ihre Leidenschaft, ihre Körperlichkeit, Sinnlichkeit und ihre Machtbedürfnisse verdrängen, taucht er in den Träumen gelegentlich positiv auf als jemand, der zu einer neuen Lebendigkeit und Lebenslust »verführt«. Das klassische Beispiel dafür ist Goethes »Faust«, den wir später kurz besprechen werden.

Kontaktaufnahme mit den archetypischen Komplexen

Magische Rituale und veränderte Bewußtseinszustände

In der magischen Tradition des Abendlandes wie auch in den magischen Praktiken aller Kulturen wurden viele Verfahren entwickelt, wie sich Menschen mit den autonomen Komplexen der Seele in Beziehung setzen können. Viele dieser Verfahren werden erst heute ernsthaft erforscht, und man erkennt allmählich, welches erstaunliche Heilungspotential in ihnen verborgen ist.

Wenn diese Verfahren innerhalb eines Rituals (vgl. das magische Ritual am Anfang des Kapitels) angewendet werden, lassen sich vier Phasen voneinander unterscheiden, die dem bekannten archetypischen Wandlungsschema folgen, das ich im Kapitel über die Alchemie kurz und an anderer Stelle[8] ausführlicher beschrieben habe. Alle schöpferischen Vorgänge, insofern es in ihnen zu einer Beziehung zwischen dem Bewußten und dem Unbewußten kommt, unterliegen diesem Schema.

Die erste Phase ist die Vorbereitungs- und Einstimmungsphase. Man stellt geeignete Umweltbedingungen her, die es ermöglichen, daß man sich geschützt und vielleicht von anderen Personen gefördert fühlen kann, so daß man in der Lage ist, zumindest teilweise die Ich-Kontrolle aufzugeben und in einen veränderten Bewußtseinszustand einzutreten.

In der nächsten Phase beginnt man mit Hilfe bestimmter Verfahren sein Bewußtsein zu verändern. Nach einer Übersicht von Dittrich[9] über die auslösenden Bedingungen von außergewöhnlichen Bewußtseinszuständen lassen sich die bewußtseinsverändernden Methoden in zwei Gruppen einteilen: solche, in denen die Bewußtseinsveränderung durch bestimmte Drogen, Psychopharmaka, Halluzinogene und andere chemische Mittel, und solche, in denen sie mit psychologischen Methoden bewirkt wird, wobei die Grenzen sehr fließend sind, da psychische und somatische Wechselwirkungen immer vorhanden sind. Man muß sogar vermuten, daß die Wirkung psychischer Methoden auf einer Veränderung chemisch-neurologischer Abläufe und auf der Bildung körpereigener »Drogen«, den Endorphinen, beruht.

Bei den psychologischen Methoden lassen sich wiederum zwei größere Gruppen unterscheiden: solche, die einen veränderten Bewußtseinszustand durch Unterstimulation, und solche, die ihn durch Überstimulation erreichen. Zur ersten Gruppe gehören etwa Entspannungsverfahren, Meditation, Fremd- und Selbsthypnose, Schlaf- und Traumexerzitien, Isolierung und Reizentzug (Aufenthalt in der Einsamkeit, Einsiedelei, Wüste, Höhle, Kloster, Wassertank), asketische Übungen, starre Körperhaltungen, Fasten, Schlafentzug, Provokation von Erschöpfungszuständen. Für die zweite Gruppe sind typisch alle Formen von Reizüberflutung, die zum Beispiel entstehen durch intensive rhythmische Bewegungen (Trancetanz, Trommeln, Sexualität, Jogging), durch eine rasche Veränderung des Wahrnehmungsfeldes oder durch intensive Erlebnisse positiver (Liebe, Freude, Sexualität) wie negativer Art (Schmerzfolter, Flagellation, Angst, Schrecken und so weiter. Vielleicht hängt die »bannende« Wirkung mancher Horror-Filme mit dieser Auslösung eines veränderten Bewußtseinszustandes zusammen).

In einem solchen veränderten Bewußtseinszustand kann es dann zu den angestrebten Erfahrungen mit den archetypischen Komplexen und transpersonalen Dimensionen der Seele kommen. Der Meditierende erfährt im tiefen Schweigen die schöpferische Fülle der Leere, der Mystiker vereinigt sich ekstatisch mit dem Göttlichen und feiert die mystische Hochzeit mit seinem wahren Selbst, der Magier tritt in Kontakt mit Dämonen und Engeln, der Schamane, der sich für einen Kranken auf die Suche nach dessen verlorengegangener Seele gemacht hat, findet diese im Jenseitigen wieder und bringt sie dem Kranken zurück, der geistige Heiler gewinnt Anschluß an die kosmische Heilkraft und vermittelt sie seinem Patienten. Tiefgreifende transpersonale Erfahrungen haben nicht nur eine stark beeinflussende und verändernde Wirkung auf den, der sie macht, sondern sie können in positiver wie in negativer Hinsicht andere Menschen »infizieren«, besonders, wenn diese in einem offenen, empfänglichen Zustand dafür sind (Regression und veränderter Bewußtseinszustand, Krankheit, Abhängigkeit, erhöhte Glaubensbereitschaft). Es scheint dann, als würde die psychische Energie, die mit der transpersonalen Erfahrung freigesetzt wird, auf den anderen in magischer Weise übertragen. Auch wenn noch nicht ganz geklärt ist, wie solche »magischen Übertragungen« zustande kommen (eine wesentliche Rolle spielt dabei sicherlich die immense Überzeugungskraft, die mit archetypischen Erfahrungen verbunden ist), so wissen wir doch von ihren erstaunlichen und beängstigenden Wirkungen, beispielsweise bei sogenannten »Wunderheilungen« oder bei kollektivem Massenwahn.

In der dritten Phase des magischen Rituals wird das Ritual beendet, und der normale Bewußtseinszustand stellt sich allmählich wieder ein. Die gute und sorgfältige Rückkehr beziehungsweise die Rücknahme des veränderten Bewußtseinszustandes ist sehr notwendig, damit sich keine nachteiligen seelischen Spätwirkungen zeigen. Deshalb folgen nach vielen Ritualen längere Danksagungen und Tage der Ruhe und

Erholung, in der das Ich allmählich wieder seine gewohnten Strukturen aufbauen kann.

In der vierten Phase wird die im Ritual gemachte Erfahrung im Leben verwirklicht und in den Alltag eingebaut. Die Vernachlässigung der dritten und vierten Phase kann leicht zu Suchtverhalten führen. In der Regel ist es viel einfacher, veränderte Bewußtseinszustände zu erzeugen, als die in ihnen erlebten Erfahrungen ins alltägliche Leben zu integrieren. Aufgrund der damit verbundenen inneren und äußeren Schwierigkeiten besteht die Gefahr, daß man den bequemeren Weg in die »innere Emigration« wählt.

Nachrichten aus dem »Jenseits«

Psychomotorische Automatismen

Neben den beschriebenen Methoden sind dem Okkultismus noch einige andere »mediumistische« Verfahren bekannt. (Heute sind sie z. B. unter dem Begriff des »Channeling« verbreitet, was soviel heißt wie einen Kanal zum Kosmos und zu dortigen Wesenheiten herzustellen.) Sie haben die wissenschaftliche Bezeichnung »psychomotorische Automatismen« erhalten.

Psychomotorische Automatismen sind Tätigkeiten wie Schreiben, Sprechen, Malen, Tanzen, Hand- und Fingerbewegungen, die von den betreffenden Personen als verselbständigt und unabhängig von ihrem bewußten Wollen erlebt werden. Bei psychologisch wenig vorgebildeten und mit den autonomen Tiefenbereichen der Seele wenig erfahrenen Personen erwecken diese Methoden den fast unüberwindlichen Eindruck, in einen Kontakt mit jenseitigen Wesen getreten zu sein. Beim automatischen Schreiben zum Beispiel sitzt die betreffende Person in tiefer Entspannung auf einem Stuhl, hält einen Bleistift in ihrer Hand und hat auf ihrem Schoß einen großen Bogen Papier. Während die Person bestrebt ist, den Zustand der Entspannung immer weiter zu vertiefen, und sich zum Beispiel auf ein bestimmtes Thema oder eine bestimmte Frage konzentriert, beginnt die Hand mit dem Bleistift Bewegungen durchzuführen, die sich mit wachsender Übung zu

Worten, Sätzen, ja ganzen Romanen formen können. Das gelingt sogar, wenn die Augen der Person geschlossen sind. Wesentlich ist, daß sie die Bewegungen des Schreibens und auch den Inhalt nicht selbst bewußt verursacht, sondern »Es« von alleine schreiben läßt. Sie hat dabei das Gefühl, daß etwas in ihr schreibt, daß nicht sie die Handbewegungen lenkt, sondern daß sie von »jemandem« gelenkt werden.

Nicht nur Worte, sondern auch Zeichnungen und musikalische Kompositionen können auf diese Weise entstehen. Es ist verständlich, daß solche autonome Tätigkeiten, bei denen die ausübende Person nur das Werkzeug einer ihr unbewußten, intelligenten Instanz ist, es nahelegen, an jenseitige Geister, Mächte und Kräfte zu denken. Wir hatten diese Personifikationstendenz ja bereits als eine der Eigentümlichkeiten autonomer Komplexe erkannt. Neben dem automatischen Schreiben gibt es noch eine ganze Reihe anderer Automatismen, die im Spiritismus und Okkultismus eine große Rolle spielen: Wünschelrute, Pendeln, Tischrücken, Gläserrücken und das Arbeiten mit dem Oui-Ja-Brett, einer Variante des Gläserrückens, die heute ein beliebtes Gesellschaftsspiel ist. (Über die Gefahren des leichtsinnigen Experimentierens mit den psychomotorischen Automatismen berichten wir später.)

Schon 1854 hatte Chevreul[10] in seinen Untersuchungen über die Wünschelrute, das Pendeln und das Tischrücken nachgewiesen, daß die geheimnisvollen automatischen Bewegungen durch unbemerkte, minimale Muskelbewegungen des Armes und der Hand zustande kommen. Und er zeigte auch, daß keine Bewegung eines Pendels eintrat, wenn man das Pendel an einem unbeweglichen Ständer aufhängte. Der Physiologe Carpenter formulierte dann das ideomotorische Gesetz, nach dem emotional vorgestellte oder wahrgenommene Bewegungen eine Tendenz auslösen, sie körperlich nachzuvollziehen (z. B. Fußbewegungen beim Anschauen eines Fußballspiels). Aber nicht nur bewußte Inhalte können sich in körperlichen Ausdrucksbewegungen darstellen, es sind auch unbewußte, autonome, energiegeladene Inhalte, die auf diese Weise hervortreten.

Das Phänomen des Tischrückens möchte ich hier exemplarisch etwas näher beschreiben. Ich zitiere dabei Ausführungen von Eddie Joseph, einem verstorbenen englischen Täuschungskünstler. Sie sind vor allem deswegen psychologisch so aufschlußreich, weil Joseph durch seine Berufstätigkeit als Zauberer mit vielen Tricks und Täuschungsmöglichkeiten experimentierte und lange glaubte, ein »echtes« Medium zu sein. Eines Tages kam er dennoch dem Geheimnis des psychomotorischen Automatismus auf die Spur.

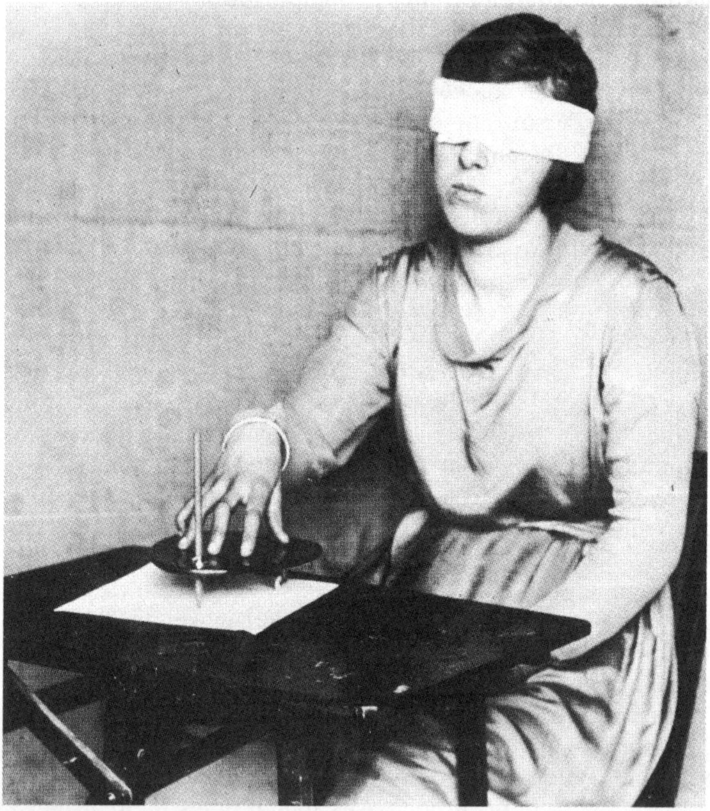

Die »Planchette« (frz. Brettchen) ist ein Gerät, das von medialen Personen zum automatischen Schreiben verwendet wird. Es handelt sich dabei um ein dreibeiniges Tischchen, bei dem zwei Beine auf Kugeln laufen und das dritte durch einen Bleistift gebildet wird. Indem das Medium in einem entspannten Trancezustand den feinen unbewußten Bewegungen seiner Hand folgt, schreibt es mit Hilfe der Planchette »Botschaften« auf ein untergelegtes Stück Papier. Diese werden von Spiritisten interpretiert als »Botschaften aus dem Jenseits«, während Psychologen der Auffassung sind, daß es sich bei ihnen um Informationen aus dem Unbewußten handelt.

»Nur um die Idee (des Tischrückens, Anm. d. Verf.) in die Praxis umzusetzen, braucht der Vorführende eigentlich die Ursachen, die den Tisch in Bewegung bringen, nicht zu kennen. Der Vorgang läuft automatisch ab. Letztlich ist das Ergebnis dasselbe, ob nun die Ursache bekannt ist oder nicht. Dies ist auch der Hauptgrund dafür, daß ich sieben Jahre lang davon überzeugt war, ein richtiges Medium zu sein. Ich glaubte einfach, die natürlichen Kräfte zu besitzen, Geister erscheinen zu lassen. Ich glaubte fest, der Tisch würde schwingen und klopfen, weil ein Geist zugegen war. Es gab keinen Grund, nach anderen Ursachen zu suchen. Ich erzielte die unglaublichen Resultate, ohne die wirkliche Ursache zu kennen. Die erste Frage, die den Leser aber beschäftigen wird, dürfte sein: Was bringt den Tisch nun zum Schwanken?

Meine Antwort darauf mag phantastisch klingen, nichtsdestoweniger ist sie wahr. Ihre Mitwirkenden am Tisch sind für die Bewegungen verantwortlich. Unbewußt, also ohne es zu wissen! Jawohl, so ist es! Und Sie selbst helfen dabei mit, ohne es zu ahnen! Selbst jetzt, nachdem Sie die Wahrheit kennen, werden Sie, wenn Sie am Tisch sitzen und dieser zu schwanken und zu klopfen beginnt, nicht glauben, etwas damit zu tun zu haben. Noch einmal: Ich brauchte sieben Jahre, um das zu entdecken. Das zeigt, wie unfaßbar die ganze Sache ist. Doch ob es nun Geister oder die Sitzungsteilnehmer sind, die Ihnen beistehen, ist gar nicht so wichtig. Der Tisch hat zu schaukeln ... Der Tisch ist klein und leicht. Er hat nur drei Beine. Diese sollen scheinbar den Geist anziehen, vereinfachen aber in Wirklichkeit die Vorgänge.

Sie sitzen am Tisch und bitten drei oder vier Leute, ebenfalls Platz zu nehmen. Sie legen Ihre Fingerspitzen leicht auf die Tischoberfläche, so daß sich die beiden Daumenspitzen berühren. Ihre Nachbarn sollen das gleiche tun. Das Ergebnis ist eine ununterbrochene Kette von Händen. Erinnern Sie daran, daß es unbedingt erforderlich ist, die Finger nur leicht auf den Tisch zu legen.

Als erstes muß man wissen, daß es, unabhängig von der Nervenstärke einzelner, unmöglich ist, die Hände wie erklärt auf dem Tisch zu halten, ohne nervliche Reaktionen auszulösen. Probieren Sie es selbst aus, und beobachten Sie Ihre Fingerspitzen. Sie werden feststellen, daß diese nach kurzer Zeit vibrieren. Allerdings müssen Sie genau hinschauen, um es zu entdecken. Sie denken zwar, daß Ihre Fingerspitzen bewegungslos daliegen, aber dem ist nicht so.

Sie haben bereits das Licht zurückgedreht. Der Raum ist in Halbdunkel gehüllt (niemals ganz verdunkeln). Sie haben den Leuten gezeigt, wie sie ihre Fingerspitzen auf den Tisch legen müssen. Sie haben ihnen gesagt, daß der Geist jeden Moment eintreffen und den Tisch zum Klopfen bringen wird. Sie haben ihnen versichert, daß der Tisch in dem Augenblick, wo der Geist erscheint, kippt. Sie haben ihnen erklärt, sich den Bewegungen des Tisches nicht zu widersetzen.

Und schließlich haben Sie ihnen gesagt, daß einige den Geist abstoßen, während andere ihn anziehen; falls die Sitzung kein Erfolg würde, hätten Sie einige Änderungen in personeller Hinsicht vorzunehmen. Auf diese Weise haben Sie eine gespannte Atmosphäre geschaffen, eine Atmosphäre der ›großen Erwartung‹. Jeder ist nervös, gereizt. Jeder hat nur einen Gedanken: zu erleben, wie sich der Tisch bewegt und klopft. Nach kurzer Zeit der Ungewißheit kippt der Tisch langsam nach einer Seite und richtet sich wieder auf. Zwei der drei Tischbeine fungieren als Scharnier. Das dritte Bein wird beim Kontakt mit dem Boden ein Klopfgeräusch hervorrufen. Das ist Ihr Signal, daß der Geist (?) erschienen ist. Sofort fragen Sie: ›Bist du da?‹ Wieder klopft der Tisch und verursacht ein zweites Klopfzeichen...

Auf die Frage, warum der Tisch kippen sollte, würde ich antworten: Weil die Anwesenden es erwarten! Sie bewegen ihn unbewußt zur Seite. Wenn sie zu drücken beginnen, wirkt gleiche Kraft an allen Seiten, weil sie um den Tisch herum sitzen. Deshalb kann er nicht kippen. Niemand drückt den Tisch bewußt nach außen; doch unbewußt wird er durch die Vibration von fünfzig Fingern seitwärts gekippt. Wie Sie sich erinnern, haben Sie Ihre Mitwirkenden aufgefordert, den Bewegungen des Tisches keinen Widerstand entgegenzusetzen.

Wenn der Tisch das erste Mal schwankt und den äußersten Punkt einer Seite erreicht, kann er aus zwei Gründen nicht weiter: Erstens stoppt ihn die auf dieser Seite sitzende Person unbewußt. Die Sache sieht unheimlich aus. Sie wird bei jedem eine Gänsehaut hervorrufen. Zweitens verhindert der Körper der Person, daß der Tisch weiterkippt. An diesem Punkt richtet sich der Tisch wieder auf. Er hat auf zwei Beinen balanciert. Im Moment des Aufrichtens entsteht nun ein Klopfgeräusch. Nach der ersten Bewegung richten Sie an den Tisch die Frage: ›Bist du da?‹ Jeder erwartet die Bestätigung. Wieder folgt ein Kippen und, wenn der Tisch beim Zurückgehen mit seinem dritten Bein auf dem Boden aufstößt, ein Klopfgeräusch. Sobald der Tisch begonnen hat, sich zu bewegen, erfolgt jeder weitere Kippvorgang leichter und leichter. Und zwar deshalb, weil sich die Mitwirkenden immer stärker mit der Sache identifizieren. Wenn Sie mit den gleichen Personen erfolgreich einige Abende zusammensitzen, werden Sie überrascht sein, wie schnell Sie den ›Geist‹ erscheinen lassen können. Aber es ist keineswegs erforderlich, daß immer die gleichen Leute mitmachen...

Nachdem bestätigt wurde, daß der Geist gegenwärtig ist, fragen Sie ihn nach seinem Namen. Der Tisch antwortet durch Klopfgeräusche, daß sein Name z.B. ›Jack‹ ist. Sie werden die Erfahrung machen, daß acht von zehn Mal ›Jack‹ dann entweder ein Freund oder Verwandter eines der am Tisch sitzenden war...

Der Tisch beginnt zu klopfen, wenn Sie nach dem Namen des Geistes fragen. Nehmen wir an, er stoppt bei ›J‹, ›J‹ steht für ›Jack‹ oder ›John‹ oder für was auch immer. Alle um den Tisch beginnen im Geiste zu spekulieren und erwarten tatsächlich einen bestimmten Namen, der mit ›J‹ anfängt. Der Tisch bewegt sich wieder und stoppt beim zweiten Buchstaben des Namens, den die Mehrzahl der Mitwirkenden im Sinn hat. Ist dies ›Jack‹, werden sie unbewußt den Tisch bei ›A‹ stoppen. Und so geht das weiter. Jemand fragt z.B.: ›Wie alt bin ich?« Der Tisch fängt an zu klopfen, und Sie zählen jedes Klopfen mit. Die Person, welche die Frage gestellt hat, wird automatisch bei der richtigen Zahl stoppen. Gewöhnlich erscheint der ›Geist‹ irgendeines toten Verwandten der am Tisch Anwesenden. Bedeutet dies nicht, daß die Person etwas damit zu tun hat? Stoppt sie nicht unbewußt das Klopfen, wenn der richtige Buchstabe erreicht ist? Sie weiß es nicht, aber so ist es in Wirklichkeit.

Nehmen wir ein Beispiel: Eine Frau hat ihren Mann ›Fred‹ verloren. Sie bittet um eine Demonstration von ›Spiritismus‹. Fünf von uns sitzen um den Tisch. Sie befindet sich unter uns. Die Vorbereitungen sind vorüber. Die gespannte Atmosphäre der Erwartung ist noch vorhanden. Alles wartet auf das Klopfen. Plötzlich ist es soweit. Wenn es nun dazu kommt, den Namen des Geistes zu erfragen, erwartet die Frau, daß ihr ›Fred‹ erscheint. Der Tisch beginnt zu kippen. Sobald das Kippen den Buchstaben ›F‹ anzeigt, wird die Frau unbewußt weitere Bewegungen stoppen. Sie weiß es nicht, aber sie ist dafür verantwortlich, daß der Tisch nach ›F‹ nicht weiterklopft. Der nächste Buchstabe ist ›R‹, und auf gleiche Weise ertönen die Klopfzeichen, bis ›R‹ erreicht ist. Die anderen Mitwirkenden werden nun spekulieren, daß der Name ›Fred‹ sein muß. Von da an helfen sie mit, so daß schnell das gewünschte Resultat erzielt wird . . .

Nachdem Sie und Ihre Mitwirkenden einige Minuten am Tisch gesessen haben, können Sie ihn verlassen. Ihr Platz kann von einer beliebigen anderen Person eingenommen werden. Sie erteilen Ihre Anordnungen nun aus einiger Entfernung. Jene, die meinen, Sie würden mit Tricks arbeiten, müssen spätestens jetzt umdenken. Wenn Sie sehen, daß die Demonstration in vollem Gange ist, bitten Sie eine Person, den Tisch zu verlassen. Setzen Sie die Sitzung kurze Zeit fort, und nehmen Sie einen weiteren Teilnehmer heraus. Dies wiederholen Sie, bis nur noch eine Person übrigbleibt. Der Tisch wird immer noch klopfen. Lassen Sie diese Person aufstehen, während ihre Fingerspitzen weiterhin auf der Tischplatte ruhen. Der Tisch beginnt zu schwanken, und da auf der anderen Seite kein Hindernis mehr ist, fängt er an zu wandern. Die Person darf dabei ihre Fingerspitzen nicht vom Tisch nehmen und muß ihm folgen, wohin er auch immer möchte. Das Phänomen, den Tisch wandern zu lassen, kann frühestens fünf bis zehn Minuten nach dem ersten Klopfen dargeboten werden. Je größer der Zeitabstand, desto besser das Ergebnis. Und je nervöser jemand ist, desto stärker der Zwang zum Klopfen. Falls jemand äußerst erregt ist, werden Sie überrascht sein, zu sehen, daß er quasi rennen muß, um überhaupt mit dem Tisch in Kontakt zu bleiben.«[11]

Bis hierhin also einige ausführliche Zitate aus dem Artikel von Eddie Joseph über das Tischrücken. Was sich hier eher wie ein spannendes Gesellschaftsspiel liest, hat durchaus seine gefährlichen Aspekte, besonders dann, wenn sich labile und ichschwache Menschen intensiv mit diesen psychomotorischen Automatismen beschäftigen.

Die Ausführungen von Joseph lassen den Eindruck entstehen, als sei alles, was sich durch das Tischklopfen manifestiert, den einzelnen Teilnehmern zumindest halbbewußt. Tiefenpsychologische Erkenntnisse zeigen aber, daß durch solche spiritistische Praktiken auch Inhalte zum Vorschein gebracht werden können, die tief im Unbewußten der Teilnehmer ruhen und die ihnen auch später noch vollständig fremd vorkommen, so als hätten sie nie etwas davon gewußt[12]. Grundbedingungen für das Hervorrufen der Automatismen scheinen eine tiefgehende Entspannung und Passivität sowie die Bereitschaft, allen feinen Impulsen nachzugeben, sich gehenzulassen und, damit verbunden, eine kritiklose Offenheit zu sein.

Und darin liegen auch die beträchtlichen psychischen Gefahren. Es sind Fälle bekannt, in denen sich durch das unkontrollierte, übertriebene und nicht verstandene Experimentieren mit diesen Techniken die angesprochenen Inhalte der Psyche so sehr verstärkten und verselbständigten, daß sich die betreffenden Personen nicht mehr von ihnen befreien konnten. Ihr Denken und Handeln wurde immer mehr von ihnen beeinflußt. Man nennt psychische Störungen, die durch die unvorsichtige Beschäftigung mit okkulten Techniken entstanden sind, mediumistische Psychosen[13]. Ein klassisches Beispiel dafür ist der Fall Ludwig Staudenmaier.

Die Geister verselbständigen sich

Mediumistische Psychosen

Im Jahre 1912 erschien ein sehr bemerkenswertes und wohl nie recht gewürdigtes Buch »Die Magie als experimentelle Naturwissenschaft«[14]. Darin beschreibt L. Staudenmaier seine Experimente und Erfahrungen mit spiritistischen Praktiken. Staudenmaier wurde im Jahre 1865 geboren, studierte Theologie und später Naturwissenschaften und Chemie und war ab 1896 Professor für Experimentalchemie in Freising. Er gewann, wie er selbst schreibt, durch sein theologisches Studium Einblick in die Mystik und die magischen Phänomene der Vorzeit, während ihn andererseits sein naturwissenschaftliches Studium vor großer Leichtgläubigkeit und abergläubischen Verwirrungen bewahrte.

Im Jahre 1901 kam er durch einen Zufall dazu, sich mit spiritistischen Phänomenen zu befassen. Ein Bekannter teilte ihm während eines Gesprächs mit, daß man im Spiritismus zunächst mit automatischen Schreibversuchen zu beginnen pflege. Er setzte sich nun jeden Tag mit Papier und Bleistift hin und wartete darauf, daß seine Hand von selbst zu schreiben beginnen werde. Bald gelang es ihm, und nach etwa zwei Wochen vollführte der Bleistift die sonderbarsten Schnörkel und Windungen. Staudenmaier aber wollte den dahinter verborgenen Sinn und die angeblichen Führer des Stiftes kennenlernen. Gleichzeitig las er in Schriften über Spiritismus, in denen die Namen der angeblichen Geister der Verstorbenen vorkamen, darunter der Name »Julie Norne«.

Eines Abends begann der Bleistift »Julie Norne ist da« zu schreiben. Er wollte wissen, ob es ein genügend intelligenter Geist sei, und prüfte »Julie« in Chemie. Allmählich kam ihm zu Bewußtsein, daß das, was vom Geiste geschrieben wurde, seinem eigenen Wissen entstammte. Trotzdem hatte er das Gefühl, ein fremdes Wesen sei im Spiel. Bald meldeten sich auch noch andere »Geister«. Ihre Zahl wurde immer größer, es kamen minderwertige, moralisch defekte und bösartige Intelligenzen zum Vorschein. Später brauchte er nicht mehr zu schreiben: Er hörte und noch später sah er die Wesenheiten. Die Stimmen und Visionen meldeten sich bald auch gegen seinen Willen. Es traten sogenannte Spott- und Lügengeister auf, er hatte Illusionen des Gesichtssinnes, aus Wolken formten sich geisterhafte und phantastische Gestalten. Im Bett sah Staudenmaier den Kopf einer schönen Dame auf seinem Kopfkissen liegen, erblickte auch Teufelsfratzen, erlebte Bedrohungen, spürte eine Kette um seinen Hals geschlungen, roch Schwefelwasserstoff. Der Arzt riet ihm, die Experimente abzubrechen und sich abzulenken. Aber auch im Wald und auf der Jagd sah er dickbäuchige Kerle und langrüsselige Elefanten auf den Bäumen sitzen, Teufelsfratzen umgaben ihn, und verführerische Mädchen saßen auf den Wolken und lächelten ihn lockend an. Ähnliches, so meinte Staudenmaier, muß den mittelalterlichen Heiligen widerfahren sein.

Im Laufe dieser Entwicklung verstärkte sich das Gefühl des Beeinflußtwerdens auf den ganzen Körper, die Halluzinationen erschienen ihm als Wirklichkeiten. Staudenmaier nannte sie Personifikationen. Eine Personifikation war zum Beispiel die »Hoheit«, in deren Gegenwart er das erhabene Gefühl hatte, Herrscher und Gebieter eines Volkes zu sein. Andere waren das »Kind«, ein »Rundkopf«, der Teufel mit Hörnern und Pferdefuß und – im Gegensatz dazu, als eine Personifikation des Göttlichen und Erhabenen – ein ehrwürdiger Greis mit voller Stimme und wallendem Bart. Die »Hoheit« lokalisierte er im Magenpförtner, der »Göttliche« wohnte im Dünndarm, der »Bocksfuß« im Dickdarm und der »Pferdefuß« im Enddarm.

Nach elf Jahren des Experimentierens erschien 1912 das eingangs erwähnte Buch. Die Kritiker des Buches – namentlich Psychiater und Psychoanalytiker – waren sehr fasziniert, aber ihre Diagnose lautete vereinfachend: Schizophrenie, und damit war für sie der Fall Staudenmaier erklärt. Staudenmaier starb 1933 vereinsamt und von seinen Freunden verlassen. Er war bis zu seinem Tode von seiner Entdeckung und von der Erforschung des Unbewußten besessen und glaubte sich ständig dicht vor dem Durchbruch zu revolutionären Entdekkungen.

Der Fall Staudenmaier ist für uns aus mehreren Gründen interessant. Zum einen zeigt er nachdrücklich die Gefahren auf, die aus unvorsichtigem und übertriebenem Experimentieren mit Techniken zur Aktivierung des Unbewußten resultieren können, zum anderen demonstriert er die beschriebene Komplex-Natur der menschlichen Psyche. Solche Komplexe sind, wie besprochen, natürliche Gegebenheiten der Psyche, und sie verlieren dann ihre Autonomie oder werden zumindest kontrollierbar, wenn sie bewußtgemacht werden. Das Ich hat dann gelernt, ihre Eigenart zu verstehen und mit ihnen adäquat umzugehen. Staudenmaier hatte sich die erlebten Komplexe zwar in gewisser Hinsicht bewußtgemacht, aber zugleich auch ihre Autonomie kultiviert und sich nicht genügend von ihnen distanzieren können. Seine Bewußtheit schützte ihn einigermaßen davor, daß sie sein Ich überschwemmten und es unter ihre Kontrolle brachten wie etwa bei einer echten Schizophrenie, aber sie schützte ihn nicht davor, daß sich die Personifikationen bemerkbar machten, wann sie »wollten«, und den normalen Ablauf seines Seelenlebens störten.

Der Pakt mit dem Teufel

Hexen- und Teufelskulte, schwarze Messen

Ein Komplex-Bereich, dessen Bearbeitung wir besonders ambivalent gegenüberstehen, ist der des Schattens. Weil es sich bei ihm um äußerst vitale und lebendige Seiten unseres Wesens handelt, ist die Neigung, sich mit ihnen sogleich zu identifizieren, wenn sie zum ersten Mal bewußt und aktiv werden, sehr groß. Das kann bei dem Betreffenden zwar eine ungeheure Faszination auslösen und eine Befreiung sein, aber meist stellt sich eine solche Identifizierung mit dem Schatten als überfordernd sowohl für den Betreffenden als auch für dessen Beziehungspartner heraus. Trotzdem kann in keinem Individuationsprozeß auf die Begegnung und Auseinandersetzung mit dem persönlichen und auch dem kollektiven Schatten verzichtet werden.

In den schwarzen Messen, den Hexen- und Teufelskulten, nimmt die Identifizierung mit dem Schatten in besonders drastischer Weise Gestalt an. Es folgt der Auszug eines als echt verbürgten, noch heute praktizierten sexual-magischen Rituals, das in Andeutungen wesentliche Elemente dessen enthält, was seit Jahrhunderten die menschliche Phantasie im Hinblick auf »teuflische« Ausschweifungen und Orgien bewegt hat. Es handelt sich hierbei tatsächlich nur um Andeutungen von dem, was sonst noch alles bei solchen Satansmessen wirklich vollzogen wurde. Diese Andeutungen reichen aber aus, um tiefenpsychologisch zu verstehen, um was es letztlich dabei geht und woraus diese Handlungen für die Vollziehenden ihre Faszination erhalten.

»... Der Meister vom Stuhl tritt vor den Altar: In Nomine Sator, Etan! In Nomine Baphomet! Hel-yac-yin! Jallah! Ich rufe und beschwöre Euch, Ihr Kräfte des Elementes Feuer! Strömt in meine Hände, in mein Herz und in mein Hirn. Und gebt mir die Kraft, die Urschlange zu wecken! (Macht ein Zeichen mit der Hand zum Stuhl der Priesterin. Diese erhebt sich und tritt gemessenen Schrittes vor den Meister vom Stuhl). Der Meister vom Stuhl schlägt das Pentagramm über ihrem Haupt und spricht: Die Kraft der Schlange, des uralten Drachen, erwache in dir, Tochter der Lilith. Ich steige empor aus dem Dunkel deines Schoßes und ströme ein mit aller Macht und Kraft der Uridaphne!

Priesterin kniet nieder und reicht dem Meister vom Stuhl einen Dolch. Dieser hebt den Dolch empor, küßt die Klinge und legt ihn auf den Altar. Dann geht er auf das flammende Dreibein zu und wirft eine Handvoll Räucher- und Färbemittel in die Flamme ein, so daß sie blutrot aufleuchtet. Sodann tritt er vor die immer noch kniende Priesterin und legt beide Hände auf ihr Haupt: Erhebe dich, du blaulidrige Tochter der Dämmerung! Erkennst du mich?

Priesterin: Ich erkenne dich!

Meister vom Stuhl: Schwester des fünfgeflammten Sternes, spürst du mich?

Priesterin: Ich spüre dich!

Alle: Om – Om – Rahalon!

Meister vom Stuhl: Schwester, gib mir das Zeichen der Erkenntnis!

Priesterin (reißt die Kapuze vom Haupt, die Maske aber bleibt): Placet Magister!

Meister vom Stuhl: Ich erkenne dich noch nicht! (Streift sich selbst die Kapuze ab).

Priesterin: Jallah! (öffnet die oberen Knöpfe des Mantels, ohne den Gürtel zu lösen, und entblößt ihre Brüste).

Meister vom Stuhl: Ich erkenne dich noch nicht! (Entblößt sich selbst bis zur Gürtellinie).

Priesterin (mit ekstatischer Geste löst sie den Schleier und wirft den Mantel ab. Stellt sich mit gespreizten Beinen und leicht vorgewölbtem Leib, Hände hochgestreckt und mit durchgestrecktem Daumen): Jallah! Sohn des Osiris, erkennst du mich nun?

Meister vom Stuhl (wirft ebenfalls ekstatisch die Robe ab, so daß nur die Maske und der silberne Fünfstern auf seiner Brust überbleibt).

Priesterin (nimmt die Arme mit einem Ruck herunter und ergreift das Glied des amtierenden Magus. Ist es groß und stark, so legt sie sich auf den Altar, spreizt die Beine weit auseinander und empfängt das Glied des Meisters in ihre Scheide).

In diesem Augenblick erheben sich die Brüder und Schwestern und bilden eine Kette um den Altar. Singen dabei rhythmisch: Jiiylallah! Jiiylallah!

Der Zeremonienmeister tritt nun in den Kreis und ergreift das Messer. Dann stellt er sich ans Kopfende des sich kopulierenden Paares. Er hat einen lebenden schwarzen Hahn (oder Henne), hält das flatternde Tier über die koitierenden Priester und schneidet ihm mit einem einzigen Schnitt den Kopf ab. Das Blut muß sich über die koitierenden Priester ergießen.

Alle (immer ekstatischer und lauter): Jiiylallah! Jiiylallah! (in steigendem Tempo).

Kurz vor der Ejakulation entfernt der Amtierende seinen Penis aus der Scheide. Die Priesterin ergreift ihn und bringt mit ihren Händen Blut auf den Penis. Dann legt sie die linke Hand auf das Wurzelchakra (Steiß) des Mannes, mit der rechten ergreift sie das Glied und bringt es durch kräftiges Reiben zur Ejakulation. Kurz vor der Ejakulation stößt sie mit einem ekstatischen Schrei den Finger tief in den Anus des amtierenden Magus, der seinerseits durch Handmanipulation der Klitoris der Priesterin dieselbe ungefähr im selben Augenblick zum Orgasmus bringt. Mit einem ekstatischen Schrei aller endet die Zeremonie.«[15]

Die wesentlichen Elemente dieses Rituals sind die Anrufung dämonischer, teuflischer Mächte, die Beschwörung der Urschlange, des Urdrachen und des urweiblichen Prinzips, als deren Mutter Lilith gilt[16], das erregende »Erkennen« des jeweils Gegengeschlechtlichen, deren Vereinigung in ekstatischer Lust und die Vermischung von Blut und Sperma. Damit wird dem, der sich in der Mythologie und Religionsphänomenologie ein wenig auskennt, deutlich, daß es sich hierbei um eine Regression und Wiederbelebung archaischer, matriarchaler Kulte der Großen Mutter und Großen Göttin handelt, die sich um die »Heilige Hochzeit«, die Fruchtbarkeit und die Erneuerung des Lebens drehen. Es mag dem mit der Dynamik und Symbolik des Unbewußten nicht vertrauten Leser schwerfallen, hinter den beschriebenen magischen Handlungen, die vordergründig nur einer pathologischen Sexualitäts- und Perversionsbefriedigung zu dienen scheinen, einen »tieferen« Sinn zu sehen. Aber es ist gerade Aufgabe und Ziel der Tiefenpsychologie, die »tiefere« oder »höhere« Bedeutung solcher Phantasien und Handlungen, die dem »normalen« Bewußtsein als abartig, verrückt und pervers erscheinen, zu erkunden, damit die mit ihnen verbundenen Kräfte aus ihrer Abgespaltenheit erlöst werden können und wieder ihren notwendigen Platz im Leben des Menschen zurückerhalten.

G. Zacharias hat in seinem Buch »Satanskult und Schwarze Messe«[17] gezeigt, daß der Bereich des Teuflischen historisch, religions- und kulturgeschichtlich gesehen in einer unauflösbaren, komplementären Beziehung zum Christentum und seinen Einseitigkeiten steht. Vor der hellenistischen Zeit, in der Antike, gab es keine dem Satan vergleichbaren Gestalten, denn durchweg waren die chthonisch-dunklen Mächte in den Kosmos des Göttlichen miteingeschlossen:

> »Im Mittelpunkt der Religion des minoischen Kreta stand die Große Göttin, deren Bezug zum Chthonisch-Dunklen einerseits durch ihre Verehrung in Erdhöhlen, andererseits durch ihre Schlangenattribute zum Ausdruck kommt... Die kretische Welt hatte im ganzen einen erdhaft-dionysischen Charakter, ja sie ist vielleicht... als Ursprungsort der Dionysosreligion anzusehen. Auch das in griechischer Zeit ausgebildete Mythologem vom Minotauros ist ein Zeugnis für die Integration des Dunklen in das Göttliche, muß doch der Minotauros... als eine Erscheinungsform dieses Gottes aufgefaßt werden... Dionysos mit seinem Gefolge repräsentiert jene Tiefe, die mit der lichten Sphäre der olympischen Gottheiten in einer umfassenden Beziehung steht.«[18]

Aber nicht nur Dionysos, der Gott des Weines, der Orgie, der Ekstase, des Rausches, des vegetativ-naturhaften Lebens, ist ein Beispiel der noch ungespaltenen hell-dunklen Ganzheit der griechischen Götterwelt. Auch andere Gottheiten wie Hermes, der Götterbote, Seelenführer und Betrüger, sein bocksbeiniger, phallischer Sohn Pan, der eine wilde, geile, vergewaltigende, erschreckende Triebhaftigkeit verkörperte, die Mondgöttin Hekate, die zugleich Totengöttin, Zauberin und Muttergottheit war und den Frauen im Kindbett half, oder auch Göttervater Zeus selbst hatten durchaus ambivalenten Charakter und waren menschlichen Schwächen, Trieben, Lüsten ausgeliefert. Das frühe Christentum aber entgöttlichte und dämonisierte die erdhaften, körperlichen, rauschhaften, sexuellen dunklen Seiten des Göttlichen, die zudem in enger Beziehung zu den Mythen und Kulten des Großen Weiblichen standen. Dadurch kam es zu einer »Verteufelung« und Abspaltung eben dieser Bereiche des Erdhaften und des »Unteren«, und das Prinzip des Himmels, des »Oberen« und »Lichten« wurde mit radikaler Ausschließlichkeit verabsolutiert.

Im patriarchal-christlichen Denken besonders des Mittelalters wurde das »Untere« als das Dunkle und Weibliche, als das Grob-Sinnliche, Stofflich-Materielle betrachtet, als der diesseitige böse Körper, der Gefängnis und Gefahr bedeutete und des Teufels war. Erdentwertung, Erdfeindschaft und Erdangst sind aber Ausdruck eines noch sehr schwachen Ich-Bewußtseins, das sowohl die natürliche Außenwelt als auch die seelische, unbewußte Innenwelt als schreckenerregend, machtvoll, überwältigend erlebt. Es muß deshalb zu sehr primitiven Abwehrmechanismen greifen, um seine Angst zu kontrollieren und sich zu stabilisieren. In bezug auf die eigenen unbewußten, schattenhaften, triebhaften und egoistischen Seiten sind es Abwehrmechanismen wie Abspaltung, Verdrängung und Projektion, die es dem Ich ermöglichen, sich selbst als »tugendhaft«, »geistig« und »rein« zu erleben und den Mitmenschen mit dem Dunklen und Bösen auszustatten. Welche verheerenden Folgen diese unbewußten Feindbildprojektionen mit ihren Vorurteilen, ihrem Aberglauben, ihrer unglaublichen Gewalttätigkeit und Dummheit haben, ist uns aus der Geschichte der christlichen Kreuzzüge, der heiligen Kriege mit ihrem missionarischen Tötungseifer, der Hexen- und Judenverfolgung zur unerträglichen Genüge bekannt.

Die gleiche Psychodynamik, die sich hier im großen geschichtlichen, kollektiven Rahmen abspielt, findet sich auch bei neurotischen Erkrankungen. Zum Beispiel zeigen sich relativ häufig Beziehungen zwischen psychogener Magersucht und der Annahme teuflischer Besessenheit[19]. Mädchen mit Magersucht wachsen häufig in Familien heran, deren Atmo-

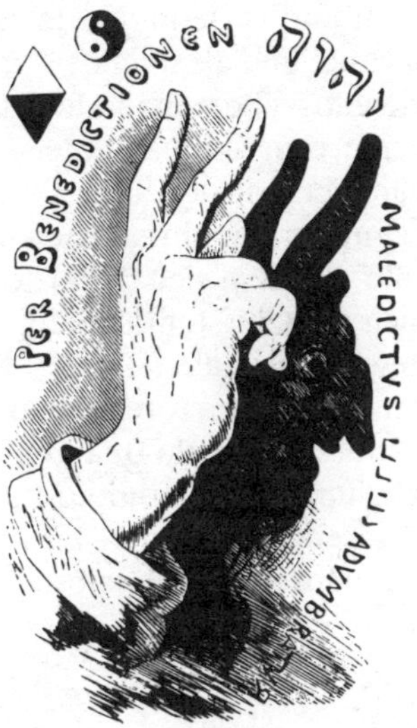

Die segnende Hand wirft einen teuflischen Schatten. Eine bemerkenswerte Einsicht in die Polarität von Gut und Böse.

sphäre von Triebangst und Sinnenfeindlichkeit bestimmt ist. In der Pubertät beginnen sie verzweifelt und erbittert, alle Empfindungen sexueller und erotischer Art wie auch andere Triebregungen, die mit der »Fleischlichkeit des Leibes« zu tun haben, zu verleugnen und aus der Welt zu schaffen. Mit ihrem Asketismus versuchen sie, ein körperloses, reines, geistiges Dasein zu führen, was zu einer tiefen Selbstentzweiung mit ihrem Körper führt. Alles Obere ist gut, alles Untere (der Bauch, der Unterkörper) ist schlecht und sündig. Diese Leibfeindlichkeit und Körperentfremdung führt zu einer Abspaltung und unbewußten hohen Aufladung triebhafter Wünsche, die schließlich den von außen kommenden einflüsternden, verführerischen, teuflischen Gestalten zugeschrieben werden.

Die Konsequenzen einer kollektiven Verdrängung und Abspaltung des Körperlichen und Triebhaften im Hinblick auf die Entwicklung des Satanskultes stellen sich nach Zacharias folgendermaßen dar: Der Satanskult entwickelte sich auf der Grundlage der dualistisch geprägten Einstellung des Christentums. In ihm gelangt jener Bereich zur direkten, wenn auch verzerrten Erscheinung, der von der christlichen Kollektiv-

Einstellung abgelehnt und verfemt worden ist. Er ist eine kollektive Protestäußerung, und als solche trägt er extrem antithetische und damit einseitig-überspitzende Züge, aus denen sich wiederum seine Verzerrung und sein meist destruktiver Charakter ergeben. Daneben hat der Satanskult eine kompensierende Funktion gegenüber der christlichen Tradition. Dies gilt in besonderem Maße, seitdem sich die historischen Bedingungen, unter denen sich das Christentum gebildet und entwickelt hat, wesentlich gewandelt haben. Der Satanskult ist also durchaus ambivalent: Er ist zerstörerisch und schöpferisch zugleich; er tendiert – durch radikale Bekämpfung des Bestehenden – zur Verwirklichung einer grandiosen Einseitigkeit und ebenso – durch Repräsentation des Diskriminierten – zur Wiederherstellung einer ursprünglichen leibseelischen Ganzheit[20].

Der Sabbat-Bock (Kupferstich aus Levi, Transcendental Magic, Ausgabe von 1896). Diese Abbildung stellt eine Personifikation aller jener schattenhaften Aspekte dar, die in der christlichen Tradition in der Regel verdrängt und in den verschiedenen Teufels- und Hexenkulten kompensatorisch gelebt werden.

Die tragische Sehnsucht nach der Ganzheit

Faust und Mephistopheles

Das klassische literarische Beispiel für einen solchen Teufelspakt, der letztlich auf die Erfahrung der Ganzheit abzielt, deren Realisierung aber keineswegs als geglückt anzusehen ist, ist Goethes Faust. Zu Beginn des Dramas erleben wir einen alten Mann in seiner Studierstube, der mit seinem Streben nach Wissen und Erkennen am Ende ist. Er merkt, daß er in allen seinen Studien das Wesentliche, das er eigentlich gesucht hat, nicht gefunden hat, sondern statt dessen die bittere Bilanz ziehen muß, nichts zu wissen und die Freude am Leben verloren zu haben:

»Zwar bin ich gescheiter als alle die Laffen,
Doktoren, Magister, Schreiber und Pfaffen;
Mich plagen keine Skrupel noch Zweifel,
Fürchte mich weder vor Hölle noch Teufel –
Dafür ist mir auch alle Freude entrissen,
Bilde mir nicht ein, was Rechts zu wissen,
Bilde mir nicht ein, ich könnte was lehren,
Die Menschen zu bessern und zu bekehren.
Auch hab ich weder Gut noch Geld,
Noch Ehr und Herrlichkeit der Welt;
Es möchte kein Hund so länger leben!
Drum hab ich mich der Magie ergeben ...«[21]

Faust wird uns hier als ein introvertierter, »verkopfter« Theoretiker gezeigt, den zwar eine tiefe Sehnsucht nach natürlicher, direkter Erfahrung treibt, der aber ein Leben lang gemeint hatte, das Leben in Büchern und wissenschaftlichen Geräten finden zu können. Jetzt kommen ihm Zweifel, ob das die richtige Einstellung war.

»Und fragst du noch, warum dein Herz
Sich bang in deinem Busen klemmt?
Warum ein unerklärter Schmerz
Dir alle Lebensregung hemmt?
Statt der lebendigen Natur,
Da Gott die Menschen schuf hinein,
Umgibt in Rauch und Moder nur
Dich Tiergeripp und Totenbein.«[22]

Wie es typisch für einen introvertierten Menschen ist, sucht Faust das wirkliche Leben zunächst wieder nicht im Äußeren, sondern im Inneren seiner Seele. Er hat sich der Magie ergeben, was heißt, daß er jetzt beginnt, sich mit den unbewußten Bereichen seiner Psyche auseinanderzusetzen, und er erhofft sich von dort eine Erneuerung. Als erstes läßt er sich vom Zeichen des Makrokosmos, das er in Nostradamus' geheimnisvollem Buch findet, inspirieren:

»Wie alles sich zum Ganzen webt,
Eins in dem andern wirkt und lebt!
Wie Himmelskräfte auf- und niedersteigen
Und sich die goldenen Eimer reichen!
Mit segenduftenden Schwingen
Vom Himmel durch die Erde dringen,
Harmonisch all das All durchklingen!«[23]

Faust aber merkt, daß ihn diese erhabenen kosmischen Phantasien nicht mehr weiterführen:

»Welch Schauspiel! Aber ach! ein Schauspiel nur!
Wo faß ich dich, unendliche Natur?
Euch Brüste, wo? Ihr Quellen alles Lebens,
An denen Himmel und Erde hängt,
Dahin die welke Brust sich drängt –
Ihr quellt, ihr drängt, und schmacht ich so vergebens?«[24]

Dann blättert Faust im Buch weiter und erblickt das magische Zeichen des Erdgeistes. Er spürt, daß von dort ein ganz anderes Leben aufscheint:

»Wie anders wirkt dies Zeichen auf mich ein!
Du, Geist der Erde, bist mir näher;
Schon fühl ich meine Kräfte höher,
Schon glüh ich wie von neuem Wein.
Ich fühle Mut, mich in die Welt zu wagen,
Der Erde Weh, der Erde Glück zu tragen.«[25]

Faust beschwört den Erdgeist, das heißt, er belebt Kräfte in seiner Seele, die er bislang kaum gelebt hat. Es sind die Kräfte des intensiv und leidenschaftlich gelebten Lebens, die sich so formulieren:

»In Lebensfluten, in Tatensturm
Wall ich auf und ab,
Wehe hin und her!
Geburt und Grab,
Ein ewiges Meer,
Ein wechselnd Weben,
Ein glühend Leben:
So schaff ich am sausenden Webstuhl der Zeit
und wirke der Gottheit lebendiges Kleid.«[26]

Der Magier Faust (Radierung von Rembrandt)

In seiner Selbstherrlichkeit und Hybris, in der er sich für ein Ebenbild der Gottheit hält, meint Faust tatsächlich, diesem Erdgeist zu gleichen, obwohl er im Grunde genommen keine Ahnung vom wirklich gelebten Leben hat. Der Erdgeist verhöhnt ihn und verschwindet wieder. Faust fällt in eine tiefe Depression und steht kurz vor dem Selbstmord. In dem Moment, als er seinen tiefsten Punkt erreicht hat und die Giftschale an den Mund setzt, ertönen Glockenklang und Chorgesang: »Christ ist erstanden!«

Die Evokation des Erdgeistes hat offenbar tiefste Schichten in Faust bewegt, die jetzt, im Augenblick seiner größten Hilflosigkeit, kompensatorisch wirksam werden. Im Symbol des Osterfestes kündigt sich ein neues Leben an. Dieses neue Leben aber, und das ist das Ketzerische an Goethe, das er auch mit der Alchemie teilt, die er selbst jahrelang studiert hat, kommt nicht von oben, sondern von unten, aus der Erde, aus der Materie, aus der Natur. Die neue Lebensenergie stammt »von jener Kraft, die stets das Böse will und doch das Gute schafft«. Beim Osterspaziergang unter feiernden Bürgern und Bauern, deren selbstzufriedenes Behagen Faust sein Ungenügen an der Beschränktheit der menschlichen Existenz und an der Widersprüchlichkeit seines eigenen Wesens nur noch schmerzlicher bewußtmacht (»Zwei Seelen wohnen, ach! in meiner Brust«), tritt Mephistopheles auf. Dieser führt ihn ins bisher immer gemiedene, extravertierte Leben hinein und hat eine so überwältigend faszinierende Wirkung auf Faust, daß er ihm verfällt und alle seine ethischen und moralischen Prinzipien vergißt.

Erst in hohem Alter findet er allmählich wieder zu sich. Er will dem Meer durch Dammbauten fruchtbares Land abgewinnen, das heißt symbolisch gesprochen, er will Bereiche, die ihm und den Menschen bisher unbewußt geblieben sind, für das Leben der Menschen nutzbar machen. Er spürt, daß die Magie, die Auseinandersetzung mit dem Unbewußten, letztendlich dem Wohle der Menschen dienen muß. Darin erfährt er höchstes Glück, und darin erfüllt und überwindet er den Teufelspakt:

»Solch ein Gewimmel möcht ich sehn,
Auf freiem Grund mit freiem Volke stehn.

Zum Augenblicke dürft ich sagen:
Verweile doch, du bist so schön!
Es kann die Spur von meinen Erdentagen
Nicht in Äonen untergehn –
Im Vorgefühl von solchem hohen Glück
Genieß' ich jetzt den höchsten Augenblick.«

Magische Methoden in der modernen Psychotherapie

Unsere Komplexe bestimmen, wie wir gesehen haben, weitgehend unser Verhalten und Erleben. Da jene Einstellungen, Verhaltensweisen und Werte, die mit negativen autonomen Komplexen verbunden sind, von uns vermieden werden, kann sich daraus eine sehr einseitige und der Wirklichkeit des Lebens unangepaßte Persönlichkeitsstruktur entwickeln. Weite Bereiche von positiven Lebensmöglichkeiten bleiben dadurch unerschlossen, während auf anderen, in vielen Bereichen einschränkenden Lebensformen beharrt werden muß. Deshalb ist die Bewußtmachung und Auflösung unbewußter Komplexe beziehungsweise die Auseinandersetzung mit ihnen eines der Hauptziele fast aller Psychotherapieformen.

Das Wahrnehmen von Komplexreaktionen ist die »via regia«, der Königsweg, zu den Bereichen der unbewußten Psyche. Wir bräuchten nur achtsam zu sein für alle Störungen unseres normalen Bewußtseins und unserer Befindlichkeit und für alle Abweichungen von den von uns erwarteten üblichen Erlebens- und Verhaltensweisen. Überall dort, wo wir uns plötzlich anders fühlen und verhalten, als wir erwarteten oder wollten, sind Komplexe am Werk. Aber diese plötzlichen Einflüsse des Unbewußten sind uns unangenehm, peinlich und ängstigend, so daß wir sie gerne verdrängen. Und es entspricht auch nicht unserem gesellschaftlichen und kulturell-religiösen Ideal, unseren Mißgeschicken, Fehlern, Schwächen und Schwierigkeiten besondere Aufmerksamkeit und Zuwendung zukommen zu lassen. Wer aber den Mut aufbringt, sich mit ihnen auseinanderzusetzen, indem er sie an- und ernst nimmt und sie nach ihrem Sinn befragt, wird in ihnen die wichtigsten Helfer auf dem Weg zu einem Verständnis der unbewußten Faktoren seiner Seele finden.

Die Anfangsphase der meisten tiefenpsychologischen Therapieformen ist durch die Herstellung eines vertrauensvollen Beziehungsverhältnisses zwischen Therapeut und Klient und eines geschützten, zuverlässigen äußeren Rahmens bestimmt. Der Klient muß Vertrauen gewinnen, daß er ohne negative Folgen alles sagen, fühlen und phantasieren darf, was er will. Dann erst kann es in der weiteren Therapie dem Klienten möglich werden, immer mehr mit seinen Komplexen in Kontakt zu treten. Die direktesten und einfachsten Zugänge dazu sind die Methode der »wohlwollenden Achtsamkeit«, die »freie Assoziation«, das »Focusing«, die »Traumarbeit«, die »Imagination« und die »Symbolarbeit«, wobei unter letzterer besonders künstlerische, gestalterische und nonverbale Methoden des Umgangs mit Komplexsymbolen zu verstehen sind (vgl. auch das Kapitel Symbolik).

Das Wesentliche an diesen Methoden in bezug auf die Arbeit mit den Komplexen ist, daß man sie in ihrer Autonomie ernst nimmt und in einen Dialog zu ihnen tritt, so als seien es eigene Persönlichkeiten. Ein solches Dialogisieren mit den Komplexen wird beispielsweise in manchen Hypnoseverfahren, in der Gestalttherapie, im Psychodrama, im therapeutischen Puppenspiel, in den verschiedenen Imaginationstechniken, im neurolinguistischen Programmieren und im »Voice Dialogue«, einer in Deutschland noch kaum bekannten Methode des direkten Sprechens mit den Komplexen, geübt[28].

Besonders aufschlußreich in bezug auf die Komplexstruktur der Psyche verspricht die in den letzten Jahren intensiver betriebene Erforschung des Klartraums oder luziden Traumes zu werden[29]. Durch relativ leicht zu erlernende Hilfen ist es möglich, sich im Traumzustand des Träumens bewußt zu werden und sich auf der Traumebene nach mehr oder weniger freiem Belieben zu bewegen. Dieser Bewußtseinszustand ist häufig mit dem Erleben verbunden, man verlasse den eigenen Körper, man könne fliegen und ferne Orte und Personen aufsuchen. Es handelt sich um eine alte magische Technik, die in den siebziger Jahren besonders durch die Bücher Castanedas bekanntgemacht wurde und die in okkulten Kreisen als Astralwandern bezeichnet wird. Auf der Ebene des Klartraums herrscht das Prinzip der Allmacht der Gedanken. Es ist eine wahrhafte magische Welt, in der Vorstellungen, Gefühle und Wünsche unmittelbare, bildhafte Realität werden.

Die Erforschung dieser Bewußtseinsform läßt entscheidende Einsichten in die Psychologie des Traumes, der Symbolik, der Komplexe und der Magie erhoffen.

Unter psychologischem Gesichtspunkt läßt sich nun auch das eingangs geschilderte magische Ritual relativ einfach verstehen. Die hier vollzogene magische Evokation (Hervorrufung) des Kriegsgottes Mars stellt eine Art imaginatives Psychodrama zur Verbesserung der Selbstbehauptungsfähigkeit dar. Der Protagonist (Magier) nimmt nach einer intensiven Vorbereitungs- und Einstimmungsphase, die ihn in einen veränderten, tranceähnlichen Bewußtseinszustand versetzt (unterstützt durch die dem Mars nach dem Analogieprinzip zugeordneten Requisiten: die rote Farbe, das beißend-aggressive Räucherwerk, der eiserne Talisman, die martialischen Zauberformeln und Hymnen), imaginativen Kontakt mit einer aggressiven Grundkomponente seiner Seele auf, einem autonomen Komplex, der sich für ihn im Bilde des Mars symbolisiert. Dadurch wird ihm ein Zugang zum eigenen aggressiven Potential erleichtert, das ihm helfen soll, eine bestimmte Situation aktiver und entschiedener anzugehen. Indem der Magier auf diese Weise seinen Aggressionskomplex, der ihm sonst möglicherweise nicht recht zugänglich ist, in der Gestalt des Mars personifiziert und nach außen projiziert, wird er ihm zugänglicher. Er kann sich nun mit dem im Hinblick auf den Umgang mit Aggressionen »vorbildlichen« Mars identifizieren, einen Teil von dessen »Energie« integrieren und für seine weiteren Ziele einsetzen. In der Psychologie hat man für diesen von uns häufig eingesetzten Vorgang den Terminus »projektive Identifikation«. So etwas machen wir unbewußt und automatisch immer dann, wenn wir für ein Vorhaben noch nicht in der richtigen Stimmung sind oder Angst davor haben. Wir hören dann vielleicht eine bestimmte Musik oder sehen uns einen Film an oder suchen den Kontakt zu einer vorbildlichen Person, um uns auf diesem Umweg anregen und ermutigen zu lassen.

Im Gegensatz allerdings zu manchen nicht zu empfehlenden psychologischen Techniken, die eine Identifikation mit der archetypischen Komplex-Gestalt durchführen würden (»Ich bin Mars!«), verbleibt der Magier in seinem Ritual innerhalb seines Schutzkreises, weil er sich bewußt ist, daß er die evozierte Kraft nicht beherrschen, sondern nur an ihr partizipieren kann. Das ist eine Haltung, die der Realität des Psychischen und der Autonomie der archetypischen Komplexe sehr angemessen ist.

Der Magier in seinem Schutzkreis evoziert den Teufel (Holzschnitt aus Chr. Marlowes »Dr. Faustus«, Ausgabe 1636)

Die Aggression ist ein archetypischer Komplexfaktor. Als prinzipielle Reaktionsmöglichkeit des Menschen bleibt er unverändert und autonom. Wir können uns niemals von ihm befreien, sondern nur versuchen, uns zu ihm in Beziehung zu setzen in der Hoffnung, eine Einstellung zu finden, die uns mit der Aggression konstruktiv leben läßt. Er erweist sich – wie alle archetypischen Faktoren – als grundsätzlich stärker als wir, weil die Seele und ihre archetypischen Strukturelemente nicht ein Produkt unserer Persönlichkeit sind, wie wir uns gerne vormachen, sondern umgekehrt. Wie wenig sich der Kriegsgott Mars um unsere Vorstellungen vom idealen, aggressionsfreien Menschen kümmert, erfahren wir nicht nur in unseren aggressiven Durchbrüchen und Träumen, sondern vor allem auch durch einen Blick auf die Menschheitsgeschichte und auf unsere Gesellschaft mit ihrem gesamten Zerstörungspotential.

Wir sind heute weiter denn je davon entfernt, den alten Kriegsgott Mars, der allerdings keine Speere mehr schleudert, sondern Atombomben wirft, überwunden zu haben – trotz Christentum, Aufklärung und Psychologie.

Hexe im magischen Zirkel

Eine psychologische Theorie und Therapie, die davon ausgeht, daß archetypische Komplex-Faktoren wie Sexualität, Aggression, Macht- und Geltungsstreben, Angst, Depression, Minderwertigkeitsgefühle, Eros, Kreativität und Religiosität bloße Erwerbungen der persönlichen Lerngeschichte und von daher auch beliebig modifizierbar seien, führt zu einer Verdrängung der autonomen Wirklichkeit und Wirksamkeit dieser Faktoren und zu deren gefährlicher Unterschätzung. Der Klient, der einer solchen selbstherrlichen »Ich-kann-wenn-ich-will-Therapie« ausgesetzt wird und lernen soll, seine Sexualität, seine Aggressivität, seine Angst »im Griff« zu haben, wird damit überfordert und sich selbst entfremdet. Sein ohnehin ausgeprägtes Eltern- und Ideal-Ich wird überfrachtet oder ersetzt durch ein psychologisches Über-Ich, das ihm sagt, wie man sein sollte, wenn man psychisch gesund und ein selbstverwirklichter Mensch ist. Die magische Betrachtungsweise, die den Magier einen Schutzkreis um sich ziehen läßt, ist hier realistischer und gesünder. Die Arbeit mit den autonomen Komplexen der Seele erfordert ein äußerst vorsichtiges Verhalten, und jeder, der versucht, mit ihnen in Kontakt zu treten, sollte sich vergewissern, ob er seinen Schutzkreis gut und dicht gezogen hat. Der Schutzkreis ist einerseits ein Symbol für eine bestimmte distanzierte Haltung dem Unbewußten gegenüber, hat aber auf der magischen Bewußtseinsebene eine direkte, abgrenzende Wirkung, denn auf dieser Ebene sind Imaginationen und Symbole wirksame Wirklichkeiten.

Für manche Menschen ist es auch sehr wichtig, einen solchen symbolischen Schutzkreis gegenüber den Ansprüchen und Wünschen anderer Menschen zu ziehen. Eine Frau, die an der Unfähigkeit litt, sich den realen und projizierten Forderungen der Umwelt gegenüber deutlich abzugrenzen, so daß sie keinen eigenen Standpunkt und keine eigene Identität finden konnte, hatte in einer Phase verstärkter Depressionen folgenden Traum: »Vor mir steht eine unbekannte Frau. Sie macht mit ihrem rechten Fuß Kreisbewegungen von innen nach außen und sagt zu mir: ›Du brauchst nur das zu machen, das genügt.‹« Eine bessere Antwort auf ihre Problematik konnte ihr kaum gegeben werden. Die Kreisbewegung oder das Kreisziehen ist ein archetypischer Prozeß der Abgrenzung, der Unterscheidung, des Schutzes, der Konzentration und der Zentrierung. Es ist auch ein Symbol der in sich geschlossenen Ganzheit (vgl. Symbolik des Mandala). Ob sich der Primitive in seinem Ritual tänzerisch im Kreis herum bewegt, um seine Konzentration und Kraft auf eine bevorstehende Aktion auszurichten, ob der Priester den Altar umschreitet, um einen heiligen Bezirk abzugrenzen, in dem sich das Göttliche zu offenbaren vermag, ob der Magier einen Schutzkreis um sich zieht, damit ihm die Dämonen nichts anhaben können, oder ob ein Mensch, der mit einem Problem beschäftigt ist, gedankenversunken im Kreis herumläuft, um damit sein Problem besser »umkreisen« zu können: In all diesen Verhaltensweisen offenbart sich das archetypische Wissen von der Wirksamkeit der Umkreisung als eines Mittels des Schutzes, der Konzentration und der Bewußtwerdung. Die archetypische Antwort der Seele der Patientin auf ihre Depression und innere Leere war die

Aufforderung zur Abgrenzung und Unterscheidung von Fremdeinflüssen, zur Erhöhung der Konzentration auf sich selbst, um ihrer Neigung, sich gehenzulassen und mit ihrer Umwelt symbiotisch zu verfließen, entgegenzuwirken und sie in ihrem Selbst zu zentrieren, damit sie ihren eigenen Standort, ihre Mitte und ihre Identität finden konnte.

Natürlich ist es bei solchen symbolischen Aussagen nicht immer ganz leicht, daraus konkrete Handlungsanweisungen abzuleiten. Es drücken sich in ihnen ja nur andeutungsweise Möglichkeiten aus, um deren Realisierung sich der Betreffende meist lange Zeit tastend bemühen muß. Das einfachste ist aber, das Symbol tatsächlich auf der magischen Ebene zu belassen und so mit ihm umzugehen, als sei es eine Realität. Für die Träumerin könnte das beispielsweise bedeuten, daß sie regelmäßig imaginative Übungen macht, in denen sie sich einen Kreis um sich herum visualisiert und sich im Mittelpunkt des Kreises auf sich selbst zentriert. Eine solche Übung hätte, ohne daß die Träumerin bewußt sagen könnte, was sie da tut, eine fast unmerkliche, aber doch beständige Wirkung auf sie. Wie im Kapitel über Symbolik besprochen wurde, umfaßt das Symbolische die verschiedenen Ebenen unserer Persönlichkeit zugleich. Indem man sich auf das Symbolische als Symbolisches einläßt und es nicht an erster Stelle zu deuten oder zu verstehen sucht, kann seine heilende Kraft die verschiedensten Bereiche der Persönlichkeit erfassen.

Ein solches heilendes Symbol wirkt ähnlich wie ein sanfter Magnet, durch dessen Einfluß sich ungeordnete Eisenspäne im magnetischen Kraftfeld allmählich auszurichten beginnen. Die Folge einer solchen vielleicht jahrelang betriebenen Imaginations- und Meditationsübung könnte beispielsweise sein, daß die Träumerin im Bereich des Körperlichen eine zunehmende Erdung, vielleicht im Bauch- oder Beckenraum, erfährt, im Gefühlsbereich deutlicher unterscheiden kann, was ihr eigenes Wollen und Wünschen ist und was übernommene Fremderwartungen sind. Im Bereich des Denkens wird sie wagen, nach ihrer eigenen Meinung und Einstellung zu fragen, und im Intuitiven wird sie sich erlauben, dem spontan Ausdruck zu verleihen, was ihr Phantasie und Inspiration eingeben.

Der magische Wirkungsfaktor

An diesem Beispiel wird deutlich, daß magisch-symbolische Psychotherapie anderen Gesetzmäßigkeiten folgt als eine rationale Erkenntnis- oder übende Verhaltenstherapie. Man findet heute noch verschiedentlich die Auffassung, der Mensch könne sich verändern, indem man ihm erklärt, wie seine Probleme entstanden sind und was er am besten dagegen tun könnte. Das ist ein Denken, das weitgehend aus unserem Umgang mit äußeren, leblosen, materiellen Objekten entstanden ist. Wenn ein Auto einen Schaden hat und nicht mehr fährt, dann kann man es in seine Einzelteile zerlegen, nach dem defekten Teil suchen, dieses austauschen und das Auto damit wieder fahrtüchtig machen. Der Mensch ist aber glücklicherweise keine solche Maschine. Er ist ein ungeheuer komplexer Organismus, in dem so viele Bedürfnisse, Funktionen und Regulationen ablaufen, die ihm unbewußt sind, daß er mit bloßem Denken und Wollen nicht wirklich an sich herankommt. Er benötigt ganzheitliche Zugänge, und solche ganzheitlichen Zugänge wurden ihm seit jeher in der symbolschaffenden Tätigkeit seines Unbewußten angeboten.

Heute wird man sich in der Psychotherapie (in Übereinstimmung mit den magischen Heilverfahren anderer Kulturen) wieder weitgehend einig darüber, daß der heilende Faktor weniger in einem Ratschlag, einer Deutung oder in einer bestimmten »raffinierten« Technik besteht, sondern vielmehr in einer offenen menschlichen Begegnung, in der der Patient die Befriedigung fundamentaler Grundbedürfnisse erfährt. Diese sind bewertungsfreie Akzeptanz, Einfühlung, Verständnis und Liebe, Schutz und Halt, Hoffnung, daß er Heilung oder zumindest eine Lösung finden wird, mit der er leben kann, und schließlich die Erfahrung, daß es in ihm eine Instanz gibt, die weiser ist als er und der er seine weitere Lebenssteuerung anvertrauen kann.

Was der Patient also braucht, sind »Glaube, Hoffnung, Liebe« (1. Korinther 13, 13). Diese sind die Basis jeder tieferreichenden Heilung und Wandlung. Während Hoffnung und Liebe durch die menschliche Begegnung vermittelt werden können, scheint sich ein tragfähiger Glaube beim modernen Menschen am ehesten mit Hilfe magisch-symbolischer Methoden heranbilden zu lassen, das heißt mit Verfahren, durch deren Hilfe er eine Beziehung zum Unbewußten herstellen kann. Es ist ein gewaltiger Unterschied, ob der Patient eine theoretische Erklärung erhält oder ob er durch die Beobachtung und Auseinandersetzung mit seinen Phantasien und Träumen die autonome Wirklichkeit der Seele am eigenen Leibe erfährt. Erst diese konkrete Erfahrung vermittelt ihm einen vertrauensvollen Glauben an die Heilungskräfte des Selbst. Wenn Kritiker herablassend behaupten, daß es sich bei einem solchen Glauben lediglich um Einbildungen und Selbsttäuschungen handele, dann wissen sie weder etwas von der Autonomie der Psyche noch etwas davon, was Einbildungen wirklich sind.

Wenn wir von den beschriebenen Gefahren und den mißbräuchlichen Anwendungen magisch-symbolischer Methoden absehen, lassen sich ihre Vorteile im Vergleich zu rationalwissenschaftlichen Methoden folgendermaßen zusammenfassen:

1. Die magisch-symbolischen Methoden erlauben die Herstellung einer erlebensnahen Beziehung zu persönlichen wie archetypischen Inhalten und Komplexen des Unbewußten und ermöglichen damit deren Bewußtmachung und Integration. Dies kann zu einer Heilung neurotischer Störungen, zur Persönlichkeitsentfaltung und zu einer Erweiterung des Lebensspielraums führen. Der Mensch vermag eine Beziehung zu den Innendimensionen des Psychischen zu finden und die fast unauslotbare Weite, Bedeutsamkeit und Macht der Psyche über ihn und sein Leben zu erkennen.

2. Die magisch-symbolischen Methoden ergreifen in bestimmter Weise alle Bereiche der Persönlichkeit. Sie bewegen besonders die Gefühle und stärken häufig auch den Glauben an transpersonale Kräfte und Mächte, was ein entscheidender Faktor ihrer Wirksamkeit zu sein scheint. Der Mensch scheint ein unabweisbares Bedürfnis nach einem Ein- und Untergeordnetsein in einem sinnvollen kosmischen Ganzen zu haben. Die magisch-symbolischen Methoden bestärken ihn in diesem Bedürfnis, geben ihm ein Gefühl von Bedeutung und vermitteln seinem Leben Orientierung, Ziel und Sinn. Zwar läßt sich nichts darüber aussagen, welcher Natur diese transpersonalen Faktoren sind, ob sie einer Realität jenseits des Psychischen angehören, aber es scheint der psychischen Gesundheit des

Menschen auch nicht zuträglich zu sein, darüber Gewißheit zu gewinnen. Gewißheit über die letzten Dinge und Zustände zu haben bedeutet den Tod seelischer Lebensdynamik. Der Mensch braucht das unenthüllbare, heilige Mysterium, das letztlich unergründliche Geheimnis, damit er Hoffnung und einen Mittel- und Zielpunkt seiner Existenz hat. Wehe ihm, wenn ihm das Mysterium des Seins eines Tages gänzlich offenbart würde.

3. Die Auseinandersetzung mit der magischen Welt der Seele führt zu einer deutlicheren Unterscheidung zwischen Außen und Innen. Das Außen – die Umwelt und die Mitmenschen – wird vom magischen Schleier der Projektion und Identifizierung entlastet, es wird mehr erkannt als das, was es ist, und die seelischen Phänomene finden ihren angemessenen Ort im »Inneren« des Menschen. Durch die bessere Unterscheidung von Innen und Außen wird nicht nur ein freieres und verantwortungsvolleres Leben möglich, sondern es kann auch eine neue schöpferische Verbindung von rationalem und magisch-symbolischem Lebensstil gefunden werden. Die Erlebensdimension des Menschen erweitert und vertieft sich. Der Mensch ist dann in der Lage – je nach Vorliebe –, die Welt einmal magisch oder ein anderes Mal rational zu sehen. Er kann – jenseits von Macht und Größenwahn – »poetische« Magie praktizieren, sich mit den Menschen, der Welt und dem Universum im Einklang erleben, mit den Tieren und Bäumen reden, auf geheime Vorzeichen achten, seine hilfreichen Traumgeister beschwören und gleichzeitig auch mit beiden Beinen fest in der Realität objektiver Daten und wissenschaftlicher Fakten stehen.

Astrologie

Wie oben, so unten: die Einheit, Polarität und Dynamik aller Dinge im Weltbild der Astrologie

In ihrem rein formalen Aspekt ist die Astrologie
einer der größten Versuche des menschlichen Geistes,
eine globale Weltanschauung zu formulieren.

Ernst Cassirer

Kein anderes esoterisches Modell hat in den letzten Jahren einen solchen Aufschwung genommen wie die Astrologie, und dies, wie ich vorwegnehmen möchte, nicht zu Unrecht – trotz aller wissenschaftlichen, erkenntnistheoretischen und psychologischen Probleme, die sich bei ihr wie bei allen anderen magischen Modellen stellen. Die Astrologie ist einer der ältesten und umfassendsten Versuche, das Dasein des Menschen und die Kräfte, denen er schicksalhaft ausgeliefert ist, zu verstehen, zu ordnen und zu meistern.

In einer gewissen Hinsicht, die gleich erläutert werden soll, läßt sich sogar formulieren, daß die Astrologie an Geschlossenheit und Differenziertheit bis Mitte dieses Jahrhunderts von kaum einem anderen psychologischen Modell übertroffen wurde. Das hängt vor allem damit zusammen, daß es ein archetypisches Modell ist, in dessen einzelnen Elementen und Interpretationsebenen sich die Erfahrungen von Hunderten von Generationen und unzähligen Schicksalen symbolisch (und auf dieses kleine, unscheinbare Wort »symbolisch« kommt alles an, hier werden sich, wie später gezeigt wird, die »Geister scheiden«) auskristallisiert haben.

Um dies zu verstehen, muß man sich noch einmal die magisch-mythische Bewußtseinsverfassung des frühen Menschen vor Augen halten. Die Vorgänge der Außenwelt waren ihm noch weitgehend unkontrollierbar und unerklärlich, noch unbewußter waren ihm seine inneren seelischen Voraussetzungen. So konnte es nicht anders sein, als daß er sein Leben und Schicksal von ungreifbaren, unsichtbaren göttlichen Mächten bestimmt sah. Und diese göttlichen Mächte wiederum konnte er sich nur als das vorstellen, was er von sich und anderen Menschen kannte oder was er an eigenem Unbewußten auf sie projizierte. Die Götter waren die ersten unbewußten psychologischen Erklärungs-Modelle und psychotherapeutischen Systeme, an ihnen gestaltete und erfuhr der Mensch seine Existenzängste, seine Schwierigkeiten, seine Sehnsüchte und Hoffnungen.

Nun liegt es nahe, daß sich die ersten Gottheitsvorstellungen mit den überwältigenden Naturerfahrungen verbanden, von denen der frühe Mensch abhängig war und die sich immer wieder als unvorhersehbar, unbeeinflußbar und übermächtig erwiesen: das Wetter, der Wind, das Wasser, das Feuer, die

Erde, die Wärme, die Kälte, das Licht, die Dunkelheit, der Tag, die Nacht. Verständlich, daß er alles tat, um diese Gottheiten durch Rituale und Handlungen, durch Opfer, Gebet und verschiedenste Dienstleistungen milde, gnädig und förderlich zu stimmen. Auch machte es seine eminente Abhängigkeit von den Naturgewalten erforderlich, daß er sie und ihre Begleiterscheinungen, ihr Auftreten und Verschwinden genau beobachtete, um sich auf sie einstellen zu können. Zu diesen frühen Gottheiten gehörten auch die Sonne, der Mond und die fünf Planeten, die von der Erde aus mit bloßem Auge beobachtet werden können: Merkur, Venus, Mars, Jupiter, Saturn. Ihre Bewegungen am Himmel, ihr Kommen und Gehen haben den frühen Menschen zutiefst beeindruckt und fasziniert. Für ihn waren Sonne, Mond und »Sterne« entweder die Gottheiten selbst oder ihre direkt von ihnen ausgehenden Kräfte. Und indem er begann, sie zu verstehen, begann er gleichnishaft, sich selbst und sein Leben zu verstehen.

Die fast unwiderstehliche Überzeugungskraft des astrologischen Grundgedankens für den frühen Menschen, nämlich daß es eine enge Beziehung oder Entsprechung zwischen den Gestirnen und seinen irdischen Daseinsgeschicken geben müsse, ist auch für den modernen Menschen am Beispiel der Sonne noch sehr leicht nachvollziehbar. Denn von der Sonne wissen wir nicht nur theoretisch, daß unser ganzes Leben von ihr abhängt, sondern wir erfahren sie und ihre Wirkungen auf uns tagtäglich unmittelbar und »hautnah«. Wir erleben die verschiedenen Tageszeiten und Jahreszeiten, die durch den Sonnenlauf bestimmt werden, und die verschiedenen Wetterlagen, und wir beobachten auch, daß sie in uns verschiedene Stimmungen und Befindlichkeiten auslösen. Jeder kennt die Befreiung, wenn uns die Strahlen der morgendlichen Sonne von den Sorgen und Qualen einer schweren Nacht und einer seelischen Dunkelheit erlösen; jeder kennt den inneren Jubel, wenn nach einer Reihe von verhangenen, dunklen Tagen das erste Sonnenlicht wieder durch die Wolken bricht. Jeder spürt das beglückende Gefühl der milden Frühjahrssonne auf seiner Haut, empfindet die brütende, schwüle, belastende Hitze des Hochsommers und die sanfte, melancholische Abschiedsstimmung eines goldenen Herbsttages.

Sonne (Miniatur aus der Handschrift »De Sphaera«, Italien, 15. Jahrhundert)

Aufgrund dieser immensen Bedeutung der Sonne, ihrer Wärme und ihres Lichtes für unser äußeres und unser inneres, seelisches Leben ist es nur folgerichtig, daß sie durch alle Kulturen hindurch bis heute symbolisch mit den höchsten Gottheiten, den höchsten Werten, dem Allerwesentlichsten und den größten Erfahrungen, zu denen der Mensch fähig ist, verbunden wurde. Die Sonne wurde zum Symbol der göttlichen Urkraft, des göttlichen Urlichtes, aus dem heraus alles erschaffen wurde, der alles durchdringenden Lebenskraft und Vitalität, der Libido als der das Seelenleben steuernden psy-

Mond (Miniatur aus der Handschrift »De Sphaera«, Italien, 15. Jahrhundert)

chischen Energie. Sie wurde zum Sinnbild befreiender Erkenntnis aus der Dunkelheit des Unwissens und damit zum Symbol des Bewußtseins allgemein wie auch der höchsten menschlichen Bewußtseinserfahrung überhaupt, der Erleuchtung, in der der Mensch sich seines wahren, göttlichen, sonnenhaften Wesens als Licht, Leben und Liebe bewußt wird. Selbst heute, bei unserem nüchternen naturwissenschaftlichen Denken, hat die Hoffnung auf die »Sonnen-Energie« für viele allerhöchste Bedeutsamkeit, weil sie die Lösung vieler Grundprobleme der Menschheit verspricht.

Ziemlich anders wird dagegen der Mond von uns erlebt. Zwar löst auch die Sonne einiges an ambivalenten Gefühlen in uns aus, aber die Ambivalenz gegenüber dem Mond ist deutlich stärker. Unsere positiven Erfahrungen mit ihm hängen im wesentlichen damit zusammen, daß er als zunehmender Mond und als Vollmond mit seinem sanften Leuchten ein wenig Licht in die Dunkelheit der Nacht bringt. Die Dunkelheit war nicht nur für den frühen Menschen, sondern ist auch für uns heutige häufig etwas sehr Bedrohliches. Die Außenwelt wird dann unüberschaubar, und die seelische Unterwelt mit ihren Geistern und Dämonen beginnt eigentümlich rege zu werden. Alle möglichen Ängste, Befürchtungen, Konflikte, Phantasien und Träume werden lebendig und lassen sich um so schwerer relativieren und objektivieren, je weniger Licht und unterscheidendes Bewußtsein da ist. Wir alle kennen aus unserer Kindheit den angstvollen Ruf nach Licht, wenn wir aus dem Schlaf erwachten und die Schwärze der Nacht oder die dunkle Tiefe des Raums uns zu verschlingen drohte. Wie tröstlich konnte dann ein Lichtstrahl sein, der durch den Türspalt, das Schlüsselloch oder das Fenster fiel!

Ähnlich beruhigend mag dem frühen Menschen der Mondschein gewesen sein. In seinem fahlen, kühlen Licht konnte man sich wenigstens einen gewissen Überblick über die äußeren und inneren Vorgänge verschaffen. Es vermittelte einem ein angstfreies, vielleicht sogar meditatives Eintauchen in die Welt der psychischen Phantasien und Bilder, in die Vorgänge des Unbewußten mit seinen eigentümlichen Stimmungen und Launen (das deutsche Wort Laune hängt mit dem lateinischen Wort für den Mond »luna« zusammen), weil ein gewisses Maß

Astrologie

Dieses Bild zeigt, daß sich der mittelalterliche Mensch im astrologischen Weltbild eine enge Beziehung und Entsprechung von Sonne, Mond und den Planeten zum menschlichen Lebensschicksal vorstellte. Die Tiefenpsychologie ist der Auffassung, daß es sich bei diesen Vorstellungen im wesentlichen um Projektionen unbewußter Eigenschaften und Seelenvorgänge auf die Planeten handelt. So gesehen ist die Astrologie ein Vorläufer moderner psychologischer Persönlichkeitstheorien.

Jupit.
Joseph
Salomon
Balaam
Josaphat
David
abraham
Ezechiel
Jsaac
Aaron
Josabel
moyses

an Distanz und Orientierung aufrechterhalten werden konnte. Dieses Eintauchen in die mondhaften »Wasser« des Unbewußten wird besonders von liebenden Menschen ersehnt – siehe das romantische Symbolbild vom Rendezvous des verliebten Paares im Mondschein –, weil es ihnen ihre tiefe Sehnsucht nach Verschmelzung, nach Symbiose und Einswerdung stillt. Dieser Sachverhalt und auch die schon früh beobachtete Übereinstimmung des weiblichen Menstruationszyklus mit dem Mondzyklus ließen den Mond (oder eigentlich besser: die Mondin) zum Symbol der Großen Mutter und der Gottheit der Vegetation, des Wachsens, Werdens und Vergehens, des Lebens, der Fruchtbarkeit, der Fortpflanzung, der Schwangerschaft und Geburt, aber auch des Todes werden. Gerade die abnehmende und dunkle Neumond-Phase, in der der Mensch von allem Licht verlassen und der Dunkelheit unbarmherzig ausgeliefert ist, wenn nicht wenigstens noch die gütigen anderen Sterne am Himmel ein bißchen Hoffnung schenken, wurde ihm zu einer Zeit des Schreckens, des Wahns, des Sterbens und des Todes. Es ist dies dann die Zeit der schwarzen Magie, des bösen Zaubers, der Hexen- und Teufelskulte.

Im Licht des Mondes aber wird uns ein teilweises Auf- und Hingeben des Ich-Bewußtseins an die Nachtseite und magische Tiefendimension der Seele möglich. Wir werden offen, ansprechbar, empfänglich für das, was dort keimt, wächst und geboren werden will. E. Neumann hat in seiner klassischen Arbeit über die Symbolik des Mondes[1] diese mondhafte Einstellung oder Verfassung als »matriarchales Bewußtsein« bezeichnet und dieses in Beziehung gesetzt zu allen schöpferischen Wandlungsprozessen, in denen es nötig ist, dem Wachsen und Reifen des Neuen wie in einer Schwangerschaft die jeweils gemäße und nötige Zeit zu lassen. Im Vergleich zu einem mehr »solaren«, sonnenhaften Bewußtsein, dessen schöpferische Fähigkeit eher im Unterscheiden, Einordnen, Systematisieren und Abstrahieren besteht, liegt das Schöpferische des »lunaren« mondhaften Bewußtseins im Umgehen und Umkreisen, Hin- und Herbewegen, im Warten-Müssen und Abwarten-Können, bis die Zeit erfüllt ist, im Einwirken- und Aufgehen-Lassen. Die Erneuerung, Heilung oder Wandlung findet im Verborgenen, in der Dunkelheit und Stille, im

Unbewußtsein und Schlaf statt. Die moderne Frauenbewegung hat den Mond als »ihre« Gottheit wiederentdeckt[2].

Man kann aus den beschriebenen Zusammenhängen deutlich erkennen, wie sehr die symbolischen Bedeutungen von Sonne und Mond aus realen äußeren und inneren Erfahrungen abgeleitet sind, die wir Menschen mit ihnen machten oder noch machen. Ähnliches ist von den anderen Planeten zu vermuten. Auch diese veranlaßten in ihrer jeweiligen Eigenart, zum Beispiel in ihrer Helligkeit, ihrem Glanz, ihrer Färbung oder Bewegung, den frühen Menschen zu bestimmten Phantasien und Projektionen. Der rötlich schimmernde Mars, der in rund zweijährigem Intervall zu Zeiten seiner besten Sichtbarkeit den Nachthimmel beherrscht und alle Fixsterne an Helligkeit übertrifft, mag manchen wie ein heroischer Krieger vorgekommen sein, der in den Kampf zieht und nach einiger Zeit der Ungewißheit in strahlendem Sieger-Glanz zurückkehrt. Seine rote Farbe ist die Farbe des Blutes, der Leidenschaft, der Not und der Gefahr, der aggressiven, feurigen Energie, die vorwärts drängt, die Konflikt, Auseinandersetzung, Kampf und Entscheidung sucht.

Dagegen erschien den Menschen die Planetin Venus in ihrem leuchtenden, lieblichen Glanz als Morgen- und als Abendstern (»Wie schön leuchtet der Morgenstern«) wie die Göttin der Schönheit, der Anmut und der ausgleichenden, versöhnenden Harmonie, und ihr wurden neben diesen Attributen noch die Liebe und die Erotik, die Sinnlichkeit und der Genuß, die Kunst und die Kultur zugeordnet.

Merkur ist von allen mit bloßem Auge sichtbaren Planeten am schwierigsten zu beobachten, weil er immer in der Nähe der Sonne bleibt und von ihr meist überstrahlt wird und weil seine Sichtbarkeit am Morgen- oder Abendhimmel durch Horizontnähe und Dunst stark eingeschränkt ist. Diese Schwierigkeit, ihn zu »fassen« zu kriegen, und seine hohe Beweglichkeit ließen ihn zum flüchtigen Götterboten werden, dessen Eigenschaften vorne bereits etwas ausführlicher dargestellt wurden.

Der gelblich-weiß, gleichmäßig und eindrucksvoll leuchtende, sich angemessen-würdevoll bewegende Jupiter erschien den Menschen wie ein gütiger, um das Wohl seines Volkes bedachter König, dem Gerechtigkeit, Weisheit, Toleranz, Liebe, Freude und Zufriedenheit die wesentlichsten Werte sind.

Sein günstiger Einfluß verhieß den Menschen Fülle, Wachstum, Entfaltung, Gesundheit und Glück.

In scharfem Kontrast dazu steht Saturn, der in großer Ferne und in langsamer Bewegung seine einsamen Bahnen zieht. Als der letzte der mit bloßem Auge sichtbaren Planeten war er so etwas wie der Hüter einer Schwelle in noch fernere, unbekannte Bereiche, die aber eher bedrohlichen Charakter hatten, weil sie aus dem menschlichen Leben hinausführten, vielleicht in die Einsamkeit des Universums, vielleicht in den Tod. Man stellte sich ihn alt, kalt, hart, unfreundlich vor, und sein Einfluß galt als dementsprechend lebensfeindlich, so daß man ihn mit allen Hemmungen, Widerständen und Einschränkungen in Verbindung brachte. Aber diese verlangsamende Tendenz konnte auch ihr Gutes haben, und in günstigen Konstellationen vermittelte einem Saturn dann Ernsthaftigkeit, Ausdauer, Konzentration, Festigkeit, Struktur und Ordnung.

Im Prinzip ähnlich kann man sich die Entwicklung der symbolischen Bedeutung der zwölf Tierkreiszeichen vorstellen. Diese waren ursprünglich einigermaßen identisch mit den entsprechenden Sternbildern, die aufgrund einer gewissen bildhaften Anmutung mit bestimmten Namen belegt worden waren, und man leitete dann aus diesen Gestalten assoziativ auch entsprechende Bedeutungen ab. Das Wesen jedes Zeichens ergab sich aus dem, was man als das jeweilige Grundmerkmal zum Beispiel eines Stiers, eines Löwen oder einer Waage ansah.

In der Auseinandersetzung mit den Himmelskörpern und Sternbildern entwickelte der Mensch nicht nur ein immer besseres Verständnis der Naturvorgänge und der jahreszeitlichen Prozesse, sondern er stieß auch auf grundlegende Lebensprinzipien, die er sowohl in der Natur als auch in den sozialen Beziehungen und in sich selbst wiederfand. Auf dem Wege der Projektion seelischer Inhalte auf die Gestirne begann er, sich selbst zu verstehen. Natürlich war er nicht nur bemüht, diese Zusammenhänge zu verstehen, sondern er wollte sich auch ihren vermeintlichen Zwängen entziehen oder ihnen zumindest ein wenig vorbeugen. Der Mensch hoffte, aus den sich regelmäßig vollziehenden Abläufen Voraussagen ableiten zu können, was ja das legitime Bemühen auch jeder Wissenschaft ist. Natürlich machte er immer wieder die Erfahrung, daß das menschliche Leben viel komplexer ist, als daß er es zuverlässig hätte berechnen können, aber er gab die Hoffnung nicht auf und bemühte sich unablässig, sein System zu differenzieren und zu verfeinern.

Er ordnete den Planeten bestimmte Tierkreiszeichen zu, die sie regierten und in denen sie »wohnten«. Er fand heraus, daß die einzelnen Planeten in bestimmten Verhältnissen und Aspekten zueinander stehen konnten, und vermutete, daß sich darin förderliche, unterstützende oder feindliche, hemmende Beziehungseinflüsse der Planeten untereinander darstellten. Er entwickelte ein zwölfteiliges Häusersystem, das wesentlichen Lebensbereichen und Lebensstadien des Menschen zugeordnet war, und vieles mehr. Durch diese ständigen Bemühungen, das astrologische Modell mit der Realität des vorgefundenen Lebens in Übereinstimmung zu bringen, trugen viele Forscher verschiedener Kulturen im Laufe der Jahrhunderte dazu bei, die Astrologie zu einem vielschichtigen Modell der menschlichen Persönlichkeit und ihrer Beziehungen zur Welt zu machen.

Betrachtet man das astrologische System nämlich von seiner psychologischen Seite her (und läßt man die kritische Frage nach der tatsächlichen Beziehung zwischen Planeten und menschlichem Schicksal zunächst beiseite), dann muß man unumwunden zugeben, daß es eine erstaunlich differenzierte, umfassende symbolische Theorie vom Menschen darstellt. Im Vergleich zu einigen psychologischen Typologien findet man in der Astrologie nicht nur zwei oder vier, sondern insgesamt zwölf typologische Charakterbeschreibungen (die Tierkreiszeichen). Innerhalb dieser Typologie konstellieren sich sieben (je nach astrologischer Schule auch zehn oder noch mehr) psychische Grundkräfte (die Planeten), die sich ihrer Stellung entsprechend wechselseitig abschwächen, verstärken oder aufheben. Davon hängt es beispielsweise ab, ob der Planet Mars für aggressive, kämpferische Energie, Willensstärke, Tatkraft, Mut und Entschlossenheit steht oder, wenn er ungünstig aspektiert ist, für Zerstörungslust, Brutalität und Rücksichtslosigkeit. Die Planetin Venus kann dementsprechend einerseits Sexualität, Schönheit, Kunst und Eros symbolisieren, andererseits – in negativem Kontext – auch Sentimentalität, Leichtsinn und Geschmacklosigkeit.

Horoskopschema

Das Häuser- oder Feldersystem des Horoskops stellt zudem noch den Bezug des Menschen zu seiner sozialen Umwelt und den einzelnen Lebens- und Altersstufen dar. Diese auch noch in anderen astrologischen Deutungselementen sich darstellende Multidimensionalität des astrologischen Modells wird damit der vielfältigen, widersprüchlichen Wirklichkeit des Menschen und des Lebens gerechter als viele ältere psychologische Theorien. Insofern es sich dabei auch um den Niederschlag der Bemühungen von Hunderten von Generationen handelt, die menschliche Psyche zu verstehen, stellt es eine symbolische Abbildung der menschlichen Existenz in umfassender Form dar.

Das Evidenzphänomen

Von daher läßt es sich relativ leicht erklären, wieso man mit Hilfe der Astrologie und anderer esoterischer Systeme tatsächlich auch sinnvolle und hilfreiche Antworten erhalten kann und wieso sie eine hohe Evidenz haben für denjenigen, der sie auf sich anwendet. Das Evidenzerleben, durch das man einen Sachverhalt als für sich zutreffend, stimmig und überzeugend empfindet, ist ein sehr vielschichtiges Phänomen. Hier sei nur auf zwei wesentliche Faktoren hingewiesen, die es im Hinblick auf die Astrologie ausreichend gut erklären.

Der erste Faktor bezieht sich darauf, daß es sich bei den astrologischen Symbolen wie auch denen anderer Systeme um archetypische, das heißt allgemeinmenschliche und allgemeingültige Symbole und Prinzipien handelt. Wenn sich in diesen Systemen ein über die Jahrhunderte angesammeltes Erfahrungswissen über den Menschen und sein Leben verdichtet hat, dann wird sich auch jeder Mensch in ihnen wiederfinden müssen. Unser individuelles Leben mag uns, da wir nicht gewohnt sind, es in menschheitsgeschichtlicher Perspektive zu sehen, einzigartig vorkommen. Je mehr wir aber vergleichende Erfahrungen sammeln, desto mehr stellt sich heraus, daß unsere Individualität getragen wird von kollektiven Erlebens- und Verhaltensmustern und daß unsere Einmaligkeit nur darin besteht, wie diese kollektiven Faktoren in uns kombiniert sind. Das, was uns als eine von anderen abgehobene, einzigartige Individualität erscheinen läßt, ist nur ein vordergründiger Aspekt von uns, der durch Verstärkung bestimmter Eigenschaften und Verdrängung anderer zustande gekommen ist. Dahinter und darunter sind wir erstaunlich gleichartig.

Wenn man also beispielsweise ein Horoskop systematisch durcharbeitet, wird man bei der großen Fülle der Deutungselemente zunächst auf eine große Zahl allgemeingültiger und deshalb auch auf einen selbst zutreffender Aussagen stoßen. Der Eindruck der Evidenz wird weiter erhöht durch jene Aussagen, die zufällig besonders gut zu einem passen. Die weniger stimmigen Aussagen unterliegen den üblichen psychischen Bearbeitungs- und Abwehrmechanismen. Sie werden kaum wahrgenommen, abgeschwächt oder umgedeutet. Damit sind wir bereits bei dem zweiten wesentlichen Faktor zur Erklärung des Evidenzerlebens.

Gestalt-, Wahrnehmungs-, Sozial- und Tiefenpsychologie haben eindrücklich nachgewiesen, daß unsere Wahrnehmungs- und Erkenntnisvorgänge ständigen unbewußten Strukturierungs- und Umstrukturierungsprozessen unterliegen. Aus der Fülle der aus unserer Außen- und Innenwelt stammenden Reize und Informationen konstruiert die Psyche eine individuelle Wirklichkeitsauffassung, die dem Menschen in Anbetracht seiner gegebenen Möglichkeiten und der aktuellen Situation eine ausreichende Lebensanpassung ermöglicht. Die unbewußten Organisationsmechanismen unserer Psyche sind beständig bemüht, eindeutige, prägnante, geschlossene und dadurch Orientierung verleihende Wahrnehmungs- und Erlebens-»Gestalten« zu erzeugen. Zu diesem Ziele verwendet die Psyche unbewußte »magische« Methoden: Sie setzt Beziehungen, wo »objektiv« manchmal gar keine sind, hebt relevante Informationen hervor und läßt andere verschwinden, sie verleiht Sachverhalten Bedeutung und Sinn, die ihnen »objektiv« nicht zukommen, und blendet »objektive« Wahrheiten aus, wenn sie die Stimmigkeit der aktuellen Wirklichkeitsauffassung stören. Ich kann an dieser Stelle leider nicht auf die schwierige Frage, was denn dann das »Objektive« eigentlich ist, eingehen. Es sei nur festgehalten, daß die Psyche die lebensnotwendige Tendenz hat, Struktur, Ordnung, Bedeutung und Sinn zu erzeugen, und daß sie dabei Wirklichkeitsauffassungen bildet, die in häufig nur sehr beschränktem Maße den »tatsächlichen« Verhältnissen entsprechen. In diesen Zusammenhang gehören auch die Phänomene des von der Psychoanalyse beschriebenen »Wiederholungszwanges« (wodurch der einzelne unbewußt ständig jene Erfahrungen und Beziehungsmuster wiederholt und neu inszeniert, die für ihn einst traumatischen Charakter hatten und die er nicht gut verarbeiten konnte) sowie die sich selbst erfüllende Prophezeiung (durch die sich das ereignet, was man insgeheim erwartet). Diese Phänomene sind allerdings nur etwas auffälligere Spezialfälle der allgemeinen Funktion der Psyche, Wirklichkeit zu arrangieren.

Daß es solche selbsttäuschenden Wahrnehmungsbereitschaften auch gerade in der Astrologie gibt, das wurde in vielen psychologischen Experimenten nachgewiesen[3]. P. Niehenke gibt dafür ein Beispiel aus seiner eigenen Praxis:

»Vor einigen Jahren kam eine Dame zu mir in die astrologische Beratung. Nach unserem zweistündigen Gespräch erzählte sie mir, daß sie vor mir schon bei fünf Kollegen gewesen sei, meine Deutung sei allerdings die differenzierteste und beste. Sie zeigte mir zum Vergleich dann die Arbeiten meiner Kollegen. Bei der Gelegenheit bemerkte ich, daß die Horoskope meiner Kollegen ganz andere Konstellationen aufwiesen als mein Bild. Ich stellte fest, daß ich mich bei dem Geburtsdatum um 20 Jahre geirrt hatte . . . Ähnliche Erlebnisse berichten auch andere Kollegen.«[4]

In der Regel laufen psychische Arrangements, die zum Evidenzerleben führen, so subtil, unbewußt und konsequent ab, daß wir sie nur in Ausnahmefällen und bei großer innerer Aufmerksamkeit und Ehrlichkeit feststellen können. Weil sie so unmerklich und automatisch sind, unterschätzen wir sie bei weitem. Wir fassen sie als gelegentlich störende Randerscheinungen unseres Wirklichkeitserlebens auf, anstatt zu erkennen, daß sie die Grundfaktoren dafür sind. Im Hinblick auf die Deutung von symbolischen Systemen, handele es sich um Astrologie, Tarot oder auch um Träume, führt die ordnungs-, bedeutungs- und sinnstiftende Fähigkeit der Psyche nicht nur dazu, daß die jeweiligen stimmigen Elemente besonders betont und die unstimmigen Elemente vernachlässigt werden. Sie ermöglicht auch, daß die unstimmigen Elemente in dem Maße, in dem man sich mit ihnen beschäftigt, immer mehr Nuancen und Aspekte »enthüllen«, die dann doch als zutreffend empfunden werden. Mit anderen Worten: Wo man Evidenz erwartet, da wird man auch welche finden.

Das mag sich nun sehr negativ anhören und so, als könne man mit Hilfe der Astrologie und der anderen esoterischen Systeme über sich nur das erfahren, was man selbst bereits hineingesteckt hat. Das träfe nur dann zu, wenn man davon ausgehen könnte, daß diejenigen Inhalte, die man da hineingedeutet hat, einem vorher bewußt gewesen sind. Das stimmt in der Regel aber nicht. Wir dürfen nicht aus den Augen verlieren, daß die magische, evidenzbildende Fähigkeit der Psyche auch eminent schöpferisch ist und die Tendenz hat, das Bewußtsein und die realistische Anpassungsfähigkeit an die äußeren und inneren Realitäten ständig zu erweitern. Jemand, der sich intensiv auf die archetypischen Symbole der Astrologie einläßt, wird damit die entsprechenden Aspekte seiner Persönlichkeit anregen, die ihm vielleicht bis dahin unbewußt gewesen sind, und er wird sich allmählich mit ihnen vertraut machen können.

Die astrologischen Symbole wirken dann wie Stimulantien, Katalysatoren, Magnete oder Kristallisationskerne, die es ermöglichen, unbewußte Inhalte bewußt werden zu lassen. Sie sind wie ein Spiegel, der die unbekannte andere Seite der Persönlichkeit zu offenbaren vermag. Das ist im Grunde genommen das gleiche, was wir aus jedem guten Buch, sei es ein Roman der Weltliteratur oder ein psychologisches Fachbuch, gewinnen können oder auch aus einem guten Gespräch mit einem anderen Menschen. Das Wesentliche im Hinblick auf die Selbsterkenntnis ist dabei, daß wir ein Gegenüber haben, an dem wir uns »reflektieren« und vergleichen können. Je allgemeinmenschlicher und umfassender dabei die Position des Gegenüber ist, desto mehr Spiegelungs- und Feed-Back-Möglichkeiten ergeben sich für uns, und um so mehr können wir daraus lernen. Das astrologische Modell erfüllt alle diese Bedingungen, die an ein solches hilfreiches Gegenüber zu stellen wären, in hohem Maße. Weil es sich, wie bereits mehrfach betont wurde, archetypischer Symbolik bedient, vermag es nicht nur den psychologischen Wissensschatz vergangener Jahrhunderte darzustellen, sondern ist auch mühelos in der Lage, neuere psychologische Theorien zu integrieren[5].

Zu welchen differenzierten Aussagen und Einsichten über den Menschen man mit Hilfe astrologischer Sprache grundsätzlich gelangen kann, zeigen beispielhaft die Werke von Thomas Ring[6] oder auch das Buch von Bruno von Flüe über Rainer Maria Rilke[7]. Wenn man sich also jemanden vorstellt, der sich ernsthaft darum bemühte, die verschiedenen symbolischen astrologischen Elemente bei sich wahrzunehmen, sich mit ihnen auseinanderzusetzen, sie in seinem Leben in angemessener Weise zu berücksichtigen und zu realisieren, dann könnte man bei diesem Menschen sicherlich von einem im besten Sinne ganzheitlichen, selbstverwirklichten oder individuierten Menschen sprechen.

Zu dieser reifen Auseinandersetzung mit den astrologischen Symbolen wäre aber – und damit kommen wir auf das Grundproblem der Astrologie zurück – ein individuell berechnetes

Horoskop nicht nötig. Im Gegenteil, dieses ist sogar hinderlich, weil es die Achtsamkeit vom eigenen inneren Prozeß ablenken und möglicherweise falsche Schwerpunkte bei der Bearbeitung von Konflikten und Komplexen setzen könnte. Es wäre viel sinnvoller, einfach zu lernen, sich selbst durch die »Brille« der astrologischen Symbolik zu sehen, also sich beispielsweise zu fragen, wo, wann und in welcher Weise sich bei einem üblicherweise negative »saturnische«, das heißt zwanghafte, dogmatische, lebensfeindliche Züge zeigen oder wie es um die eigene Beziehung zum »Venusischen« in einem bestellt ist. Man könnte, unabhängig von den berechneten Positionen, lernen, sich zu fragen, welcher Tierkreischarakter einem am ehesten entspricht, welches der unbewußte Gegentyp ist, was das in bezug auf die eigene Partnerschaft bedeutet und so weiter. Auch könnte man den astrologischen Prinzipien in seinen Träumen nachspüren, was den Vorteil hätte, daß eine solche Traumtheorie um vieles differenzierter wäre als beispielsweise die klassische Freudsche, nach der sich im wesentlichen in den Träumen sexuelle und aggressive Wunscherfüllungsphantasien ausdrücken.

Die Grundproblematik der Astrologie

Der Prozeß der Entwicklung des astrologischen Systems ist in mancher Hinsicht durchaus vergleichbar mit der Entwicklung einer Wissenschaft: Es werden Beobachtungen gemacht, und man bildet Vermutungen, Hypothesen zu ihrer Erklärung. Diese stellen anfangs meist nur Projektionen und Vor-Urteile dar und werden dann an der Erfahrung, so objektiv es möglich ist, überprüft und entsprechend bestätigt, verworfen oder verändert. Die Astrologie hätte ebenso wie ihre Schwester, die Astronomie, zu einer Wissenschaft – einer psychologischen – werden können, wenn sie sich zu einem entscheidenden Schritt hätte entschließen können, nämlich ihren symbolisch-projektiven Charakter zu erkennen. Aber sie konnte sich bis heute nicht vom ihr anhaftenden magischen Denken lösen, das Symbolisch-Magisches als Konkretes auffaßt. Sie glaubt bis heute daran, daß es eine regelhafte und gesetzmäßige, wie auch immer geartete Beziehung oder Entsprechung zwischen den vom Menschen wahrgenommenen Gestirnsbewegungen und seinen Daseinsgeschicken, seinen personalen, charakterlichen Grundprägungen und seinen Entwicklungstendenzen gibt. Deshalb sei es grundsätzlich möglich, auf rein rechnerischem Wege diese Informationen über einen beliebigen Menschen zu erhalten, wenn man nur seine genauen Geburtsdaten (Geburtstag, Geburtszeit, Geburtsort) kennt. Und an diesem Punkt scheiden sich eben die Geister, an diesem Punkt tobt der Kampf über Sinn und Unsinn, über Wert und Unwert der Astrologie. Das müßte aber keineswegs so sein, denn der Sinn und der Wert der astrologischen Symbolik und des astrologischen Modells als einer archetypischen Persönlichkeitstheorie würde durch das Aufgeben der Berechnungsmöglichkeit nicht unbedingt gemindert.

Das magische Denken in der Astrologie hat zwar im Verlauf ihrer Entwicklung einen gewissen Differenzierungsprozeß hin zu einer zunehmend psychologischen Auffassung durchgemacht, hat aber die letzten Schritte einer endgültigen Projektionsrücknahme noch nicht vollzogen. Die Rücknahme der Projektion psychischer Inhalte auf äußere Objekte verläuft in bestimmten Stufen[8]: Zuerst besteht ein Zustand der Identität, seelische Innenwelt und äußeres Objekt sind untrennbar und unhinterfragbar miteinander verschmolzen. Dann kommt es allmählich zu einer Unterscheidung zwischen Innen und Außen, und die äußeren Objekte werden personifiziert, als handele es sich um Gottheiten oder menschenähnliche Wesenheiten. Im Laufe des Prozesses der Objekterkenntnis wird dieses immer mehr versachlicht, jetzt vermutet man, daß das äußere Objekt über gewisse geheimnisvolle, aber unpersönliche Kräfte und Energien verfüge. Schließlich erkennt man die »wahre«, »objektive« Natur des äußeren Objekts, wodurch es endgültig seinen magischen Charakter verliert. Und wenn man dann schließlich fragt, wo das, was man ursprünglich in das Objekt hineingesehen hatte, eigentlich ist, stößt man auf die eigene Seele als den wahren Ort der Bewirkung.

Eine ähnliche Entwicklung kann man in der Astrologie sehen. Wie bereits beschrieben, wurden ursprünglich die sieben klassischen Planeten des Altertums als Träger göttlicher Kräfte oder als Gottheiten selbst angesehen, die in direkter Weise auf die Erde und die Menschen einwirkten. Als man nicht mehr so recht an solche konkreten Gottheiten in Planetengestalt glauben konnte, kamen Kraftfeld-Theorien auf, die besagten, daß von den Planeten Strahlen- oder Energiefelder ausgingen, die die ihnen entsprechenden Eigenschaften im Menschen anregten oder hemmten. Weil auch diese Vorstellung im Lichte der modernen wissenschaftlichen Erkenntnisse nicht mehr haltbar ist, bevorzugen die meisten heutigen Astrologen eine mehr symbolische Betrachtungsweise, in der die Planeten keinen direkten Einfluß mehr auf die Persönlichkeit des Menschen ausüben, sondern im Sinne einer großen kosmischen Uhr gleichzeitig ablaufendes Geschehen auf der Erde anzeigen.

Obwohl diese Auffassung im Vergleich zu den früheren schon wesentlich psychologischer ist und ein gewisses Maß an Projektionsrücknahme erkennen läßt und somit der Eigenverantwortung des Menschen mehr Raum gibt, ist sie doch immer noch konkret-magisch, das heißt, sie geht von einer konkreten, individuumzentrierten magischen Beziehung und Entsprechung zwischen Außenwelt und Innenwelt aus. Wenn selbst so symbolisch denkende Autoren wie Dethlefsen, Klein und Dahlke[9] es zur Grundlage ihrer esoterischen Astrologie machen, daß es einerseits keine kausalen Wirkzusammenhänge zwischen den Gestirnen und den verschiedenen Ebenen der Wirklichkeit gebe, andererseits aber die Astrologie »ein Meßinstrument der Wirklichkeit« sei, das »mit beliebiger Genauigkeit (!) etwas anzeige«, ohne es allerdings selbst zu erzeugen, dann zeigt das, wie schwer es offenbar ist, sich vom alten magischen Modell zu befreien und wirklich symbolisch zu denken. Es ist ja immer noch zu fragen, wie und warum es zu einer solchen Entsprechung oder einem solchen weitgehenden Parallelismus zwischen einem entfernten äußeren Objekt und der Seele eines Individuums kommen sollte, daß sich die seelische Struktur daraus derart beliebig genau berechnen ließe!

Astrologen weisen häufig auf die Synchronizitätshypothese von Jung[10] hin, um ihr Modell zu untermauern. Nun handelt es sich aber bei der Synchronizität nicht um eine wissenschaftlich bewiesene Theorie, sondern nur um einen Begriff und eine sehr vorläufige Hypothese zur Annäherung an einen noch weitgehend unbekannten Sachverhalt. Jung sah sich aufgrund eigener Erfahrungen und unter dem Eindruck der parapsychologischen Forschung genötigt, das in den Naturwissenschaften vorherrschende Kausalitätsprinzip durch ein weiteres Erklärungsprinzip zu ergänzen. Nach diesem Prinzip – dem Synchronizitätsprinzip – können zwei oder mehrere voneinander kausal unabhängige Ereignisse, etwa ein Traumbild und ein sich in der äußeren Realität später einstellendes, gleichartiges Geschehen, durch einen gemeinsamen Sinngehalt verbunden sein. Dieser gemeinsame Sinn werde gestiftet durch einen beiden Ereignissen zugrundeliegenden Archetyp, der »psychoid« sei, das heißt die psychischen Innenvorgänge und die physikalischen Außenvorgänge übergreifend. Auch wenn sich die Synchronizitätshypothese als zutreffend erweisen würde, könnte sie doch wenig als Erklärung der astrologischen und magischen Entsprechungslehre dienen, denn sie bezieht sich auf spontane, relativ seltene und kaum vorhersehbare Ereignisse, während die magische Entsprechungslehre von eindeutigen und vorhersagbaren Beziehungsverhältnissen ausgeht.

Meiner Auffassung nach ist die alte magische Entsprechungsvorstellung »Wie oben, so unten; wie innen, so außen« zwar eine psychologisch-symbolische Wahrheit, insofern sich der Mensch das Universum und das Leben immer nur in Analogie zu den bildhaften oder abstrakten Vorstellungsmöglichkeiten seiner Seele erklären kann. Es darf aber nicht konkret verstanden werden als eine gesetzmäßige, regelmäßige und vorhersagbare Beziehung zwischen objektiven, äußeren Ereignissen und subjektiven Persönlichkeits- und Schicksalsfaktoren. Natürlich gibt es auch vielfältige direkte Wechselwirkungen zwischen oben und unten und innen und außen, aber diese sind ohne Magie kausal oder final erklärbar und gehen niemals so weit, daß aus dem fernen Lauf der Planeten oder dem zufälligen Wurf von Münzen bis ins kleinste Detail hineingehende Aussagen über die individuelle Persönlichkeit und das Leben eines bestimmten Menschen gemacht werden könnten.

Natürlich haben vorsichtige und kritische Astrologen schon immer darauf hingewiesen, daß es bei ihren Berechnungen nur um Tendenzen gehe – »die Sterne zwingen nicht, sie machen nur geneigt« –, und die meisten modernen, seriösen Astrologen sprechen davon, daß es sich bei den berechneten astrologischen Konstellationen um vieldeutige symbolische Gestalten handele, deren sinnvolle Deutung nur in engem Austausch mit dem Horoskopeigner möglich sei. Das alles ändert aber wenig daran, daß die exakte, computergenaue, manchmal bis ins Extrem getriebene Berechnung zur unverzichtbaren Grundlage jeder astrologischen Aussage gemacht wird. Hinter dem astrologischen System steckt damit sehr verdeckt ein materialistischer, rationaler Kerngedanke. Auch hier bestätigt sich also die alte psychologische Weisheit, daß das, was beim anderen am meisten bekämpft wird, oft genug eine eigene unbewußte schattenhafte Wahrheit ist.

Daß die mathematische Vorausberechnung eines so komplexen lebenden Systems, wie der Mensch eines ist, grundsätzlich nicht möglich ist, scheint die moderne Wissenschaft nun glücklicherweise endlich akzeptiert zu haben, nicht aber die Astrologie. Es scheint bisher keinen merklichen Einfluß auf die Praxis der Astrologen zu haben, daß auch fundierte, groß angelegte statistische Untersuchungen zum Berechnungsanspruch der Astrologie, so wie sie heute gehandhabt wird, alle zu negativen Resultaten gekommen sind[11]. Auch M. Gauquelin, der von Astrologen häufig positiv zitiert wird, konnte im Laufe seiner vierzigjährigen Untersuchungen eine Vielzahl weitverbreiteter, mit dem Horoskop verknüpfter Annahmen nicht bestätigen, wie zum Beispiel den behaupteten Einfluß der Tierkreiszeichen, die Bedeutung der zwölf astrologischen Häuser oder der Aspekte zwischen den Planeten. Er konnte allerdings einige Korrelationen zwischen bestimmten Persönlichkeitsmerkmalen und bestimmten Planetenpositionen zur Geburtszeit nachweisen[12]. Eine erfreuliche Ausnahme bildet der bereits zitierte P. Niehenke, Diplom-Psychologe, Berufsastrologe und Vorsitzender des Deutschen Astrologenverbandes, der in jüngster Zeit eine sehr umfassende statistische Untersuchung zur Gültigkeit astrologischer Aspekte vorgelegt hat und zusammenfassend zu folgenden bemerkenswerten Aussagen kommt:

»Trotz großer Bemühungen meinerseits, in bezug auf das Thema Aspekte wenigstens ein einziges, wenn auch kleines, aber vielleicht ermutigendes positives Resultat präsentieren zu können, bleibt also die Schlußbilanz in dieser Richtung negativ ... Da ich Berufsastrologe bin, stellt sich für mich die Frage, wie ich mit diesen Ergebnissen umgehen will, ganz besonders zwingend. Sie erhält für mich auch dadurch eine besondere Relevanz, weil meine täglichen, in der Beratungssituation erlebten Evidenz-Gefühle durch diese Ergebnisse ja nicht einfach wegzuwischen sind. Ich erlebe tagtäglich, daß die Interpretation des Horoskops tiefe Einsichten in das Wesen eines Menschen erlaubt (warum dies tatsächlich so sein kann, wurde im Zusammenhang mit dem Evidenzphänomen dargestellt, Anm. d. Verf.). Ich bin nüchtern genug, die Ergebnisse, die ich hier vorgestellt habe, nicht wegerklären zu wollen; sie sind eine Realität. Meine Erlebnisse in der Beratungssituation sind aber ebenfalls eine Realität... Nur passen beide Erfahrungen, beide Realitäten nicht zusammen! ... Mindestens werde ich durch diese Untersuchung vorsichtiger werden. Es wird mir nicht mehr so ohne weiteres von den Lippen gehen, zu formulieren: ›Menschen mit dieser oder jener Konstellation neigen zu diesem oder jenem Verhalten oder Gefühl‹ oder gar: ›Sie *sind* in ihrem Wesen so oder so gelagert!‹... Ich kann in jedem Fall in Zukunft nicht mehr sagen: ›Menschen mit Sonne-Saturn-Quadrat neigen zu Depressionen‹ – und ich kann eine ganze Reihe anderer Sätze dieser Art, die zuhauf in astrologischen Lehrbüchern stehen, nicht mehr sagen, zumindest nicht mehr mit Recht! Und wenn jemand behauptet, er könne es noch mit Recht sagen, dann möchte ich gerne erklärt haben, mit welchem Recht, worauf er sich stützt. Und wenn er behauptet, es sei halt seine Erfahrung, dann ist zu fragen, ob er diese Erfahrung auch einer kritischen Überprüfung unterzogen hat und zu unterziehen in der Lage ist. Andernfalls wird die Astrologie zu einer Art Religion, zu einer Sache des Glaubens! – Aber warum nicht!?«[13]

Das allgemeine Bedürfnis nach einer »himmlischen Geborgenheit« und einem Aufgehobensein in einem sinnvollen, geordneten Kosmos, einer Einheitswirklichkeit, scheint so groß zu sein, daß in nächster Zeit nicht damit zu rechnen ist, daß sich der beschriebene psychologisch-symbolische Ansatz in der Astrologie einbürgern könnte. Auch Niehenke tröstet sich und seine Kollegen, nachdem er sie mit den unerwartet negativen Ergebnissen seiner Untersuchung konfrontiert hat, damit, daß das Bedürfnis nach einem magischen, astrologischen Weltbild viel stärker sei als alle möglichen Gegenbeweise:

»Um die Astrologie und um ihren Fortbestand auch bei noch mehr negativen Resultaten braucht man sich aber sicher keine Sorgen zu machen. Eine Welt, in der Astrologie wahr ist, ist allemal eine schönere Welt als eine, in der Astrologie nicht existiert. Das Gefühl, sinnvoll in ein kosmisches Ganzes eingebettet zu sein, vermittelt ein ›himmlisches Geborgenheitsgefühl‹ – und darauf zu verzichten, fällt sicher gerade uns heutigen Menschen besonders schwer. Das Bedürfnis, daß Astrologie wahr sei, ist also viel stärker als alle rationalen Gegenbeweise, dessen bin ich mir sicher – und das gilt, mindestens im Moment, auch für mich!«[14]

Damit trifft Niehenke sicher den Kern der gegenwärtigen Glaubensbereitschaft an die Astrologie und die verschiedenen magisch-esoterischen Systeme überhaupt. Sicher aber wird man angesichts des Aberglaubens und des vielfältigen Mißbrauchs, der mit ihnen getrieben wird, kritisch fragen müssen, ob die magische Welt allemal eine schönere Welt sei. Wie geborgen beispielsweise fühlen sich Menschen, die in Übereinstimmung mit himmlischen Konstellationen in ein leid- und qualvolles Schicksal »eingebettet« sind? Und wie steht es mit den tiefen Schattenseiten des abergläubischen Denkens, das mit dem magischen Weltbild verbunden ist und von dem wir uns glücklicherweise endlich befreit zu haben glauben?

»Großherzog Francesco I. de Medici beim Laborieren« (Jan van der Straet, 1523–1606). Dieses Bild stellt unter den alchemistischen Gemälden eine Rarität dar, weil es einen eigenhändig laborierenden Fürsten zeigt. Meist wurden Alchemisten in bürgerlichem oder ärmlichen Milieu dargestellt. Angeleitet wird Großherzog Francesco von einem älteren Gelehrten, in der Mitte sieht man seinen Famulus, seine als Mann verkleidete Mätresse und spätere zweite Ehefrau. Die Geräte sind deutlich dargestellt: Im Vordergrund ein Destillierapparat mit Kühlschlange auf einem Ofen, rechts eine Abtropfvorrichtung; im Hintergund ein großes Wasserbaddestillatorium, links eine Pflanzenpresse. Es sollten wohl pharmazeutische Heilmittel hergestellt werden.

IOÁNES
STRATENSÍS
FLANDRVS
1570

Alchemie

Symbole der Transformation

Sehr bald hatte ich gesehen,
daß die Analytische Psychologie mit der Alchemie
merkwürdig übereinstimmt.
Die Erfahrungen der Alchemisten waren meine Erfahrungen,
und ihre Welt war in gewissem Sinn meine Welt.
Das war für mich natürlich eine ideale Entdeckung,
denn damit hatte ich das historische Gegenstück
zu meiner Psychologie des Unbewußten gefunden.
Sie erhielt nun einen geschichtlichen Boden . . .
Durch die Beschäftigung mit den alten Texten
fand alles seinen Ort:
die Bilderwelt der Imaginationen,
das Erfahrungsmaterial, das ich in meiner Praxis gesammelt,
und die Schlüsse, die ich daraus gezogen hatte.

C. G. Jung

Die Alchemie spielt in den esoterischen Systemen heute nur noch eine geringere Rolle. Das hängt wohl im wesentlichen damit zusammen, daß man – mehr noch als in der Astrologie – den Projektionscharakter der alchemistischen Phantasien erkannt hat. Man kann sich schlecht vorstellen, daß es tatsächlich einen solchen wunderwirkenden Stein der Weisen geben könnte oder daß es möglich sein sollte, durch äußere Operationen an der Materie zu seelischer Reife zu finden. Zudem erscheinen die alchemistischen Texte meist so konfus, widersprüchlich und dunkel, daß sie auf die interessierten Leser abschreckende Wirkung haben.

Dabei sind die alchemistischen Vorstellungen, Bilder und Allegorien im Grunde sehr naheliegend und einleuchtend in bezug auf alle Systeme, die wachsen, sich entwickeln und verändern. Die alchemistischen Symbole sind Symbole der schöpferischen Wandlung und Transformation. Wir finden heute sowohl in den Träumen und Imaginationen moderner Menschen als auch in der Biologie, Medizin, Psychologie und in anderen Wissenschaften noch die gleichen Phantasien und Symbole, wie sie die Alchemisten verwendet haben, um Wesen und Ziel ihres Werkes anzudeuten. Dieses Werk läßt sich vereinfacht so darstellen:

Da die Menschen im Mittelalter noch nicht genügend zwischen organischer und anorganischer Materie unterscheiden konnten, vermuteten sie, daß anorganische Materie ähnlichen Gesetzmäßigkeiten folgte, wie sie sie auch bei lebendigen Stoffen, bei Pflanzen, Tieren und bei sich selbst beobachteten. Sie erlebten beispielsweise, wie sich ihr körperlicher und seelischer Zustand durch Essen und Trinken oder durch die Einnahme von Pflanzen und Drogen veränderte. Sie sahen, wie aus einem Samenkorn in der Erde unter günstigen Bedingungen eine Pflanze werden konnte, wie der Mensch erst im Mutterleib, dann als Säugling, Kleinkind und so weiter einem ständigen Wandlungsprozeß ausgesetzt war oder wie sich Nahrung beim Kochen und Backen veränderte, und daraus schlossen sie, daß sich anorganische Materie ebenso verwandeln könne.

Natürlich sahen sie auch, wie organische Materie sich beispielsweise unter Hitze- oder Kälteeinwirkung umgestaltete. Besonders die Metalle, die im Leib der großen Mutter Erde ruhten, schienen ein geheimes Leben zu bergen, sich ebenso

Schwangere Frau am Herdfeuer (Maier, Atalanta Fugiens, 1618). Hier sind einige Analogien zum alchemistischen Prozeß dargestellt. Man stellte sich vor, daß der »Stein der Weisen« ähnlich aufbereitet werden müsse wie Nahrung durch das Kochen oder sich ähnlich entwickle wie ein Embryo im Mutterleib. Auch in den Träumen von modernen Menschen symbolisieren sich seelische Wandlungsvorgänge häufig in solcher Weise.

gesetzmäßig wie ein Embryo zu entwickeln und in längeren Zeiträumen von einem unedlen Zustand – Blei, Eisen, Zinn, Quecksilber, Kupfer, Silber – in den edelsten Zustand, Gold, zu reifen.

Gestützt wurde diese Annahme durch die Tatsache, daß viele Erze ursprünglich nicht metallisch aussehen. Erst nach dem Verhüttungsprozeß, in dem sie als unansehnliche »Urmaterie« zerkleinert und geschmolzen werden, offenbaren sie, von aller Erdhaftigkeit und Dunkelheit befreit, ihr wahres Wesen. Wohl in Analogie zur Verhüttung erhofften sich die Alchemisten, daß es ihnen durch einen intensiven Eingriff in den natürlichen Reifungsvorgang der Metalle möglich sein müßte, diesen zu beschleunigen und auf solche Weise Blei in Gold zu verwandeln.

Neben der Vorstellung, Blei oder Quecksilber direkt in Silber oder Gold zu »transmutieren«, gab es noch die Phantasie vom Stein der Weisen, der eine verwandelnde beziehungsweise heilende Kraft haben sollte. Diesen Stein stellte man sich etwa vor wie ein feinstes Destillat, einen durch seine Reinheit und Konzentration hochpotenten Stoff, meist von fester oder pulverförmiger Konsistenz. Wenn man ihn einem unedlen Metall beimischte, sollte er wie ein Katalysator wirken und den Reifungsprozeß des Metalls so sehr beschleunigen, daß sich das Metall gleich in Gold verwandelte. Ähnlich verändernd und veredelnd stellte man sich die Wirkung des Steins auf die Gesundheit des Menschen oder auch auf seine seelische Reife vor. Die Phantasie einer solchen hochwirksamen Substanz spielt in naturheilkundlichen Zusammenhängen heute noch eine große Rolle, beispielsweise in der Homöopathie. Dieser Stein war so etwas wie eine »Quinta Essentia«, ein reiner fünfter Extrakt aller Kräfte, die in den vier klassischen aristotelischen Elementen Erde, Wasser, Feuer und Luft enthalten sind.

Nach aristotelischer Lehre war alles, was existierte, aus einer bestimmten Mischung der vier Elemente zusammengesetzt. Um beispielsweise ein Metall in ein anderes zu verwandeln, mußte man zunächst seine äußere Form zerstören, es auflösen, es in seine Grundbestandteile zerlegen, es auf die Ursprungsmaterie – die »prima materia« – zurückführen, was meist als ein Tötungs- und Sterbeprozeß dargestellt wurde, um es dann neu in »höherer« oder veredelter Form zusammenzusetzen. Dieser ganze Vorgang war etwa vergleichbar mit der Arbeit an einer ungebrannten Tonfigur, die man wieder auflösen, zu einem feuchten Klumpen Urmaterie werden lassen und erneut gestalten kann.

Da man glaubte, daß das Gold deshalb das vollkommenste und beständigste aller Metalle war, weil es eine ausgewogene Mischung aller vier Elemente enthielt, die nicht mehr voneinander zu unterscheiden und durch kein Lösungsmittel zu trennen waren, war es auch ein Symbol und Abbild des begehrten und gesuchten Steins. Auch in den Träumen und Phantasien des modernen Menschen taucht das Gold als Symbol eines höchsten Wertes immer wieder auf.

Die alchemistischen Gedankengänge und Phantasien sind in

ihrer Einfachheit sehr plausibel, eben weil sie auf konkreten Erfahrungen mit den in der Natur sich vollziehenden und beobachtbaren Wandlungsvorgängen beruhen. Sie sind ohne Zweifel Vorläufer naturwissenschaftlichen Denkens – dementsprechend enthalten sic auch latent das ganze Macht- und Ausbeutungsdenken, das die moderne Wissenschaft beherrscht –, und viele alchemistische Hoffnungen haben sich heute durchaus mit allen ihren schrecklichen Schattenaspekten bestätigt. Man denke an die Idee der Verwandlung der Materie in andere Materie, die Umwandelbarkeit von Materie in Energie als dem eigentlichen Urstoff, die Vorstellung eines

Der Töpfer an der Drehscheibe (Maier, Atalanta Fugiens, 1618). In symbolischer Entsprechung zum göttlichen Schöpfungsakt wollte der Alchemist die Materie und den Menschen gestalten und zur höchsten Vollendung bringen, indem er sie zunächst auf die »prima materia«, den Ursprungsstoff, zurückführte und danach neu aufbaute. Was die Natur begonnen, aber unfertig gelassen hatte, wollte er durch seine Kunst vollenden. Hier wird deutlich, wie sehr in den alchemistischen Phantasien bereits die Größenphantasien der modernen Wissenschaft enthalten sind.

in der Materie vorhandenen formenbildenden Codes (das kann die Molekularstruktur sein oder auch der genetische Code), den man verändern kann, die Erschaffung eines künstlichen Menschen (Genmanipulation, »Retorten-Baby«) oder die Herstellung künstlicher Stoffe (Kunststoffe).

Die Anfänge der Alchemie reichen ebenso wie die der Astrologie weit bis ins Altertum zurück. Alchemistische Vorstellungen finden sich aber auch in östlichen Kulturen wie Indien und China. Im Abendland hatte Alchemie ihre Hochblüte im Mittelalter. Wie alle magischen Wissenschaften, in denen Innen und Außen, Mensch und Umwelt noch nicht genügend voneinander unterschieden wurden und in einem Entsprechungsverhältnis zueinander standen (»Wie oben, so unten«), hatte sie neben dem beschriebenen naturwissenschaftlichen Aspekt immer einen Bezug zu seelischen Vorgängen. Der alchemistische Prozeß wurde schon von sehr frühen Alchemisten auch als ein geistig-seelischer Vorgang verstanden, dessen Ziel nicht die Herstellung eines gewöhnlichen Goldes, sondern eines »philosophischen« Goldes oder eines »philosophischen« Steins der Weisen sei, was offenbar die Veredelung des Menschen bedeutete.

Alchemie und Psychologie

C. G. Jung widmete sich in seinen letzten Lebensjahrzehnten intensiv der Entschlüsselung jener zunächst sehr dunkel erscheinenden, merkwürdigen Symbolik der Alchemisten[1]. Er entdeckte in ihr erstaunliche Parallelen zu dem von ihm beschriebenen Selbstverwirklichungsprozeß (Individuation). Durch einen chinesischen Meditationstext, »Das Geheimnis der Goldenen Blüte«[2], den er 1926 von dem Sinologen Richard Wilhelm erhalten hatte und in dem die alchemistische Wandlung des Menschen durch das »Kreisen des inneren Lichtes« beschrieben wird, wurde er angeregt, sich mit der Alchemie zu beschäftigen. Die ersten Texte, die er durchsah, schienen ihm noch weitgehend unverständlich.

»Gelegentlich schaute ich die Bilder an, und jedesmal dachte ich bei mir: Herrgott, was für ein Unsinn! Man kann das ja gar nicht verstehen. – Aber es ließ mich nicht los, und ich nahm mir vor, das Werk gründlich zu studieren . . .

Der Text erschien mir zwar immer wieder als ein eklatanter Unsinn, doch stieß ich häufig auf Stellen, die mir bedeutsam vorkamen, und gelegentlich fand ich sogar ein paar Sätze, die ich zu verstehen glaubte. Schließlich erkannte ich, daß es sich um Symbole handelte, die mir alte Bekannte waren. Das ist ja phantastisch, dachte ich, das muß ich verstehen lernen... Es war eine Arbeit, die mich für mehr als ein Jahrzehnt in Atem hielt... Sehr bald hatte ich gesehen, daß die Analytische Psychologie mit der Alchemie merkwürdig übereinstimmt. Die Erfahrungen der Alchemisten waren meine Erfahrungen, und ihre Welt war in gewissem Sinn meine Welt.«[3]

Jung war der Auffassung, daß die Alchemisten aufgrund ihrer Unkenntnis den materiellen Gegebenheiten gegenüber und aufgrund der Unbewußtheit ihrer inneren psychischen Vorgänge Seelisches in die chemischen Reaktionen und Prozeduren hineinprojizierten. Sie begegneten im Spiegel der Materie ihrer eigenen unbewußten Seele (deshalb auch der recht archaische, primitive und paradoxe Charakter der Texte und Bilder, der typisch ist für die primärprozeßhaften Ausdrucksformen des Unbewußten). Dies wurde noch gefördert durch Imaginationen, Visionen und Halluzinationen, die die Alchemisten während ihrer Arbeit hatten (hervorgerufen durch Giftgase, Übermüdung, schlechte Lichtverhältnisse, hochgespannte Erwartungen und meditative Übungen). Für Jung war die Alchemie auch deswegen so faszinierend, weil er sah, daß die Alchemisten in ihr »Erlösungswerk«, das für viele ja durchaus religiösen Charakter hatte, Elemente einbezogen, die dem Christentum des Mittelalters empfindlich mangelten.

Nach Jungs Eindruck bildete die Alchemie (wie auch andere esoterische Systeme, z. B. die Astrologie) so etwas wie eine Unterströmung zu dem die Oberfläche beherrschenden Christentum. Sie habe sich zu diesem vergleichsweise wie ein Traum zum Bewußtsein verhalten, und wie dieser die Konflikte der einseitigen bewußtseinsmäßigen Einstellungen im Hinblick auf die latente Ganzheit kompensiere, so sei die Alchemie unbewußt bestrebt gewesen, die Lücken des Christentums auszufüllen[4]. Im Vergleich zur männlich betonten christlichen Trinität bezog sich die Alchemie meist auf eine polar ausgewogene Quaternität, indem sie sowohl dem körperlichen, erdhaften Prinzip (die Materie sollte ja erlöst und der göttliche Geist aus der Materie befreit werden) als auch dem Dunklen und Schattenhaften und ganz besonders dem Weiblichen eine entscheidende Funktion zukommen ließ.

Der Alchemist als Priester (Cibinensis, Symbolum in: Maier, Symbola aurea mensae, 1617). Hier wird der alchemistische Vorgang deutlich mit dem christlichen Wandlungsprozeß in der Messe verglichen. Links ist die Mutter Erde dargestellt, die das Mercuriuskind säugt, in Anspielung auf den Satz in der »Tabula Smaragdina«, wo es heißt, daß die Mutter des »Steins der Weisen« die Erde sei. Natürlich dachte man dabei auch an Maria und das Jesuskind, und für manche Alchemisten stand der »Stein der Weisen« in engster Analogie zu Christus und hatte wie dieser heilende und erlösende Wirkung. Das Kompensatorische der Alchemie zum Christentum bestand aber darin, daß hier die Erlösung nicht von »oben«, sondern von »unten«, von einem göttlichen, geistigen Prinzip kam, das in der Materie enthalten war und das mit Hilfe des Alchemisten daraus befreit werden mußte, so daß es auch ihn wieder erlösen konnte.

Eines der wichtigsten weiblichen Symbole der Alchemie war das Gefäß, in dem sich die Reifung und Wandlung der Substanzen wie im Mutterleib vollzog. Hierbei hatte der Alchemist, der häufig assistiert wurde von seiner »Soror Mystica«, lediglich eine die richtige Temperatur des Feuers überwachende und schützende Aufgabe. Das Endprodukt dieses Prozesses wurde dann meist in Symbolen dargestellt, die Männliches und Weibliches miteinander verbanden (z.B. als androgyner Hermaphrodit). Insofern hatte die Alchemie eine sehr ganzheitliche, wenn auch noch sehr unbewußte »Psycholo-

Hermes-Mercurius, der Ahnherr der Geheimwissenschaften, dargestellt als orientalischer Magier mit den Sphären des Makrokosmos als Symbol seines umfassenden Wissens (Maier, Symbola Aurea Mensae, 1617). Er demonstriert das Kernstück aller Wandlung, nämlich die Vereinigung der Gegensätze in einem feurig-energetischen Prozeß.

gie«. Viele ihrer Symbolbilder muten hinsichtlich ihres Inhalts deshalb auch tatsächlich psychologisch sehr modern an und entsprechen dem, was Menschen an inneren Bildern und Imaginationen erfahren können, wenn sie sich einem seelischen Reifungsprozeß unterziehen. Da im letzten Kapitel der Versuch unternommen wird, ein alchemistisches Märchen unter dem Gesichtspunkt der Individuation etwas ausführlicher zu deuten, seien an dieser Stelle nur noch einige Grundprinzipien der Alchemie einführend dargestellt.

In obiger Abbildung zeigt uns Hermes Trismegistos, der sagenhafte Ahnherr der Hermetik und der Alchemie, das Ziel des »Großen Werkes«, wie die Alchemisten ihre Arbeit bezeichneten. Es ist dies die Vereinigung der Polaritäten in einem dynamisch-feurigen Prozeß. Sonne und Mond stehen hier für alle möglichen Polaritäten, besonders aber für Männliches und Weibliches (ähnlich den Prinzipien Yin und Yang in der taoistischen Philosophie). Könnte man dies Bild nicht auch als die Integration beider Bewußtseinsarten, des solar-rationalen, linkshemisphärischen und des lunar-magischen, rechtshemisphärischen Bewußtseins, deuten?

Die Alchemisten betonten, daß für ihre Kunst der Einsatz des ganzen Menschen erforderlich sei: »Ars requirit totum hominem.« Der ganze Mensch muß sich auf den alchemistischen Verwandlungsprozeß »mit Haut und Haaren« einlassen, damit er gelingen kann (vgl. Abb. S. 194). Auch müssen in ihm alle Elemente – Feuer, Wasser, Luft und Erde – in ein richtiges Verhältnis zueinander gebracht werden. Ist das eine Vorwegnahme der modernen Ganzheits/Holismus-Psychologie und -Therapie, in der sowohl die intellektuellen wie gefühlsmäßigen, die intuitiven wie körperlichen, die personalen wie sozialen Aspekte des Menschen berücksichtigt werden? Jung verglich auch die Psychotherapie, die Beziehung zwischen Klient und Therapeut und den auftretenden unbewußten Übertragungs- und Gegenübertragungsvorgängen, mit dem alchemistischen Geschehen[5]. Er forderte vom Therapeuten, sich aus dem dialektischen Prozeß der Therapie nicht herauszuhalten, sondern – zumindest mit einem Bein – mitten drin zu stehen. Das Zusammentreffen zweier Persönlichkeiten in einer intensiven helfenden Begegnung gleiche der Mischung zweier verschiedener chemischer Substanzen. Wenn eine Verbindung überhaupt eintrete, so würden beide gewandelt[6].

»Löse und verbinde« (Solve et coagula) lautet der zentrale alchemistische Grundsatz. In einem sich ständig wiederholenden, zyklischen Prozeß wurde die zu wandelnde Substanz in ihre Elemente zerlegt, gereinigt und neu zusammengefügt, damit hieraus schließlich das Gold oder der Stein als die »Quinta Essentia« hervorgehen konnte. Dieser Prozeß konnte entweder vier, sieben oder zwölf Stunden umfassen. Auf der Abbildung »Berg der Adepten« (S. 15) bedeuten die Stufen, die zum Ziel führen, folgende Operationen beziehungsweise psychischen Vorgänge: »Caltination« = Zerstörung der äußeren Erscheinungsform durch Verbrennen; »Sublimation« = Erhitzen, Verdampfen und Wiederverfestigen in gereinigter Form; »Solution«: Auflösung im »mercurialen« Wasser; Eintauchen in das Unbewußte; »Putrefaction«: der Tod, die Verfaulung, Verwesung; »Destillation« ähnlich »Solution«: Herausziehen des Geistigen, Göttlichen aus der Materie; »Tinctur«: Das ist der Stein der Weisen als Endprodukt.

Als vierphasiger Vorgang aufgefaßt, entspricht dieser alchemistische Prozeß jedem schöpferischen Wandlungsvorgang, der, von einer ungelösten Problematik ausgehend, schließlich eine Lösung und Antwort findet[7], und jedem seelischen Reifungsprozeß, wie er im Symbolbild des Mandala beschrieben wurde.

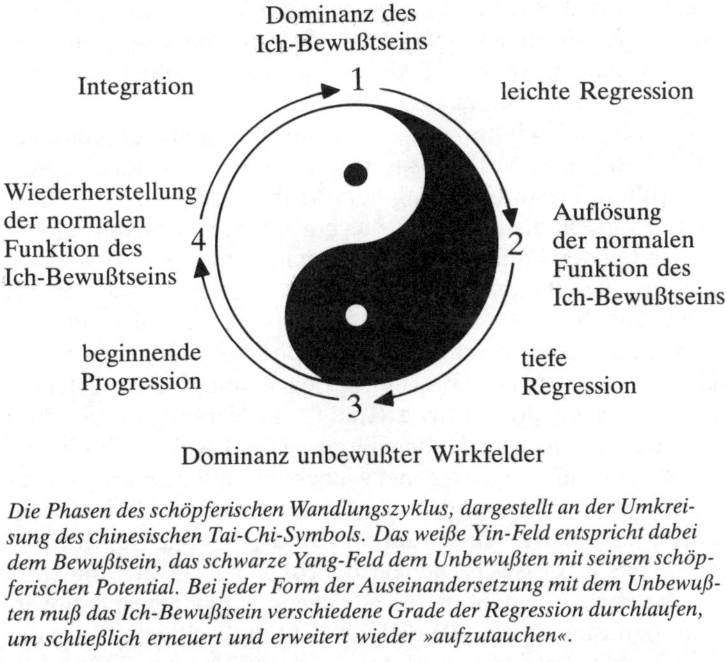

Die Phasen des schöpferischen Wandlungszyklus, dargestellt an der Umkreisung des chinesischen Tai-Chi-Symbols. Das weiße Yin-Feld entspricht dabei dem Bewußtsein, das schwarze Yang-Feld dem Unbewußten mit seinem schöpferischen Potential. Bei jeder Form der Auseinandersetzung mit dem Unbewußten muß das Ich-Bewußtsein verschiedene Grade der Regression durchlaufen, um schließlich erneuert und erweitert wieder »aufzutauchen«.

Das »Lösen und Verbinden« als wissenschaftliche Grundmethode wird auch in der tiefenpsychologischen Analyse angewendet. Durch die Analyse (Zergliederung) unbewußter Persönlichkeitskomponenten und deren anschließende Integration in die Persönlichkeit (Synthese, Zusammenfügung) sollen neue, heilende Einsichten und Verhaltensweisen gewonnen werden. Eine klassische alchemistische Formel (unter der Bezeichnung »Axiom der Maria Prophetissa« bekannt) lautet:

»Die Eins wird zu Zwei, die Zwei zu Drei, und aus dem Dritten wird das Eine als Viertes.«

Diese Formel läßt sich obiger Abbildung entsprechend psychologisch folgendermaßen interpretieren: Die Eins bezeichnet den Anfangs- und Ausgangszustand der Problematik, es ist das alte, einseitig gewordene Bewußtseinssystem, das sich festgefahren hat und nicht mehr weiter weiß. In der zweiten Phase beginnt die Auseinandersetzung mit dem Unbewußten. Durch die Konfrontation mit neuen, bisher unbekannten Inhalten kommt es zu einer Auflösung des alten Bewußtseinssystems, es tritt ein Spannungszustand der Polarisierung ein, den die Alchemisten als »Nigredo« (Schwärzung) bezeichneten und als Zerstückelung, Tod, Verwesung darstellten. Die Begegnung mit den unbekannten Bereichen der Persönlichkeit ist angstvoll und schmerzhaft, sie kann aufgrund des Verlustes alter Wert- und Verhaltenssysteme vorübergehende Depressionen und Desorientierung hervorrufen und daher von manchen Klienten als leidvoller Sterbevorgang erlebt werden.

Am tiefsten Punkt der Regression ins Unbewußte kommt es zu einer spontanen Antwort auf das ungelöste Problem, die meist eine Synthese aus den vorangegangenen Polaritäten ist. Die Alchemisten nannten sie »Albedo« (Weißung). Es ist die Geburt einer neuen Bewußtseinseinstellung, die »Erleuchtung«, das »philosophische Kind«, das Vereinigungsprodukt von Bewußtem und Unbewußtem. Das Ich-Bewußtsein beginnt sich auf neuer Ebene wieder zu stabilisieren, und es stellt sich nun die Aufgabe der Realisierung des Gefundenen. Das, was anfangs unbewußt war und schließlich am dritten Punkt des Prozesses als neue Möglichkeit auftauchte, muß nun in eine Form gebracht, in die Wirklichkeit hineingestaltet werden. In dieser Phase (»Rubedo« = Rötung) sollte der Stein der Weisen seine endgültige, stabile Form finden und ein Höchstmaß an Wirksamkeit entfalten. Im Individuationsprozeß bedeutet dies eine manifeste Persönlichkeitsveränderung, die gelungene Integration eines unbewußten Inhalts oder auch, im letzten Sinne, die Erfahrung und Realisierung des Selbst.

Diese Zeichnung zeigt den ganzen alchemistischen Prozeß. Wie nach alter Vorstellung das Korn in der Erde stirbt, um in neuer Form wiedergeboren zu werden, so muß auch der Mensch erst durch den Tod gehen, um in vollendeter Gestalt

»Stirb und Werde« (Musaeum Hermeticum, 1678).

wieder aufzuerstehen. Der die Posaune blasende Engel ist eine Anspielung auf das Jüngste Gericht. Das Schießen auf die Zielscheibe (Mandala!) soll wohl besagen, daß dies »Stirb und Werde« notwendig zur Erreichung des Ziels – die Erfahrung des Selbst als der Mitte der geeigneten Persönlichkeit – ist.

Hier sehen wir nun in der Eiform den Anfangs- und Endzustand des alchemistischen Werkes. Das Ei als Symbol trägt in sich keimhaft alle Möglichkeiten der Ganzheit des Selbst. Die geflügelte Kugel und der Drache stellen die noch ungewandelte Urmaterie dar, die aber schon alles in sich enthält (psychologisch: das Unbewußte). Über diesen chaotischen, schöpferischen Urgrund erhebt sich der sich seiner Ganzheit bewußt gewordene androgyne Mensch (»Rebis« von res bina, zweifache Sache, hier: das Männlich-Weibliche). In sich hat er die Polaritäten und archetypischen Grundfaktoren der menschlichen Natur vereint (die sieben Planetensymbole, die zugleich auch Symbole für die alchemistischen Grundmetalle sind). Winkel und Zirkel weisen auf die »Quadratur des Kreises« hin, die wieder ein Symbol für die Bewußtmachung (Quadrat) des Unbewußten (Kreis) ist.

Der hermaphroditische, androgyne Mensch, der in sich die Polaritäten der menschlichen Natur vereinigt hat, als Ziel der Alchemie (Stoltzius, Chymisches Lustgärtlein, 1624)

Die Tabula Smaragdina

Abschließend soll der alchemistische Prozeß der Wandlung noch einmal zusammengefaßt werden anhand der »Tabula Smaragdina«, einem immer wieder zitierten und interpretierten Grundtext der abendländischen Esoterik. Mit dieser »Smaragd-Tafel«, die nach alchemistischer Legende in der Cheopspyramide aufgefunden wurde, soll der sagenumwobene Ahnvater der Hermetik, Hermes Trismegistos, sein gesamtes Wissen in symbolischer Form der Nachwelt hinterlassen haben. Die meistens verwendete Version stammt wohl aus dem frühen Mittelalter, aber es gibt Parallelen zu Texten aus ägyptischen Zauberpapyri, so daß man vermuten kann, daß ihre Wurzeln bereits in der Spätantike liegen. Manche sahen in dem merkwürdigen Text die Beschreibung eines chemischen Destillationsvorganges, was durchaus zutreffen könnte, ohne daß dadurch die esoterisch-symbolische Deutungsmöglichkeit gemindert würde. Gerade der Destillationsvorgang läßt sich in mannigfacher Weise als Sinnbild für den Bewußtwerdungsprozeß des Menschen auffassen.

Nun also der Text mit einigen Anmerkungen:

1. Es ist wahr, ohne Lüge und ganz gewiß:

2. Was unten ist, ist wie das, was oben ist, und das, was oben ist, ist wie das, was unten ist, um die Wunder des Einen zu vollbringen.

Zunächst wird mit der Formel »Wie oben, so unten« nachdrücklich auf die Notwendigkeit einer grundsätzlich »magischen« Einstellung, eines Denkens und Erlebens in Entsprechungen und Analogien hingewiesen. Auch für die Auseinandersetzung mit den unbewußten Dimensionen der Psyche muß man lernen, in Entsprechungen, Analogien und Symbolen zu denken. Unbewußte psychische Vorgänge stellen sich dem Menschen zunächst nur in Form von körperlichen Empfindungen und Wahrnehmungen, von Gefühlen und symbolischen Gestaltungen dar, und erst die Symbole geben die Möglichkeit, die psychischen Vorgänge allmählich zu verstehen. Psychische Symbole arbeiten grundsätzlich mit den Mitteln der Analogie, so daß der äußere Kosmos zum Gleichnis des Seelischen und der innere Kosmos zum Gleichnis der äußeren Welt werden kann. Man muß diese Ebene des Symbolischen verstehen, um die »Wunder des Einen«, die Manifestationsformen des unbewußten Selbst, wahrnehmen zu können.

3. Und wie alle Dinge aus dem Einen gekommen sind – durch die Meditation des Einen –, so werden auch alle Dinge aus diesem Einen durch Adoption geboren.

Es gibt im Menschen ein transpersonales Zentrum, das »Selbst«, das den Anfang und das Ende des menschlichen Bewußtwerdungsprozesses darstellt. Dieses Zentrum hat viele Namen, in der Tabula Smaragdina wird es das »Eine« genannt. Dieses »Eine« ist die Ursache aller psychischen Erscheinungen, und alle psychischen Erscheinungen sind mit ihm verbunden. Dieses transpersonale Zentrum steht mit dem »Ich«-Bewußtsein und anderen psychischen Funktionen in einem regulativen Austauschprozeß, wobei diese Regulation weitgehend unbewußt verläuft.

4. Die Sonne ist sein Vater, der Mond seine Mutter.
5. Der Wind hat es in seinem Bauch getragen.
6. Die Erde ist seine Amme.
7. Es ist die Ursache aller Vollendung in dieser Welt.
8. Seine Kraft ist voll, wenn es zur Erde wird.

Im Verlauf der Entwicklung und der Individuation durchläuft das menschliche Ich-Bewußtsein, das seine Wurzeln im Selbst hat und von ihm gesteuert wird (das Selbst ist die »Ursache aller Vollendung in dieser Welt«), verschiedene Ebenen oder Stadien. Es durchwandert alle vier Elemente, die als die grundsätzlichen Polaritätspaare im Menschen verstanden werden können: das Feuer (die Sonne steht hier für das Feuerelement, für die treibende schöpferische Energie hinter allen Lebensäußerungen; sie kann aber auch ein Symbol des transpersonalen Lichtes und der Erleuchtung sein), das Wasser (Mond), die Luft (Wind), die Erde.

Das Ich überwindet auf dem Wege der Auseinandersetzung mit den Polaritäten des Daseins allmählich seine ursprüngliche, unbewußte, archaische Verbundenheit mit seiner Umwelt, grenzt sich immer mehr ab und findet immer mehr zu einem persönlichen Selbstbewußtsein. Dieses im einzelnen individuellen Menschen und seinem Ich-Bewußtsein »inkarnierte« Selbst ist in gewisser Hinsicht die höchste Manifestation des »Einen« (»Seine Kraft ist voll, wenn es zur Erde wird«), aber der Mensch hat durch den mühsamen und leidvollen Ich-Bildungs-Prozeß den bewußten Kontakt beziehungsweise das Wissen um seine ständige Beziehung zum Selbst »vergessen«, oder es ist ihm noch unbewußt geblieben. Er weiß nicht, daß er göttlich ist und daß seine Existenz ein ungeheures transpersonales Wunder darstellt.

9. Scheide die Erde vom Feuer, das Feine vom Groben, sanft und mit großem Verständnis.

10. Es steigt von der Erde zum Himmel und wieder herab zur Erde und empfängt die Kräfte des Oberen und des Unteren.

11. So wird dir der Ruhm der Welt gehören. Und alle Dunkelheit wird von dir weichen. Es ist die Stärke aller Stärke, denn es überwindet alle feinen Dinge, durchdringt alles Grobe.

14. Darum werde ich Hermes der Dreimal Größte genannt, der die drei Teile des Wissens der Welt besitzt.

15. Vollendet ist, was ich über das Werk der Sonne gesagt habe.

In einem ständigen Prozeß der Umkreisung der Mitte geht es nun um die Bewußtwerdung des Selbst. Mit Geduld, Behutsamkeit und Verständnis werden unbewußte Inhalte analysiert, der transpersonale Sinn wird aus der erdhaften Verdunkelung und groben Konkretisierung befreit, »die Erde und das Grobe werden vom Feuer und dem Feinen geschieden« – unterschieden – und können ins Bewußtsein »aufsteigen« (»Es steigt von der Erde zum Himmel«), das heißt bewußt werden. Indem das transpersonale Selbst im Menschen als tragender Hinter- oder Untergrund bewußt wird, ändert sich dessen grundsätzliche Lebenshaltung und seine Einstellung zu sich selbst. Sein Hauptinteresse wird die Erfahrung des Transpersonalen. Er bezieht sich immer mehr nach »unten« auf das Unbewußte hin und versucht, die ihm noch unbewußten oder ihm immer wieder unbewußt werdenden Aspekte des Selbst zu verwirklichen. In diesem Prozeß empfängt er die »Kräfte des Oberen wie des Unteren«, Bewußtes und Unbewußtes, Ich und Selbst arbeiten nun sich ergänzend und schöpferisch auf die Realisierung des Transpersonalen im Menschen und in der Welt hin. Mit der Erfahrung des Transpersonalen gewinnt der Mensch alle wesentlichen Werte, die es ihm möglich machen, zufrieden und sinnvoll auf dieser Welt zu leben (»So wird dir der Ruhm der Welt gehören. Und alle Dunkelheit wird von dir weichen«).

Dieser Prozeß der Selbst-Werdung im Menschen ist ebenso großartig und ungeheuerlich wie die Erschaffung des Universums (»So wurde die Welt erschaffen«), beide stehen in einer analogen Beziehung zueinander. Aus der Einsicht in diese Zusammenhänge »werden wunderbare Anwendungen hervorgehen, zu denen die Mittel hier gegeben sind. Vollendet ist, was über das Werk der Sonne (den Prozeß der Erleuchtung) gesagt werden kann.«

Dieses Bild zeigt einen alten Mann (Hermes-Mercurius in Gestalt des Senex), der sich im alchemistischen Wasser unter stetiger Erwärmung einer Erneuerung und Wandlung unterzieht. Die Taube symbolisiert den »Heiligen Geist«, eine bewußtseinserweiternde transpersonale Erfahrung, die als Folge dieses Prozesses eintritt. Die Alchemisten betonten, daß für ihre Kunst der Einsatz des ganzen Menschen erforderlich sei: »Ars requirit totum hominem.« Auch in der Auseinandersetzung mit dem Unbewußten der Seele muß sich der Mensch ganz, »mit Haut und Haaren«, mit intensivem emotionalem Engagement einlassen, damit eine verändernde Einsicht und Erfahrung gewonnen werden kann.

Parabola

Die geheimnisvolle Suche
nach dem Stein der Weisen

Halte deinen Mund verschlossen.
Wache über deine Sinne.
Mäßige deine Schärfe.
Vereinfache deine Probleme.
Verhülle dein Glänzen.
Sei eins mit dem Staub der Erde.
Dies ist ursprüngliche Einheit.

Lao Tse

Bei dem folgenden alchemistischen Märchen »Parabola« handelt es sich um einen Text, der erstmals 1625 unter dem Titel »Ein güldener Tractat vom Philosophischen Steine« in dem Werk »Dyas Chymica Tripartita« erschienen ist und dann im gleichen Jahre in eines der klassischen Sammelwerke der Alchemie aufgenommen wurde, dem »Musaeum Hermeticum«[1]. Der anonyme Autor beruft sich in seiner Einleitung darauf, daß der Text sowohl auf langjähriger eigener alchemistischer Erfahrung wie auch auf den Erkenntnissen klassischer alchemistischer Autoren beruht.

Die Parabola ist, wie die meisten alchemistischen Texte, in einer recht obskuren, mysteriösen Sprache gehalten und wirkt in ihrer Gestaltung sehr unbeholfen. Die alchemistischen Autoren benutzten aus verschiedenen Gründen eine bildhafte, paradoxe, rätselhafte Sprache, die Anleihen bei den griechischen Mythen, den Vorstellungen der Gnostiker, den antiken Philosophen, dem Christentum und den Naturvorgängen machte. Manche verschleierten ihre ketzerischen Gedankengänge, um sich vor Verfolgung und dem Scheiterhaufen zu schützen, andere sprachen absichtlich geheimnisvoll und dunkel, um damit ihre Mitmenschen besser hinters Licht führen zu können und um besonderes Aufsehen zu erregen, denn die Verwendung unverständlicher Ausdrücke ist ein altbekanntes Mittel, um Überlegenheit zu demonstrieren und Unsicherheit beim anderen hervorzurufen. Der wichtigste Grund für ihre sonderbare Ausdrucksweise liegt aber vermutlich darin, daß sie aufgrund der Unbekanntheit ihres Stoffes – sowohl die Gesetzmäßigkeiten der Materie als auch die Natur unbewußter psychischer Vorgänge waren ihnen noch weitgehend unklar – einfach keine bessere Ausdrucksform fanden. Es blieb ihnen tatsächlich nichts anderes übrig, als sich auf ihr Prinzip »Ignotum per ignotius« zurückzuziehen, also Unbekanntes durch noch Unbekannteres zu erklären.

Hinzu kommt, daß jeder bedeutende Alchemist die bildhaften Anspielungen und Analogien seiner Kollegen anders übersetzte und interpretierte, jeder fügte neue Anspielungen hinzu, und jeder versah sie mit einem subjektiven Kommentar, so daß eine ungeheure Verwirrung und Geheimniskrämerei entstand. Der berühmte alchemistische Text »Turba Philosophorum« – »Die Zusammenkunft« oder »Der Streit der Philosophen« –, auf den auch in der Parabola an einer Stelle Bezug genommen wird, ist eines der besten Beispiele für eine durch aufeinanderfolgende Übersetzungen verursachte Konfusion. Ein Teil des Werkes stammte ursprünglich aus dem Griechischen, er wurde dann ins Arabische übertragen und schließlich ins Lateinische. J. Ruska[2] konnte zeigen, daß viele der eigenartigen Wörter des lateinischen Textes nur verständlich sind, wenn man sie zuerst ins Arabische zurückübersetzt und dann ein griechisches Äquivalent dafür findet.

Bei dem Lesen dieses alchemistischen Märchens muß man sich also vor Augen halten, daß es sich hier um stammelnde, ungeschickte Versuche handelt, etwas Unbewußtes auszudrükken. Der Verfasser hat sich bemüht, einige alchemistische Grundsymbole in eine einigermaßen sinnvoll erscheinende Reihenfolge zu bekommen, was ihm allerdings nur mit Hilfe manchmal unlogisch und abrupt erscheinender Handlungsübergänge gelungen ist. Jedes Bild oder jede Etappe läßt sich isoliert betrachten und stellt dann jeweils einen wichtigen Aspekt oder den ganzen Vorgang des alchemistischen Opus (oder des Individuationsprozesses) dar. Die Bilder lassen sich aber auch hintereinander wie eine Geschichte lesen, die die aufeinanderfolgenden Etappen des »Großen Werkes« schildert.

Die beste Einstellung zu dieser Geschichte scheint mir die zu sein, daß man sie wie einen Traum auffaßt. Der Traum bedient sich ja einer primärprozeßhaften Darstellungsweise (vgl. Kapitel über Magie); er verknüpft die einzelnen unbewußten Motive sehr assoziativ, manchmal sinnvoll, manchmal unlogisch erscheinend, miteinander, er versucht die unbewußte Aussage immer wieder neu ansetzend zu formulieren und übersetzt in eine elementare, dramatische Symbolik. Jeder, der sich mit seinen Träumen näher beschäftigt hat, wird bestätigen können, wie »primitiv«, »mittelalterlich« und »elementar« wir im Unbewußten erleben und wie inkonsequent und sprunghaft wir uns dort verhalten. Ähnliches geschieht in der Parabola.

Den Helden der Geschichte, die in Ich-Form erzählt wird, können wir als Hermes-Mercurius auffassen, der für die Alchemisten eine zentrale Symbolgestalt war (vgl. Kapitel Hermes-Mercurius). Hermes, der Seelenführer, geleitet uns durch die verschiedenen Ebenen des Bewußtseins und die verschiedenen Etappen des Reifungsprozesses. Er selbst bleibt dabei, wie es für ihn typisch ist, halb drin, halb draußen. Manchmal ist er Handelnder und Erlebender, manchmal distanzierter Beobachter. Letzteres vermutlich dann, wenn es für ihn zu heikel und zu »heiß« wird. Beispielsweise ist es bei der Szene, wo es um seine Verheiratung geht, amüsant zu sehen, wie erleichtert er darüber ist, daß er schließlich doch nicht gemeint war. Das kann man als seine charakteristische Neigung zum Ausweichen verstehen oder auch als Ausdruck einer tiefsitzenden Angst vor dem Weiblichen und den inzestuösen Phantasien, aber auch als einen verständlichen Widerstand gegen den regressiven Sterbeprozeß im alchemistischen Schmelztigel, der dann folgt. In letzterem Fall würde es sich um einen gesunden und berechtigten Widerstand des Ich-Bewußtseins gegen eine Identifizierung mit unbewußten Vorgängen handeln, die zu einer Inflation oder einer Auflösung im Unbewußten führen können. In solchen Fällen ist es besser, ausreichend distanziert zu bleiben und den ablaufenden Vorgang mit vorsichtiger, aber ernster Anteilnahme zu begleiten. Doch begleiten wir jetzt unseren hermetischen Wanderer auf seine merkwürdige Reise.

Die große Suche

»Einmal ging ich in einem schönen, grünen, jungen Wald spazieren, dachte über die Mühseligkeit dieses Lebens nach und weinte darüber, wie wir durch den beschwerlichen Fall unserer ersten Eltern in solches Leid und Elend geraten waren. In Gedanken versunken, kam ich vom allgemeinen Weg ab und geriet, ich weiß nicht wie, auf einen engen Fußpfad, der ganz unwegsam und ungebahnt, mit vielen Sträuchern und Gebüsch bewachsen war. Ich erschrak darüber, daß ich mich auf einem so unbegangenen Weg befand, und wäre gerne wieder zurückgegangen, aber das stand nicht mehr in meiner Macht. Hinter mir blies ein starker Wind so gewaltig, daß ich eher zehn Schritte nach vorne als einen zurück hätte tun können.

Also mußte ich weitergehen und den rauhen, unwegsamen Weg hinnehmen.

Endlich, nachdem ich eine ganze Zeit gegangen war, kam ich auf eine liebliche Wiese, die von schönen, fruchtbaren Bäumen kreisförmig umwachsen war. Die Einwohner nannten sie ›Pratum felicitatis‹ (Wiese der Glücklichen). Dort war eine Schar alter Männer, alle mit eisgrauen Bärten. Einer war darunter, der war jünger und hatte einen spitzen schwarzen Bart, und ein anderer, noch jünger, war mir zwar mit Namen bekannt, aber sein Gesicht konnte ich vorläufig noch nicht sehen. Die Männer diskutierten über allerhand Dinge, insbesondere über ein hohes und großes Geheimnis, das in der Natur stecke, das Gott vor der großen Welt verborgen halte und nur wenigen, die ihn liebten, offenbaren würde.«

Die ersten Sätze der Parabola schildern in einfacher, symbolisch aber sehr treffender Weise die Ausgangssituation eines jeden Menschen, der sich auf die große Suche machen muß. Manche meinen, Individuation sei etwas, das aus einer optimistischen, lebensfrohen Grundhaltung heraus begonnen werden könne, und manche meinen auch, Individuation sei so etwas wie eine ständige Zunahme schöpferischen Potentials und ekstatischer Glückszustände. Erscheinungen also, in denen Depression und Leid eigentlich nichts verloren hätten. Aber beides läßt sich durch die Erfahrung nicht aufrechterhalten. Individuation kann all dieses auch bedeuten, doch sowohl die Ausgangssituation als auch viele Erfahrungen während des Prozesses sind notwendigerweise mit stärksten Gefühlen von Angst, Schmerz, Trauer und Leid verbunden. Warum das so ist, darauf weist der Wanderer unserer Geschichte, unser hermetischer Führer, deutlich hin, indem er auf »den beschwerlichen Fall unserer ersten Eltern«, »den Sündenfall«, und die Austreibung aus dem Paradies anspielt, dem Ursprungsmythos, der für unsere christliche Kultur prägend geworden ist.

Tiefenpsychologisch gesehen bezeichnet der »Sündenfall« den Beginn der Ich-Bewußtseinsentwicklung des Menschen und die damit notwendig verbundene Trennung und Entfremdung des Menschen von seinem inneren Selbst[3]. Wie bei den Grundprinzipien esoterischen Denkens anhand des Mandala-Symbols dargestellt, ist die Entfaltung des menschlichen Bewußtseins unvermeidbar mit Dualisierung, Abspaltung und Verdrängung von Selbst-Aspekten verknüpft. Die Anpassung an das Leben und die Gesellschaft verlangt in hohem Maße die Entwicklung ganz bestimmter Persönlichkeitseigenschaften und Verhaltensweisen. Dadurch entstehen in jedem Menschen unvermeidbar Gefühle: »Wie ich eigentlich bin, so darf ich nicht wirklich sein«, »Wie ich eigentlich bin, bin ich schlecht, bin ich nicht liebenswert, bin ich schuldig« und: »Ich werde nur geliebt, wenn ich das tue, was die anderen wollen.« Andererseits wird das Leben für den Menschen erst lebenswert, wenn er sich grundsätzlich gut und in Ordnung weiß, wenn er Vertrauen zu sich und der Welt haben kann und sich von einem transpersonalen Hintergrund getragen und geborgen fühlt. Da diese Gefühle nur vorhanden sein können, wenn eine schöpferische, lebendige Beziehung zum Selbst da ist, muß jede Entfremdung von diesem Selbst zu leidvollem Erleben führen. Dieses Leid der Selbstentfremdung setzt bei vielen Menschen schon sehr früh ein und muß so stark verdrängt werden, daß sie es später nicht mehr fühlen, selbst dann nicht, wenn körperliche Erkrankungen oder seelische Störungen ihr geheimes Leid zum Ausdruck bringen. Die Trauer und der Schmerz der Selbstentfremdung sind so groß und so tief, daß alles getan werden muß, um ihnen nicht zu begegnen.

Unser Leiden am Verlust des Paradieses ist, daß wir uns getrennt fühlen von dem, was wir unserem innersten Wesen nach wirklich sind, und unsere Angst ist Ausdruck der damit verbundenen Isolierung, Orientierungslosigkeit, Entfremdung und Einsamkeit. Wir wissen nicht, was die Wurzeln unseres Leids sind und wie wir uns damit so auseinandersetzen können, daß daraus nicht dauernde Depression, sondern eine offene Beziehung zum transpersonalen Selbst entsteht. Es bleibt uns nichts anderes, als uns ernstlich auf die Suche zu machen. Die Wanderschaft des Helden, die ihn zu seiner wesensgemäßen Bestimmung führt und seiner Rückkehr zum Ursprung dient, ist deshalb ein verbreitetes archetypisches Motiv der Suche nach dem Selbst. Ernstlich suchen heißt, daß wir in uns eine so starke Frage oder ein so starkes Leiden tragen, daß wir alles daran setzen möchten, die Antwort oder Lösung zu finden.

So geht es auch unserem Wanderer. Er ist so stark und so emotional mit dem Problem des Leids des Menschen beschäftigt, daß er sich im Wald verläuft und vom allgemeinen Weg (das ist der Weg der Ablenkung und der Flucht, den wir alltäglich einschlagen) abkommt. Statt dessen gerät er auf den engen, wenig begangenen Fußpfad der Individuation.

Der Wald ist in der Symbolik der Tiefenpsychologie ein Ort des Übergangs und der Schwelle vom Bewußten zum Unbewußten. In vielen Märchen beginnt das eigentliche magisch-märchenhafte Geschehen erst, nachdem der Held einen Ort der allgemeinen kollektiven Realität (Familie, Haus, Dorf,

Stadt) verlassen hat und in einen Wald eintritt. Das Halbdunkle und Unübersichtliche des Waldes erweckt in uns viele Phantasien und Ängste. Viele von uns kennen das unangenehme Gefühl, sich in einem Wald verlaufen zu haben und nicht mehr zu wissen, in welche Richtung sie sich wenden sollen. Besonders unangenehm wird dieses Gefühl, wenn der Tag schon etwas vorgeschritten ist und man befürchten muß, daß die Dunkelheit hereinbricht. Deshalb drückt das uralte Motiv vom Verirren im Wald sehr treffend auch das aus, was wir erleben, wenn wir mit unbekannten, unbewußten Bereichen unserer Seele in Berührung kommen. Wir fühlen uns verwirrt, desorientiert, geängstigt und suchen ganz schnell wieder nach den vertrauten Pfaden des Phantasierens, Denkens und Fühlens.

Wie durch die Begegnung mit dem noch Unbekannten unserer Seele der Weg zu unserem wahren Selbst beginnt, wird in der Parabola in zweifacher Hinsicht angedeutet: Der Wald, in dem sich der Wanderer verläuft, wird als schön, grün und jung beschrieben, hier sind die erneuernden und (in geistiger Hinsicht) verjüngenden Kräfte zu finden. In Träumen zeigen sich bei Menschen, die sich von ihrem bewußten Erleben her in einem alten und unlebendigen Zustand befinden, gelegentlich überraschend viel Kraft und Lebendigkeit. Wenn man sie auf diesen Widerspruch hinweist, können sie meist wenig damit anfangen, weil sie, wie unser Wanderer auch, so mit ihrem Leid beschäftigt sind, daß sie noch gar nicht sehen können, daß es in ihnen auch grünt und blüht. Aber gelegentlich ermutigt es sie doch, sich weiter in den geheimnisvollen Wald ihrer Seele hineinzubegeben.

Und dann taucht noch ein starker Wind auf, der den Wanderer gegen seinen Willen nach vorne treibt. Die unsichtbare Macht des Windes hat den Menschen von jeher tief beeindruckt. Man kann die Kraft des Windes am eigenen Leib spüren, man kann seine förderlichen wie sehr bedrohlichen Wirkungen sehen, aber man kann ihn selbst nicht erkennen. Kein anderes Naturelement legt es deshalb so nahe, hinter seinen Wirkungen geheimnisvolle, verborgene, göttliche Wesenheiten zu vermuten. Zudem ist der Wind noch mit der Luft, die wir zum Atmen benötigen, verbunden. So ist es sehr verständlich, daß in vielen Religionen der Wind und die Luft zu Symbolen einer alles durchdringenden, göttlichen Lebenskraft geworden sind. In chinesischen Vorstellungen ist der Wind ein Verwirklichung schaffendes Prinzip, im Neuen Testament wird er mit dem schöpferischen, befruchtenden, göttlichen Geist in Zusammenhang gebracht.

In dem Moment, in dem unser Wanderer mit den ihm bisher verborgenen Dimensionen der Seele in Kontakt getreten ist, wird er von einer unbewußten Dynamik ergriffen, der er sich nicht mehr entziehen kann. C. G. Jung war der Ansicht, daß diese Dynamik im Grunde in jedem Menschen zu jedem Zeitpunkt wirksam ist. Er hatte früh die Auffassung gewonnen, daß die göttliche, transpersonale Dimension das Leben des Menschen tiefgreifender bestimmt, als es ihm bewußt ist. Für ihn waren die meisten Krisen und seelischen Erkrankungen, seien sie persönlicher oder auch gesellschaftlich-kollektiver Art, immer auch ein Ausdruck für einen gestörten Bezug des Menschen zum Selbst. Er verstand Krankheitssymptome als regulative Signale und »Aufrufe« des »Selbst« an den Menschen, sich seines religiösen Ursprungs und seines transpersonalen Lebenssinns bewußt zu werden. Weil eben dieser eigentliche Sinn vom betreffenden Menschen nicht gelebt werde, deshalb offenbare sich ihm dieser Sinn nur noch in unverständlich, verrückt und abartig erscheinenden Phantasiegebilden. Es sei dann die Aufgabe jeder tiefergehenden, selbstorientierten Therapie, den latenten Sinn der Erkrankung bewußtzumachen und ins Leben umzusetzen.

Wer sich mit Hilfe einer psychologischen, religiösen oder esoterischen Methode den unbewußten Dimensionen gegenüber öffnet, wird deren bewegende Dynamik möglicherweise bald erfahren. Das löst aber keineswegs immer Freude und Wohlwollen aus. Im Gegenteil: Zunächst stellt sich eine instinktive Abneigung, ein gesunder Widerstand gegen die aus dem Unbewußten kommende Energie ein, die einen ergreifen und mit sich fortreißen will. Das Fehlen eines solchen Widerstandes ist sogar eher ein bedenkliches Zeichen, denn für die Auseinandersetzung mit dem Unbewußten bedarf es eines ausreichend starken, dialogfähigen Ich, das seinen Standpunkt in der äußeren Realität ausreichend gut bewahren kann, um von den auftauchenden Gefühlen und Affekten, Bildern und Phantasien nicht fortgeschwemmt zu werden.

Diese Gefahr in der Begegnung mit dem Unbewußten hat Jung unter dem Begriff der »Inflation« zusammengefaßt. Die »Inflation« oder »Aufblähung« des Ich ist eine unvermeidliche, aber unerfreuliche Nebenwirkung der Bewußtmachung archetypischer Inhalte. Sie verändert die bisherige Identität der Persönlichkeit in der einen (depressiven) oder der anderen (euphorischen) Richtung, lockert die Grenzen des Ich und bringt das seelische Gleichgewicht stark ins Schwanken. Wie wir an unserem Wanderer sehen werden, verursacht der »Wind der Veränderung« einen starken Wellengang, hebt das Boot der Persönlichkeit einmal schwindelerregend in die Höhe und zieht es ein anderes Mal um so tiefer nach unten.

Im günstigen Falle, wenn die Dynamik des Unbewußten auf ein ausreichend gut geerdetes, widerstands- und konfliktfähiges Ich trifft, erzeugt sie in uns Hoffnung, Mut und Engagement. Wir wagen es, uns immer mehr auf uns selbst, unsere Wünsche, Bedürfnisse und Sehnsüchte einzulassen, weil wir spüren, daß dort ursprüngliche Lebendigkeit und Lebenssinn erfahrbar sein könnten. Wenn der Wind des Unbewußten aber auf ein schwaches, realitätsflüchtiges und wunschträumendes Ich trifft, dann kann dieses Ich erbarmungslos mitgerissen werden und in fremden Welten landen, von denen aus es nur noch sehr schwer zurückfindet. Gerade unter Esoterikern scheint es viele zu geben, die dieser Gefahr erlegen sind. Häufig betonen Esoteriker sogar, wie gut und notwendig es sei, auf jede Form von rationalem, wissenschaftlichem, objektivem Denken zu verzichten und sich allein den intuitiven, kreativen Einfällen zu überlassen. Das ist eine sehr gefährliche Einstellung. Ohne eine Überprüfung der Phantasien des Unbewußten an der Wirklichkeit der eigenen Person und des alltäglichen Lebens wird aus dem befruchtenden Geist des Unbewußten nur ein dämonischer Ungeist, der einen blindlings tatsächlich dahin treibt, wohin er gerade will.

Nun ist aber keineswegs sicher, daß einen der Wind der Veränderung sogleich erfaßt, wenn man sich auf das Unbewußte einläßt. Häufig tut sich zunächst überhaupt nichts. Es gibt viele Menschen, die in den verschiedensten Richtungen verzweifelt nach einer aus ihrem Inneren kommenden, bewegenden Erfahrung suchen. Sie probieren alles mögliche: Meditation, Traumarbeit, Bioenergetik, Selbsthypnose usw., aber es geschieht nichts. Die Zeit scheint noch nicht reif zu sein. Aus Gründen, die nicht in ihrer Macht stehen, finden sie den Schlüssel nicht, der ihnen zu den bewegenden Erfahrungen ihrer Seele Zutritt verschaffen würde. Sie müssen möglicherweise jahrelang im Wald herumlaufen, bis sie ihre persönliche Art des Zugangs zu den anderen Dimensionen des Seelischen finden.

Dennoch aber sollte die ständige Suche nach dem ureigensten Zugang zur transpersonalen Erfahrung – und jede wirkliche Begegnung mit dem Unbewußten ist eine transpersonale Begegnung – nicht aufgegeben werden, denn »der richtige Weg zur Ganzheit besteht – leider – aus schicksalsmäßigen Um- und Irrwegen«[4]. Für einen Menschen, der noch nicht jenen engen, rauhen, ungebahnten und unwegsamen Fußpfad gefunden hat, der ihn in seinen inneren Auseinandersetzungsprozeß führt, kann es eine Hilfe sein, daß er sich beständig offen und ehrlich fragt, ob und wo er möglicherweise einer ganzheitlichen und das heißt immer auch emotionalen Erfahrung aus dem Wege geht, wo er sich nicht wirklich begeistern, ergreifen oder auch ängstigen und verletzen lassen mag.

Der Wind der Veränderung treibt den Wanderer als erstes auf eine liebliche Wiese, die kreisförmig von Bäumen umgeben ist und von den Einwohnern »Wiese der Glücklichen« genannt wird. Dies ist zugleich ein Ausgangs- und Endbild für den Individuationsprozeß. Häufig treten in der Anfangsphase einer tiefgreifenden Auseinandersetzung mit dem Unbewußten Bilder und Symbole auf, die das Ziel dieses Prozesses andeutend vorwegnehmen. Dieses Ziel ist die Realisierung der Ganzheit.

Die Ganzheit symbolisiert sich, wie wir am Beispiel des Mandala gesehen hatten, meist in Gebilden von ausgewogener, symmetrischer, harmonischer Form. Dafür ist die Kreis- oder Kugelgestalt der bestmögliche Ausdruck. Daß hier für die Möglichkeit der Erfahrung der Ganzheit das Symbolbild der Wiese und der darauf kreisförmig angeordneten fruchtbaren Bäume verwendet wird, kann darauf hinweisen, daß für den Wanderer die Ganzheit noch in einem Zustand natürlicher Unbewußtheit ist. Es kann aber auch andeuten, daß die letzte Erfahrung der Ganzheit tatsächlich so etwas ist wie die Rückkehr zu einem natürlichen, ursprünglichen Dasein, das ganz im

Einklang mit unserer äußeren und inneren Natur steht (Rückkehr zum Paradies!).

Das Bild ist von feinsinnigem Humor. Da streitet sich eine Gruppe alter Männer über ein großes Geheimnis, das in der Natur verborgen liege, und gleichzeitig liegt dieses Geheimnis offenbar direkt vor ihnen im Symbolbild der »Wiese der Glücklichen«. Das große Geheimnis scheint verborgen und offenbar zugleich zu sein. Dem Menschen, dem Seinserfahrung zustößt, kommt sie unglaublich vor. Unglaublich ist sie ihm aber nicht, weil sie so jenseits alles bisher Vorstellbaren ist, sondern ganz im Gegenteil, weil sie als so einfach, selbstverständlich und unmittelbar vorhanden erlebt wird, daß er es einfach nicht glauben kann. Die transpersonale Dimension unseres Seins wird als so nah und selbstverständlich erfahren, daß wir gar nicht auf die Idee kommen, es könnte sich um sie handeln. Wenn die Zen-Meister sagen: »Dies ist es« oder »Weit aufgeräumt«, »Nichts Heiliges« oder den fragenden Schüler als Antwort auf seine Frage, wie er denn Erleuchtung finden könne, fragen: »Hast du schon deine Essensschale gereinigt?«, dann meinen sie damit wohl genau das.

Ein Mann im Alter von etwa 40 Jahren, der sich jahrelang mit den verschiedensten psychologischen und esoterischen Theorien geplagt hatte, um zu verstehen, um was es dabei letztlich wirklich gehe, hatte folgenden Traum:

»Ich befinde mich auf einem chinesischen Marktplatz. Dort herrscht ein buntes Treiben, viele Leute laufen hin und her. Auf einem Leiterwagen steht ein chinesischer Weiser, um den sich seine Schüler versammelt haben. Ich gehe auf diesen Mann zu, da ruft er mir lächelnd zu: ›Es ist alles ganz einfach.‹ Mit diesem Satz auf den Lippen wache ich auf.«

Etwas in der Seele des Träumers wußte um die grundsätzliche Einfachheit des ursprünglichen Daseins. Aber ebenso wie die alten Männer auf der Wiese und der Wanderer konnte er nicht begreifen, worin dieses Einfache denn liege. Solange uns diese Seinserfahrung nicht zugestoßen ist, halten wir sie merkwürdigerweise für etwas sehr Fernliegendes, schwierig zu Erreichendes. Wir meinen, sie könne sich nur durch tiefsinnige philosophische Erörterungen oder symbolische Betrachtungen erschließen.

Aber, wie gesagt, die kreisförmige Wiese deutet nur eine

zukünftige Möglichkeit an. Sie erweckt die Hoffnung, das Ziel der Einfachheit, Selbstverständlichkeit und des vom Transpersonalen durchlichteten Lebens sei tatsächlich erreichbar, und dies motiviert den Wanderer, den schwierigen weiteren Weg auf sich zu nehmen.

Der Streit um Meinungen und Werte

»Lange hörte ich ihnen zu, und es gefiel mir gut, was sie sagten, dann aber gerieten etliche von ihnen in Streit. Es ging darin nicht um die Materie oder Arbeit, sondern um die Parabeln, Gleichnisse und andere Werke. Sie beriefen sich auf die Darstellungen des Aristoteles, des Plinius und anderer, die doch alle voneinander abgeschrieben hatten. Ich konnte mich nicht mehr länger zurückhalten und gab meinen Senf dazu, indem ich aus meiner praktischen Erfahrung heraus die nichtigen theoretischen Auffassungen widerlegte. Die Männer begannen mich zu prüfen, setzten mir recht zu dabei, aber mein Fundament war so gut, daß ich mit allen Ehren bestand. Darüber wunderten sich alle, und sie beschlossen zu meiner größten Freude einhellig, mich in ihr Kollegium auf- und anzunehmen.«

Der Streit, in den dann einige der alten Männer im Verlauf ihrer Diskussion geraten, ist zunächst eine Anspielung auf einen der einflußreichsten alchemistischen Texte, die über die Araber nach Europa kamen, die »Turba Philosophorum«. In einem weiteren Sinne ist die Streitszene auch eine Anspielung auf die vielen intellektuellen Haarspaltereien und Spitzfindigkeiten, die sich in allen theologischen und esoterischen Organisationen finden und die dazu tendieren, zum eigentlichen Gegenstand der Auseinandersetzung zu werden, so daß das ursprüngliche Anliegen, der Austausch über die gemeinsamen transpersonalen Erfahrungen, immer mehr aus den Augen verloren wird.

Wie alle sozialen Organisationsformen neigen auch die esoterischen im Laufe der Zeit zu Erstarrung und Verfestigung; es werden Lehrsysteme und Gegenlehrsysteme entwickelt, daraus werden Vorschriften und Dogmen. Unter anderem hängt das wohl damit zusammen, daß sich in sozialen Verbänden, die eine gewisse Größe erreichen, sehr schnell gruppendynamische Prozesse einstellen, in denen es darum geht, die jeweiligen Rollen zu bestimmen und Einfluß- und Machtpositionen aufzubauen. Selbst Organisationsformen, die im Geiste von Gleichberechtigung und geistiger Freiheit konzipiert werden und hohe menschliche Ideale verfolgen, stellen sich am Ende als ein hierarchisches, unterdrückendes System heraus. Die unbewußt ablaufenden gruppendynamischen Mechanismen sind in der Regel stärker als die ideale Idee. Die fruchtbarste Phase von geistigen Bewegungen ist meist die Anfangs- und Pionierphase, in der die Mitglieder sich spontan und frei zusammenfinden. Nicht organisatorische Fragen, sondern der Austausch gemeinsamer Erfahrungen, die Faszination durch eine Idee, eine gemeinsame Not und ein gemeinsames »Geheimnis« stehen im Mittelpunkt und wirken gemeinschaftsstiftend.

Häufig haben schöpferische Menschen versucht, diesen Anfangszauber zu bewahren und den oben beschriebenen strukturbildenden gruppendynamischen, menschlich-allzumenschlichen Bestrebungen entgegenzuwirken, indem sie auf den provisorischen Charakter ihrer Einsichten hingewiesen haben und betonten, es sei nicht gut, aus ihnen eine Schule oder eine Lehre zu machen. In der Regel ist ihnen das nicht gelungen, weil es eben ein starkes Bedürfnis vieler Menschen ist, einen Führer zu haben, der ihnen sagt, worum es eigentlich geht und was sie zu tun haben, und der ihnen damit Eigenverantwortung und Eigeninitiative abnimmt. Meist genügt es ihnen, zu einer Organisation einfach dazuzugehören und am Glanz der Führerpersönlichkeiten zu partizipieren, ohne selbst die Anstrengungen und Risiken des Weges auf sich nehmen zu müssen.

Die alten Männer auf der Wiese streiten nicht über die Art der eigentlichen Arbeit, sondern über die Gleichnisse und Parabeln, mit denen ihre philosophischen Vorgänger versucht haben, das Wesentliche auszudrücken. Da esoterische Systeme immer Symbolsysteme sind und Symbole ihrer Definition nach grundsätzlich vieldeutig sind und auf etwas Unbekanntes hinweisen, kann man sich über deren »wahren« und »eigentlichen« Sinn unendlich streiten. Jeder zieht aus einem Symbol immer das für sich heraus, was ihm persönlich in einer bestimmten Phase seines Lebens entspricht, und wenn er dann nicht in der Lage ist, seinen Standpunkt als subjektiv, zeitbedingt und relativ zu verstehen, kommt es zu Intoleranz und Rechthaberei. Das scheint ein Vorgang zu sein, der sich bei Esoterikern häufig findet. Sie neigen dazu, ihre eigenen Auffassungen und Ansichten zur Allgemeingültigkeit zu erheben. Jeder Esoteriker, der etwas auf sich hält, gründet ein eigenes privates »Lehr- und Forschungs-Institut«, ein »Zentrum« oder erträumt sich, der Initiator einer neuen, weltumspannenden Bewegung zu sein.

Solche theoretischen Bestrebungen und narzißtischen Machtbedürfnisse bezeichnet der Held der Parabola als »nichtige Auffassungen« und betont ihnen gegenüber die Notwendigkeit konkreter Erfahrungen. Damit beweist er zugleich großen Mut, sich mit den Älteren anzulegen, und das ist ein wesentliches Element der Initiationsprüfung. Subjektstufig gesehen handelt es sich bei dem Gremium der alten Männer um Aspekte des Eltern-Überich, um jene ethischen, moralischen Ge- und Verbote, Verhaltensregeln, traditionellen Normen, Werte und Vorschriften, wie wir idealerweise zu sein haben. Diese kollektiven Vorstellungen und Urteile in uns zu überprüfen und nötigenfalls zu überwinden ist eine der ersten und bereits sehr schwierigen Aufgaben des Individuationsprozesses. Dazu bedarf es eines ausgeprägten Selbstvertrauens und einer guten Ich-Festigkeit, denn es bedeutet, die Angst des kleinen Kindes vor Versagen, vor Demütigung und Bestrafung auszuhalten.

In einem weiteren Sinn spielt die Szene der Auseinandersetzung mit den alten Männern auf einen alten alchemistischen Spruch an, der lautet: »Rumpite libros, ne corda vestra rumpantur« (Zerreißt die Bücher, auf daß eure Herzen nicht zerbrochen werden)[5]. Der Mut zu eigenen Erlebnissen und Erfahrungen ist bei vielen verbaut durch das, was sie von Autoritäten in Büchern gelesen haben. Ihnen wurde von früh an vermittelt, daß sie ihren eigenen Wahrnehmungen, Gefühlen, Fragen, Erfahrungen nicht trauen dürften, daß sie dumm und unzulänglich seien und daß andere Menschen grundsätzlich besser Bescheid wüßten über ihr Leben als sie selbst. Deshalb ist es für sie ein recht mühsamer Lernprozeß, sich immer wieder danach zu fragen, was sie eigentlich selbst fühlen und wollen. Die Identifizierung mit äußeren Lehrmeinungen hat die Stimme ihres Herzens scheinbar zum Verstummen gebracht.

Das bedeutet nun allerdings nicht, daß man auf jegliche theoretische Orientierung verzichten könnte. Theoretische Modelle helfen einem, Dinge zu sehen und zu verstehen, die man ohne sie gar nicht wahrgenommen hätte. Man tappt ohne sie in gewisser Hinsicht wie im Nebel herum. Wofür es keinen Begriff gibt, dafür gibt es auch kein Bewußtsein, und wenn man keinen Ausgangspunkt hat, kann man auch keinen neuen, eigenen Standpunkt finden. Auch wäre es ein sehr bedenkliches Zeichen von Anmaßung und Arroganz, nicht von anderen Menschen lernen zu wollen. Die Forderung mancher esoterischer Lehrer, man solle nur und ausschließlich den eigenen inneren Eingebungen folgen, ist sehr gefährlich, weil als Konsequenz daraus Offenheit, Toleranz und Lernfähigkeit verlorengehen und sich der Betreffende schließlich in Einsamkeit und Isolierung, ohne fruchtbare soziale Beziehungen wiederfindet. Das Entscheidende ist, wie die theoretische Auseinandersetzung abläuft. Die unproduktive Form ist die des ungeprüften Übernehmens fremder Erfahrungswerte und Denkmodelle, während die produktive Form ein ständiges Vergleichen der theoretischen Auffassung mit der eigenen praktischen Lebenserfahrung zum Ziel hat.

Offenbar schätzt auch unser Held die Mitgliedschaft in dem esoterischen Kollegium, und es gefällt ihm in der Gesellschaft der alten Männer so gut, daß es ihm sehr schwerfällt, sich wieder von ihnen zu trennen. Deshalb ist er auch bereit, den nächsten Schritt in seiner Initiation zu gehen, und er wagt sich in die Grube des Löwen.

Der Kampf mit dem Löwen

»Aber, warfen sie ein, ich könnte noch kein rechter Kollege sein, solange ich nicht ihren Löwen richtig kennengelernt habe und wisse, was er innen wie außen könne und vermöge. Ich solle all meinen Fleiß einsetzen, damit ich ihn mir untertänig mache. Weil ich mir selbst ziemlich vertraute und weil es mir in ihrer Gesellschaft so gut gefiel, versprach ich ihnen auch gleich, daß ich mein Bestes tun wolle. Ich war bereit, etwas Großes auf mich zu nehmen, um mich nicht von ihnen trennen zu müssen.

Also führten sie mich zu ihrem Löwen. Sie beschrieben ihn mir sehr eifrig, wie ich aber mit ihm umgehen sollte, das wollte mir keiner sagen. Etliche von ihnen machten zwar Andeutungen, aber nur so konfus, daß sie wohl kaum einer verstanden hätte. Aber sie stellten mir in Aussicht, mir nichts mehr zu verheimlichen, wenn ich nur erst den Löwen überwunden hätte und mir seine scharfen Klauen und spitzen Zähne nichts angetan hätten.

Der Löwe war nun aber sehr alt, grimmig und groß, seine gelben Zotten hingen ihm über den Hals, und er schien mir so unüberwindlich, daß ich meine Kühnheit schon bereute. Hätte ich nicht meine Zusage gegeben, und hätten nicht die Alten um mich herumgestanden und darauf gewartet, was ich jetzt machen würde, am liebsten wäre ich umgekehrt.

So trat ich doch voller Zuversicht zu dem Löwen in den Graben und fing an, ihm gut zuzureden. Er sah mich aber mit seinen hellglänzenden Augen so stark an, daß ich mich vor lauter Angst schon fast verloren glaubte. Zwar erinnerte ich mich, während wir zu dem Löwengraben unterwegs gewesen waren, von einem der Alten vernommen zu haben, daß schon viele Leute versucht hatten, den Löwen zu bezwingen, aber nur wenige es tatsächlich geschafft hatten. Ich wollte mich doch nicht so beschämen lassen. Nun war ich in der natürlichen Magie wohl erfahren, und ich entsann mich auch mancherlei Griffe, die ich mit großem Fleiß in der ›Athletika‹ (Sportschule) gelernt hatte. So hörte ich mit den Liebkosungen auf und griff den Löwen so behende, gekonnt und subtil an, daß ich ihm, ehe es ihm recht gewahr wurde, das Blut aus seinem Leibe, ja aus seinem Herzen geholt hatte. Es war ein schönes, rotes, aber sehr cholerisches Blut. Und als ich ihn weiter zerlegte, fand ich sehr zu meiner Verwunderung, daß seine Gebeine, die mengenmäßig das Blut weit überwogen, so weiß wie Schnee waren.

Ich konnte den Bewegungen meiner lieben Alten, die oben um den Graben herumgestanden und mir zugeschaut hatten, entnehmen, daß sie nun heftig zu diskutieren anfingen. Was sie sagten, konnte ich so tief unten im Graben nicht vernehmen. Doch als sie mit Worten hart aneinandergerieten, hörte ich, daß einer sagte: ›Er muß ihn auch wieder lebendig machen, sonst kann er unser Kollege nicht sein.‹«

Der »Kampf mit dem Löwen« bezeichnet symbolisch so vielschichtige seelische Prozesse und stellt praktisch eine so heikle, schwierige und langwierige Arbeit an der eigenen Seele dar, daß ihm hier ausführlicher, wenn auch keineswegs erschöpfender Raum gegeben werden muß.

Was uns am Löwen am meisten beeindruckt, ist seine Stärke und vor allem sein großes Maul mit den spitzen, scharfen Zähnen, das uns zu zerreißen und zu fressen droht. Diesen verschlingenden, tödlichen Charakter teilt der Löwe mit anderen wilden Tieren wie beispielsweise dem sagenumwobenen Drachen, dem Krokodil, der Schlange oder dem Wolf, die deshalb in der Alchemie auch untereinander als Synonyme verwendet werden. In der Alchemie taucht der Löwe in verschiedenen Formen auf, etwa als der grüne oder als der rote Löwe. Damit werden verschiedene Phasen des alchemistischen Wandlungsprozesses angedeutet. Der rote Löwe steht für eine spätere Stufe des »Großen Werkes«, in der die »prima materia« bereits zerlegt und gereinigt, neu zusammengefügt und zu neuem Leben erwacht ist. Der grüne Löwe symbolisiert die Anfangsmaterie.

Löwe mit Krone (M. Maier, Atalanta Fugiens, 1618). Der Löwe stellt in der Alchemie u. a. den Ausgangsstoff, die »prima materia«, dar, mit der man sich auseinandersetzen muß, wenn man das Geheimnis des Lebens erfahren will. Die Krone deutet an, daß in ihm bereits latent das geheime Ziel des königlichen Werkes enthalten ist. Der löwenhafte Ausgangsstoff ist psychologisch das Unbewußte der eigenen Seele, vor dem das Ich-Bewußtsein in der Regel große Angst hat, weil es befürchtet, von ihm »gefressen« zu werden und die gewohnte Kontrolle über alle unbewußten Bedürfnisse und Regungen zu verlieren. Trotzdem muß das Ich den Abstieg in die Löwengrube der eigenen Triebe und verdrängten Phantasien wagen, um sich wandeln und erweitern zu können.

In der Parabola befindet sich der Löwe unten in einer Grube, wodurch sein dunkler, erdhafter, elementarer Charakter betont wird. Offenbar handelt es sich bei ihm um die »prima materia«, den »Urstoff« des Lebens, die reine animalische Natur, um die wilde Triebkraft und die ungezügelte Begehrlichkeit des Menschen. Der Löwe repräsentiert damit die Gesamtheit unserer vererbten Instinkte, besonders aber den

Selbsterhaltungstrieb, die Aggression und die leidenschaftlich-fressende Gier, die uns in ihrer ganzen elementaren Stärke und Schärfe meist unbewußt sind. Insofern ist der Löwe auch ein Symbol für bestimmte Aspekte unseres Unbewußten, die Jung als »Schatten« bezeichnet hat.

Die Aufgabe, die sich unserem Helden jetzt stellt, ist also die Meisterung seiner Natur- und Instinktkräfte. Die Anfangsphase der Begegnung und Auseinandersetzung mit dem Unbewußten ist oft gekennzeichnet durch eine intensive Belebung von bisher verdrängten Trieben und Affekten, die in solcher Ausschließlichkeit und Heftigkeit auftreten können, daß man den Eindruck haben kann, man bestünde nur noch aus unersättlicher Gier, rasender Eifersucht, mißgünstigem Neid, mörderischer Wut und berechnendem Egoismus. Der Löwe unserer unbewußten Triebe, Affekte und Wünsche »frißt« dann unsere bisher geübte bewußtseinsmäßige Kontrolle auf, wir verlieren zeitweilig die Beherrschung und werden von plötzlich auftauchenden Stimmungsschwankungen und Gereiztheiten »besessen«.

Löwe frißt Sonne (Rosarium philosophorum, 1550). Dieses Bild stellt dar, wie im alchemistischen Prozeß der Individuation vorübergehend die vorherrschende Bewußtseinshaltung (Symbol der Sonne) zugunsten der Wahrnehmung und Belebung unbewußter instinktiver Kräfte aufgegeben werden muß.

Verständlicherweise schreckt man vor dieser Zone des Animalischen mit seinen heftigen körperlichen Bedürfnissen und wilden emotionalen Reaktionen zurück, besonders dann, wenn das eigene ideale Selbstbild davon stark abweicht und man sich lieber als einen reinen, vergeistigten, Liebe und Selbstlosigkeit ausstrahlenden Menschen gesehen hätte. Hier liegt wohl auch einer der wesentlichen Gründe, weshalb Esoteriker der Tiefenpsychologie als einer Psychologie des Unbewußten häufig feindlich gegenüberstehen und die alchemistische Arbeit in der Löwengrube abfällig als ein Wühlen in Dreck und Schlamm verwerfen.

Durch Verleugnung und Verteufelung aber kann das Tierische im Menschen nicht erlöst und transformiert werden. Transformation des Tierischen bedeutet auch nicht, daß das Tierische nachher nicht mehr vorhanden wäre, sondern daß die mit ihm verbundenen Kräfte in schöpferischer Weise dem eigenen Leben zugeführt werden können. Die Konsequenz aus der Vermeidung des Löwenkampfes ist eine Körper- und Weltfeindlichkeit, wie sie sich zum Beispiel in manchen Primitivformen des östlichen Yoga oder des abendländischen Mystizismus mit ihrem rigorosen Asketismus und der Verneinung aller Lebensfreuden in dieser Welt findet.

E. Neumann bezeichnet diese Erscheinungsformen als »infantil«, weil in ihnen eine negativ-regressive Sehnsucht nach Rückkehr in die Unbewußtheit eines mütterlichen Schoßes, in das vor-weltliche, vor-ichhafte und vor-bewußte Dasein eines embryonalen Ich wirksam ist. Der schöpferische Lebensprozeß, der Gestaltung, Konflikt und Leiden bringt, soll rückgängig gemacht werden, damit der Mensch im göttlichen Schoß des Nichts selig nicht mehr vorhanden zu sein braucht. Mit der Verleugnung der Schatten- und Triebseite des Transpersonalen werde solchen »Heiligen« aber auch eine Erfahrung der schöpferischen Gottheit unmöglich, wodurch es ihnen vorkomme, als lebten sie in einer gottverlassenen, gottentfremdeten Welt. Der Schatten ihrer Seele werde auf die Welt projiziert, so daß sie dann von ihr behaupten, sie sei des Teufels und der Maja.

»Weil sie nicht das Schöpferische und Abgründige der Gottheit anzunehmen bereit sind, erklären sie die Welt für gefallen, verschuldet, gesunken, verführt, getäuscht und verdorben. Sie wollen es nicht wahrhaben, daß Leben und

Schöpfung in der Polarität und Spaltung geschehen müssen, zu der auch der Teufel, das Böse, die Schuld, die Sünde und der Tod gehören ... Nicht eine Integration der Gegensätze, welche das schöpferische Leben ausmachen, wird angestrebt, sondern eine Desintegration und Regression. Letzten Endes halten sie die Schöpfung und das Schöpferische für einen Irrtum, und ohne es voll zuzugestehen, wissen sie es besser als der Schöpfer.«[6]

Ein alchemistisches Symbolwort »Vitriol«, gebildet aus den Anfangsbuchstaben der sieben Wörter »Visita Inferiora Terrae Rectificando Invenies Occultum Lapidem«, fordert: Suche das Untere der Erde auf, vervollkommne es, und du wirst den verborgenen Stein finden.

Unser Wanderer merkt dann auch bald, daß er gegen diesen uralten Löwen, der das evolutionäre Erbe eines Jahrmillionen währenden Überlebenskampfes in sich trägt, mit freundlichem Zureden und Schmeicheleien nichts ausrichten kann. Nachdem er sich einiger wichtiger Fertigkeiten erinnert, die er früher erlernt hat, greift er ihn herzhaft an und beginnt ihn zu »anatomisieren«.

Das soll wohl deutlich machen, daß diese instinktiven Energien mit guten Vorsätzen und wohlwollendem, positivem Denken nicht bewältigt und integriert werden können. Man muß sich vielmehr mit Haut und Haaren auf sie einlassen, sie »inwendig«, von innen her erfahren, die mit ihnen verbundenen polaren Spannungen aushalten und verstehen. Einige moderne Psychotherapieformen, beispielsweise die Gestalttherapie, die Bioenergetik und imaginative Verfahren, arbeiten auf diese Weise. Der Klient läßt sich auf ein Gefühl, einen Trieb oder eine körperliche Spannung intensiv ein und ist bemüht, ihm möglichst vollständigen Ausdruck zu verleihen.

Durch ein wirkliches Ernstnehmen kann die verdrängte Tierseele in uns allmählich aus ihrem Zustand der Gefangenschaft und Unterdrückung erlöst werden. Und ebenso wie in den Märchen, wo die hilfreichen Tiere, die vom Helden ernst genommen wurden, ihn später mit besonderen Gaben und Fähigkeiten ausstatten, so beschenkt uns unser inneres Tier reichlich mit erhöhter Lebendigkeit, Lebensfreude und Lebenskraft, wenn wir es ihm gestatten, unser Freund und Begleiter zu werden. Darauf weist auch einer der alten Männer hin, als er sagt, daß der Löwe nach der Anatomisierung wieder lebendig gemacht werden muß.

Unser Held stößt beim »Anatomisieren« auf das aller energetischen Bewegung zugrundeliegende Polaritätsprinzip in Form des roten Blutes und der weißen Knochen. Nach antiker Zeugungsvorstellung entsteht der Mensch aus dem weißen Samen und dem roten Menstrualblut. In der Alchemie hat sich die Symbolbedeutung von Weiß und Rot umgekehrt. Das Weiße wird zum weiblichen Prinzip, das Rote zum männlichen. In gewisser Entsprechung zum taoistischen Yin-Yang-Modell lassen sich die Knochen als das strukturbildende, statische Yin-Prinzip und das Blut als das aktive, verändernde Yang-Prinzip verstehen. Damit erfährt der Wanderer das innerste Geheimnis der Lebensdynamik.

Die Löwenszene und die jetzt folgende Szene des Balancierens auf der Mauer gehören psychodynamisch eng zusammen. Sie stellen unter anderem Gesichtspunkt als dem bisher dargestellten auch zwei typische Schwierigkeiten und Folgeerscheinungen dar, die fast regelmäßig auftreten, wenn man mit dem Unbewußten in Kontakt tritt und archetypische, bewußtseinsverändernde Erfahrungen macht. Die eine mögliche Folge ist, daß man sich seine Schattenseiten zu sehr zu Herzen nimmt, sich davon deprimieren läßt und vor lauter Selbstzweifel und Selbstkritik kaum mehr aus der Depression herausfindet. Die andere mögliche Folge ist, daß man in eine unangenehme Selbstüberhebung, Anmaßung und Arroganz verfällt.

Wie Jung immer wieder betonte, handelt es sich bei den archetypischen Faktoren der Seele nicht um Inhalte, die man nur rational oder philosophisch verarbeiten kann, sondern sie haben in hohem Maße eine emotionale »ansteckende«, ergreifende, teilweise sogar überwältigende Wirkung, der man sich eine bestimmte Zeit lang gar nicht entziehen kann, auch wenn man es gerne möchte. Die mit diesen Erfahrungen verbundenen Gedanken, Phantasien und Gefühle bewegen einen hin und her, man findet zunächst keinen rechten Abstand und keine ruhige, objektive Distanz. Eine solche Ergriffenheit und vorübergehende »Besessenheit« ist für den Betreffenden relativ leicht wahrnehmbar, wenn es dabei um ihn und sein Selbstwertgefühl beeinträchtigende Erlebnisse geht.

Viel schwieriger ist es, die eigene »Besessenheit« zu sehen, wenn die Inhalte des Unbewußten eine das Selbstwertgefühl aufwertende, euphorisierende, den Gedankenreichtum und die Aktivität anregende Tendenz haben, weil sie einen, zumindest zunächst, nicht so auffällig und unangenehm stören. Um diesen Aspekt geht es nun in der folgenden Szene.

Der Balanceakt zwischen Himmel und Erde

»Ich wollte kein weiteres Aufheben machen, begab mich aus dem Graben und kam, ich weiß nicht wie, über einen großen Platz auf eine sehr hohe Mauer, die an die hundert Ellen (50–80 m) in die Wolken ragte. Oben war sie nicht einmal einen Schuh breit, und von Anfang bis Ende verlief mitten auf der Mauer ein Geländer, das mit vielen eingegossenen Stützen wohlbefestigt war.

Es schien mir, als ich auf dieser Mauer ging, als ginge etliche Schritt vor mir ein Mensch auf der rechten Seite des Geländers.

Als ich ihm eine Weile gefolgt war, sah ich hinter mir auf der anderen Seite noch einen anderen Menschen auch wiederum jemandem folgen. Ich zweifelte noch, ob es ein Mann oder ein Weib sei, als er mir zurief, auf seiner Seite könne man besser gehen. Das glaubte ich gerne, denn das Geländer in der Mitte der Mauer machte den Gang sehr eng, und man konnte in dieser Höhe nur sehr schlecht gehen. Auch sah ich etliche, die den Weg auch gehen wollten, hinter mir von der Mauer herunterfallen. Deshalb schwang ich mich, mich mit meinen Händen gut festhaltend, unter dem Geländer durch und ging also auf der anderen, der linken Seite weiter, bis ich zu einer Stelle kam, wo es sehr steil und gefährlich war, ich aber herunter mußte. Da bereute ich erst, daß ich nicht auf der anderen Seite geblieben war. Ich konnte nicht mehr unter dem Geländer hindurchkriechen wie vorher, um den Weg noch einmal zu wechseln. Ebenso war es mir unmöglich, wieder umzukehren, um auf den anderen Weg zu kommen. Deshalb wagte ich mich schließlich doch an den Abstieg, vertraute auf meine guten Füße, hielt mich fest und kam ohne Schaden hinunter. Als ich ein wenig weiter gewandert war, sah und wußte ich von keiner Gefahr mehr, wußte auch nicht, wo die Mauer oder das Geländer hingekommen waren.«

Während die vorangegangene Begegnung mit dem Löwen die Auseinandersetzung des Helden mit dem »Erdhaften«, »Unteren« symbolisierte, geht es jetzt um die Bewältigung des »Luftigen« und »Oberen«, die mit durchaus vergleichbaren Gefahren verbunden ist. Kurz nachdem der Erzähler der Parabola den Löwen »anatomisiert« hat, findet er sich auf einmal, »ich weiß nicht wie«, hoch oben auf einer Mauer balancierend vor. Die Aufforderung eines der alten Männer, er müsse den Löwen auch wieder zusammensetzen, scheint er zu überhören, weil er vermutlich damit zunächst nichts zu tun haben will. Der Wanderer scheint erfaßt von den euphorischen, bewußtseinserweiternden Erfahrungen, die man immer dann machen kann, wenn archetypische Inhalte bewußt werden.

Diese »oberen«, »geistigen« Aspekte sind es in der Regel, weshalb sich jemand überhaupt auf die anstrengende »Große Suche« macht. Er möchte Einsichten und Erfahrungen machen, die ihn über die kleinliche, enge, leidvolle Welt des Alltäglichen erheben, ihm einen »höheren« Sinn und eine »höhere« Orientierung vermitteln und ihm die Angst vor dem Leben und dem Tod nehmen. Diese Bedürfnisse und Sehnsüchte sind natürlich legitim, aber verbergen doch eine Reihe nicht unerheblicher Gefahren.

Der Held der Parabola erlebt auf seiner Mauer jetzt offenbar eine Art geistigen »Höhenflug«. Bald bemerkt er allerdings, daß man in dieser Höhe sehr schlecht gehen kann und daß eine solche Gratwanderung auch sehr gefährlich ist; andere Leute, die auch diesen Weg gehen, fallen von der Mauer herunter. Die Problematik, die sich hier stellt, ist also die des adäquaten Umgangs mit ersten bewußtseinserweiternden, transpersonalen Einsichten und Erkenntnissen. Während es in der Löwengrube um mehr »verschlingende«, angstmachende, schattenhafte Aspekte der transpersonalen Erfahrung ging, geht es hier um deren »erhebende« Seiten. Sie sind auch deshalb so schwer in ihren Gefahren zu durchschauen, weil sie dem Selbstwertgefühl schmeicheln, mit stark aufwertenden Gefühlen verbunden sind und häufig globalen, weltumfassenden Charakter haben. Der Eindruck des »Kosmischen« ist ein recht untrügliches Merkmal archetypischer Phantasien, Symbole und Bilder.

Besonders diese »kosmische«, allübergreifende Dimension transpersonaler Erfahrung legt die Versuchung nahe, sich mit ihr zu identifizieren, sich nun im Besitze der höchsten, »dreimalgrößten hermetischen« Weisheit zu glauben und sich in seinen realen Möglichkeiten und Kräften bei weitem zu überschätzen. Sehr schnell wird man dann zum selbsternannten Propheten, Guru und Erleuchteten, der mit missionarischem Eifer meint, die Welt mit seinen Einsichten beglücken und reformieren zu müssen. Die Gefahr einer solchen Überhebung und Anmaßung ist um so größer, je tiefergehend die Minderwertigkeitsgefühle vorher waren. Die transpersonale Erfahrung muß nicht notwendigerweise mit einer besonders reifen oder individuierten Persönlichkeit einhergehen. Und sie kann auch einen bequemeren Weg bedeuten, als sich den Anforderungen des normalen Lebens zu stellen. Man kann dann der typischen »Guru«-Krankheit verfallen, die darin besteht, daß man andere das Heil lehrt und ihnen sagt, wie sie ihr Leben und die komplizierten mitmenschlichen Beziehungen zu gestalten hätten. Man baut sich einen Schüler- oder Jugendkreis auf, der einen ernährt, der aufgrund der idealisierenden Projektion seiner Mitglieder dem Selbstwertgefühl stark schmeichelt und auch die Beziehungsbedürfnisse befriedigt, ohne sich aber auf die schwierigen Aspekte zum Beispiel des persönlichen Geldverdienens und der persönlichen, nahen Beziehung einlassen zu müssen.

Die Guru-Rolle ist eine optimale Möglichkeit, die verschiedensten menschlichen Grundbedürfnisse auf bequeme, ausbeuterische Weise auf Kosten anderer zu leben. Aber auch aus der einfachen Rolle des Schülers oder Jüngers eines solchen Erleuchteten lassen sich natürlich viele Vorteile ziehen.

Transpersonale, archetypische Aspekte der Psyche sind nicht als persönliche Errungenschaften zu verstehen. Sich mit ihnen zu identifizieren, anstatt sie konstruktiv zu integrieren, führt zu sehr unangenehmen Eigenschaften wie Fehleinschätzung eigener Fähigkeiten und Qualitäten, Arroganz, Stolz, Rechthaberei, Humorlosigkeit oder Intoleranz. Anstatt den Betreffenden von seiner leidvollen Ichhaftigkeit zu befreien, ihn menschlich, bescheiden, tolerant, liebesfähig zu machen, »bläht« eine solche nicht verarbeitete transpersonale Erfahrung sein Ich über die Maßen auf, macht ihn selbstherrlich und letztlich einsam. In der Regel kommt es bei einer solchen Fehl-Identifizierung dann bald zum »Absturz« aus kosmischen Höhen, und die Erfordernisse des Alltagslebens machen schnell deutlich, wo man wirklich steht, wer man wirklich ist und wo man wirklich mit der Arbeit anzufangen hat.

Betrachtet man in der Parabola weniger das »Oben-in-der-Luft-Sein« symbolisch, sondern mehr die Schmalheit der Mauer und die Schwierigkeit, auf ihr zu gehen, ohne links oder rechts herunterzufallen, dann kann das Wandern auf der Mauer noch anders verstanden werden. Der Weg der Individuation ist offenbar in verschiedener Hinsicht »ein Weg auf des Messers Schneide«, ein Balanceakt, bei dem immer wie-

Adler und Kröte, die aneinander gefesselt sind (Maier, Symbola, 1617). »Der in der Luft fliegende Adler und die auf der Erde kriechende Kröte machen das Große Werk aus«, heißt es in dem Begleittext zu diesem Bild. Die gegeneinander strebenden Tendenzen des Menschen, z. B. Autonomie und Symbiose, Dynamisches und Statisches, Geistiges und Körperliches, müssen miteinander verbunden werden, damit Ganzheit realisiert werden kann.

der die Versuchung und Gefahr besteht, in Extreme zu verfallen. Es gilt auf diesem Weg, will man nicht abstürzen, die »goldene Mitte zwischen den Gegensätzen« zu wahren. Als ein solch schwierig zu meisterndes Gegensatzpaar hatten wir die Depression, das Verfallen an die triebhafte, dunkle Seite, und die euphorische Selbstüberschätzung, damit das Verfallen an Größenphantasien und realitätsflüchtige Tendenzen, erkannt. Es gibt aber auch noch andere Polaritätspaare, wie Gut und Böse, Liebe und Haß, Macht und Hingabe, Aktivität und Passivität oder auch das Bewußte und das Unbewußte, die in einem ausgewogenen Wechsel- und Ergänzungsverhältnis stehen müssen, wenn das Werk gelingen soll.

Unser Wanderer hat einige gute Hilfen gegen die Gefahr, aus dem seelischen Gleichgewicht zu geraten. Auf der Mauer befindet sich in der Mitte ein Geländer, das mit vielen eingegossenen Stützen wohlbefestigt ist. Diese Stützen sind offenbar von Menschen gemacht worden, die über solche Absturzgefahren Bescheid wußten. Man könnte sie verstehen als die Leitlinien und Orientierungshilfen, die den Suchenden seit Urzeiten von anderen Menschen, die diesen Weg vor ihnen gegangen sind, in ihren Weisheitslehren vermittelt werden. In allen wesentlichen religiösen wie esoterischen Texten wird nämlich davor gewarnt, rechts oder links vom »mittleren Weg« abzukommen. Ein Beispiel von vielen:

> »Wer auf Zehenspitzen steht, ist nicht standfest.
> Wer gestelzte Schritte macht, kann nicht Schritt halten,
> Wer sich zur Schau stellt, ist nicht erleuchtet,
> Wer selbstgerecht ist, wird nicht geachtet.
> Wer sich rühmt, erreicht nichts.
> Wer prahlt, wird nicht durchhalten.
> Für die, welche dem Tao folgen,
> ist das ›zusätzliche Nahrung und unnützes Gepäck‹.
> Sie bringen keine Glückseligkeit.
> Befolger des Tao meiden sie daher.«[7]

Aber auch der Mensch, der vor dem Wanderer auf der rechten Seite des Geländers läuft, könnte ihm eine hilfreiche Orientierung vermitteln. Es handelt sich vermutlich um die Notwendigkeit eines gut ausgebildeten »Über-Ich«, die Stimme seines Gewissens, die ihm beständig rät, den »rechten« Weg nicht zu verlassen, und ihm zeigt, wie man sich rechtmäßig auf einem solchen gefährlichen Pfade bewegt. Mit einem solchen »guten Gewissen« als Orientierung kann man sich dann gelegentlich auch ein wenig auf die etwas bequemere linke Seite kindlicher Wünsche und ganzheitlicher Sehnsüchte wagen, ohne das rechte Maß zu verlieren.

> »So sind die Dinge manchmal voraus, manchmal zurück;
> Manchmal fällt das Atmen schwer, manchmal geschieht es mühelos;
> Manchmal ist Kraft da und manchmal Schwäche;
> Manchmal wird man nach oben getragen, manchmal nach unten gedrückt.
> Daher meidet der Weise Übertreibung,
> Maßlosigkeit und Selbst-Zufriedenheit.«[8]

Das Geheimnis der Rose

»Nachdem ich nun hinunter gekommen war, stand dort ein schöner Rosenstock, auf dem schöne rote und weiße Rosen blühten, viel mehr rote als weiße. Ich brach etliche ab und steckte sie an meinen Hut.«

Nachdem der Wanderer die ersten zwei fundamentalen Probleme im Umgang mit den transpersonalen Erfahrungen gemeistert und die »Höllen- und Himmelfahrt« zwischen »Unten und Oben« mit heiler Haut überstanden hat, taucht zum zweiten Mal ein ganzheitliches, vereinigendes Symbol auf. Beim ersten Mal war es die kreisförmig von Bäumen umstandene Wiese der Glücklichen, jetzt ist es der Rosenbusch mit den roten und weißen Rosen. Dieses Symbol fällt dem Wanderer jetzt bewußter als vorher auf, und er nimmt es als Wegorientierung und vermutlich auch als Erkennungszeichen mit auf seinen weiteren Weg.

Vereinigung von Oben und Unten, in der Mitte die Blüte (Maier, Symbola, 1617). Aus der Verbindung von Oberem und Unterem, von Himmlischem und Irdischem, von Bewußtem und Unbewußtem entsteht die fünfblütige Blume als Symbol der »Quinta Essentia«, der höchsten Einsicht und der Erfahrung des Selbst.

Mit der Symbolik der Farben Rot und Weiß hatten wir uns schon im Zusammenhang mit dem roten Blut des Löwen und seinen weißen Knochen beschäftigt und sie auf das aktive, treibende, energetische Moment einerseits und das strukturierende, stabilisierende und fixierende Moment andererseits im Wandlungsprozeß bezogen. Da mit dem Weißen und Roten aber auch das Prinzip der Polarität selbst gemeint sein kann, lassen sich diese Farben auf jede Art von Polarität übertragen, also auch auf das »männliche« und das »weibliche« Prinzip, um dessen Bewußtmachung und Integration es jetzt vermutlich gehen wird.

Siebenblättrige Rose mit Kreuzstruktur als vereinigende Allegorie der sieben Planeten, der sieben Verwandlungsstufen des alchemistischen Prozesses (Fludd, Summum bonum, 1629). »Die Rose gibt den Bienen Honig«, heißt es auf diesem Bild. Die Bienen sind die fleißigen alchemistischen Arbeiter, die von der Sehnsucht nach der »Quinta Essentia«, dem heilenden und verjüngenden Lebenselixier, genährt werden. Psychologisch ist diese Rose mit der angedeuteten Mandalastruktur wieder ein Symbol des Selbst, das den Anfang und das Ende der Bewußtseinsentwicklung des Menschen darstellt.

Die Rose ist – neben anderen Bedeutungen, die sie mit der Göttin Venus, der Liebe und Erotik, der Leidenschaft und Harmonie in Verbindung bringen – ein sehr altes, religiöses und esoterisches Mandala-Symbol für die Erfahrung der Ganzheit des Selbst im Menschen. Sie ist das abendländische Gegenstück zur Lotos-Blüte, einer ägyptischen und asiatischen Art der Seerose, die, aus schlammigem Urgrund aufsteigend und sich dem Lichte öffnend, ein Symbol transpersonaler Offenbarung und Erleuchtung ist. In der taoistischen Literatur kennt man die »Goldene Blüte« mit einer ganz ähnlichen Bedeutung.

Der rosenkreuzerische Spruch: »Ad rosam per crucem, ad crucem per rosam« faßt den ganzen alchemistischen Prozeß der Selbstwerdung in einer knappen symbolischen Formel zusammen, wobei die Rose in ihrem knospenhaften Zustand für die ständig erneuernde, nie völlig auslotbare und immer verborgen bleibende schöpferische Kraft des Selbst steht und in ihrem entfalteten Zustand für die Offenbarung und Bewußtwerdung des Selbst innerhalb des Kreuzes der menschlichen Polaritäten.

Die Rose wurde damit zu einem Zentralsymbol des esoterisch-mystischen Weges überhaupt, und indem unser Wanderer sie sich an den Hut steckt, bekräftigt er, daß er all sein Sinnen und Trachten diesem Prozeß widmen möchte. Das gibt übrigens einen kleinen, aber sehr wichtigen praktischen Hinweis. Da es in der Regel relativ schwierig ist, ausreichend geduldig und ernsthaft dem inneren Prozeß zu folgen, weil sich so viele willkommene Anlässe zur Ablenkung bieten, ist es gut, wenn man sich für das, was man erreichen möchte, ein eigenes, zielorientiertes Symbol verfertigt. Ihm kann man regelmäßig, vielleicht in Verbindung mit einem kleinen Ritual, seine Aufmerksamkeit und Meditation widmen. Die künstlerische Gestaltung und Ritualisierung eines Symbols ist eine der wertvollsten Hilfen, um auf dem Wege zu bleiben und seine Erfahrungen ständig weiter zu vertiefen. In dem Kapitel über Symbolik waren wir darauf näher eingegangen.

Der philosophische Rosengarten

»Dann stieß ich dort auf eine Mauer, die um einen großen Garten herum verlief. In dem Garten waren junge Gesellen, und außerhalb standen Jungfrauen, die gerne zu den Gesellen in den Garten gelangt wären, aber die Mühe des Umweges zur Tür des Gartens scheuten.

Da erbarmte ich mich ihrer und ging den Weg, den ich gekommen war, wieder zurück, diesmal aber auf ebener Bahn und so rasch, daß ich bald an einige Häuser kam, wo ich des Gärtners Haus zu finden glaubte. Aber ich fand dort sehr viele Menschen. Jeder von ihnen hatte seine eigene Kammer. Wenn sie allein arbeiteten, waren sie langsam, arbeiteten sie gemeinsam, waren sie fleißig, doch jeder hatte seine eigene Arbeit. Mir schien aber, daß ich das, was sie taten, früher ebenso getan hatte, und all ihr Tun war mir vertraut. Sieh an, dachte ich bei mir, tun doch auch so viele andere Leute solche schmutzige und unwesentliche Arbeit, die nur dem Anschein nach wichtig ist, je nach der Einbildung des einzelnen, die aber keine wirkliche Grundlage in der Natur hat, so ist es dir auch zu verzeihen. Weil ich nun erkannte, daß solche Künste wie Rauch dahinschwinden, wollte ich hier nicht länger vergebens verweilen und ging meinen vorgenommenen Weg weiter.

Als ich auf das Gartentor zuschritt, sahen mich einige von der Seite so bös an, daß ich schon fürchtete, sie würden mich von meinem Vorhaben abhalten. Andere sagten aber: ›Seht, der will in den Garten! Wir haben hier schon so lange Gartendienste verrichtet und sind doch niemals hineingekommen. Wie werden wir ihn auslachen, wenn es ihm mißlingt!‹

Ich aber beachtete das alles nicht, weil ich über diesen Garten besser Bescheid wußte als sie, obwohl ich doch niemals darin gewesen war. Ich ging also ohne Umschweife zu einer Tür, die aber so fest verschlossen war, daß man von außen noch nicht einmal ein Schlüsselloch sehen oder finden konnte. Dann bemerkte ich jedoch ein kleines rundes Loch in der Tür, das von einem gewöhnlichen Auge nicht wahrgenommen werden konnte, und ich dachte mir sofort, daß hier die Tür zu öffnen sei. Mit einem hierfür extra angefertigten Dietrich öffnete ich also die Tür und ging hinein. Einmal im Innern, fand ich noch etliche andere verschlossene Türen, die ich jedoch alle ohne Mühe öffnen konnte. Ich war in einem Verbindungsgang, wie man ihn in jedem ordentlich gebauten Haus findet, etwa sechs Schuh breit und zwanzig lang und darüber eine Decke. Und obgleich die anderen Türen noch verschlossen waren, konnte ich doch, als die erste Tür geöffnet war, recht gut in den Garten sehen.

Im Namen Gottes ging ich nun in den Garten hinein. In seiner Mitte fand ich wiederum einen kleinen Garten von nahezu quadratischem Grundriß. Jede Seite war etwa sechs Meßruten lang. Der Garten war mit sehr schön blühenden Rosenhecken umgrenzt. Und da es ein wenig regnete und gleichzeitig die Sonne schien, bildete sich ein lieblicher Regenbogen.

Nachdem ich an diesem kleinen Garten vorbei war und zu dem Ort gehen wollte, an dem ich den Jungfrauen helfen sollte, bemerkte ich, daß nun anstatt der Mauer nur noch ein niedriger Gitterzaun vorhanden war. Die schönste der Jungfrauen ging, in rein weiße Atlas-Seide gekleidet, mit dem stattlichsten der in Scharlachtuch bekleideten Jünglinge. Beide schritten am Rosengarten vorüber, umarmten einander und hielten viele wohlriechende Rosen in ihren Händen.

Ich fragte die beiden, wie sie über den Zaun gekommen sei. ›Dieser, mein allerliebster Bräutigam‹, antwortete die Jungfrau, ›hat mir herübergeholfen. Wir verlassen nun den Garten, um in unserem Gemach Freundschaft zu pflegen.‹ ›Ich freue mich‹, sagte ich, ›daß ihr auch ohne meine weitere Mühe euren Wunsch erfüllt habt. Beachtet bitte dennoch, wie sehr ich mich beeilt habe, den weiten Weg in so kurzer Zeit zurückzulegen, um euch dienen zu können.‹«

Der Wanderer stößt also nun auf den zentralen Ort der alchemistischen Wandlung, wo die geheimnisvolle »Mystische Hochzeit«, die Vereinigung der Polaritäten im Symbol der weißen Jungfrau und des roten Jünglings, später stattfinden wird.

Deswegen müssen wir uns ein wenig ausführlicher mit der Symbolik des Rosengartens beschäftigen. In dem Wort Pascals »In einem Garten ging die Welt verloren, in einem Garten ward sie erlöst« (zitiert nach Teichert[9], dessen ausgezeichnetem Büchlein über die Symbolik des Gartens ich hier teilweise folge) deutet sich an – was im übrigen auch ganz der alchemistischen Tradition entspricht –, daß der Garten ein Ort des Ursprungs des Menschen und ein Ort der Verwandlung, Erneuerung und Erlösung zugleich ist. Die Mythen des Orients, der Griechen und der Römer berichten von ursprünglichen und künftigen Paradiesen, und die Bibel verlegt entscheidende Ereignisse in Gärten: in den Garten Eden, in den von Gethsemane und den der Auferstehung.

Der Garten ist von Anfang an ein Symbol für Kultur, für den Ausschnitt aus der Wildnis des vorher Unbewußten und Unbekannten, in dem der Mensch Natur, Seele und Bewußtsein zu einem neuen Ganzen werden läßt. Gärten haben deshalb auch Transformationscharakter, indem in ihnen Natürliches in Kultürliches verwandelt wird. Sie sind nicht mehr reine Natur, weil sie vom Menschen »angelegt« wurden, sie sind aber auch nicht nur von Menschenhand gemacht. Ein Gärtner, eine Gärtnerin müssen Geduld haben und wachsen lassen können. Sie müssen sich auf die gutmütige Hilfe der Natur verlassen. Nur im Zusammenspiel von Natur und Pflege entsteht der Garten, entsteht überhaupt Kultur. Das macht verständlich, wieso die Alchemisten immer wieder auf die Gartenpflege und die vegetative Symbolik überhaupt hinwiesen, um die Arbeit an ihrem »Großen Werk« zu verdeutlichen. Der Stein der Weisen, der von Anfang an in der Natur vorhanden sei, wachse durch die

Kunst ihrer gärtnerischen, hegenden und pflegenden Bemühungen ähnlich wie eine Pflanze: »Was die Natur begonnen, wird durch die Kunst vollendet.« Diesem Ganzheits-Aspekt in der vegetativen Symbolik waren wir bereits in der Rosen-Symbolik begegnet.

Die Tatsache, daß der alchemistische Garten der Parabola vornehmlich ein Rosengarten ist, macht ihn natürlich auch zu einem Ort des Weiblichen, besonders der Aphrodite/Venus und damit zu einem Bereich der Liebesbegegnung, der Erotik, Sexualität, Schönheit und Sinnlichkeit. Sexualität überhaupt ist ja ein zentrales und tiefreichendes Symbol der Gegensatzvereinigung und der »Mystischen Hochzeit«; zu diesem Hauptthema alchemistischer und psychologischer Arbeit kommen wir aber später noch ausführlicher. Hier sei nur darauf hingewiesen, wie sehr dieser Garten mit seinen Rosenbüschen, seinen Ausmaßen (6 mal 6) und seiner sonnigen Regenbogen-Idylle eine sehr einfache, aber wunderschöne symbolische Anspielung auf das letzte Ziel des alchemistischen Opus ist.

Die Zahl Sechs ist seit alters ein Symbol für die Vereinigung des Männlichen mit dem Weiblichen (2 mal 3). Besonders deutlich wird das im Hexagramm, dem Sechseck, in dem sich das »männliche« Dreieck (mit der Spitze nach oben) mit dem »weiblichen« Dreieck (mit der Spitze nach unten) verbindet. Das Hexagramm steht aber auch für die Vereinigung von Polaritäten überhaupt, zum Beispiel von Oben und Unten, der religiösen, transpersonalen Welt des Unbewußten mit der äußeren, bewußten Realität oder von Wasser und Feuer in der Alchemie. Letzteres wird in der Parabola auch dadurch angedeutet, daß es im Garten regnet und gleichzeitig die Sonne scheint.

Das Vereinigungsprodukt der Elemente Wasser und Feuer (Licht) ist der Regenbogen. Diese wunderbare, faszinierende Erscheinung am Himmel hat die Menschen schon immer an etwas Göttliches denken lassen, das für kurze Zeit in unser Dasein hineinleuchtet. In ihm offenbart sich die Gesamtheit der Farben des Lebens und die Pracht der göttlichen Schöpfung. Der Regenbogen wurde als die Brücke zwischen dem Transpersonalen und dem Menschlichen aufgefaßt, er ist ein Zeichen des Bundes zwischen Gott und dem Menschen und ge-

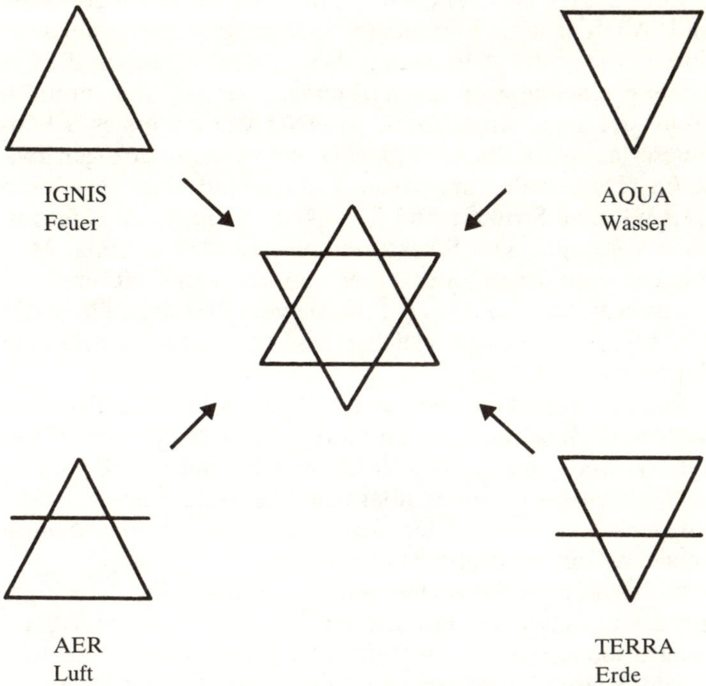

Das Hexagramm (der sechszackige Stern), auch »Sigillum Salomonis« genannt, hier aufgefaßt nicht nur als eine Kombination von »Feuer« und »Wasser«, sondern als Vereinigung aller vier klassischen Elemente.

hört zum Throne des Weltherrschers: »Gleich dem Bogen im Gewölk an Regentagen, so sah der Glanz rings um ihn aus. Dies war die äußere Gestalt von dem, was der Majestät des Herrn glich« (Ezechiel 1, 28).

Zunächst ist es aber für unseren Helden keineswegs einfach, in den mystischen Garten hineinzugelangen. Er sieht sich etlichen Hindernissen gegenüber: Eine unüberwindliche Mauer verhindert, daß die Paare zusammenkommen, weil diese den Umweg durch die Tür scheuen. Als er den ganzen Weg zurückgehen muß, kommt er an Häuser, wo viele Menschen mit unnützer, ablenkender Arbeit beschäftigt sind, und schließlich wird er mit einem Gartentor konfrontiert, das kein sichtbares Schlüsselloch besitzt.

Zum Garten gehört notwendig die schützende Umgrenzung und Abgrenzung. Ethnologen und religionspsychologische Forscher sind der Auffassung, daß für den Menschen die Erfahrung eines abgegrenzten Raumes, der erst die formlose Weite der Erde strukturiert, so etwas wie ein erstes Schöpfungserlebnis ist. Es wird nämlich eine Grenze gezogen zwischen einem bedeutungsvollen Gehege und einer formlosen Gegend ohne Struktur und Festigkeit. Nichts kann anfangen ohne vorhergehende Strukturierung und Orientierung. Man braucht eine Basis oder einen umschlossenen Raum, um wachsen zu können. Das gilt für die vorgeburtliche Phase des Menschen, und das gilt gleicherweise für die Menschwerdung der Menschheit.

In der Parabola machen es nun Mauern und das Tor ohne Schlüsselloch schwer, in den Garten der schöpferischen Tat, der Neuwerdung, der wesentlichen Arbeit hineinzukommen. Viele scheuen sich davor, überhaupt die Mühe eines Versuchs auf sich zu nehmen, andere wissen nicht, wie sie die Mauern oder das Gartentor überwinden sollen.

Woher kommt diese Hemmung und dieser Widerstand gegen das Betreten des Gartens? Wie man dem weiteren Verlauf der Parabola entnehmen kann, setzt mit dem Zusammenführen der Paare, die zunächst noch durch die Mauer des Gartens getrennt sind, ein intensiver Prozeß ein, der bis in den symbolischen Tod führt. Verständlicherweise fliehen wir vor einer solchen tiefen Regression ins Unbewußte unserer Seele, selbst wenn sie zu unserem eigenen Heil wäre, weil sie dem natürlichen Bedürfnis unseres Ich nach Kontrolle, Sicherheit und Orientierung entgegengesetzt ist.

So sieht der Wanderer, als er nach einem Weg in den Garten sucht, viele, die »unwesentliche Arbeit« verrichten. Zunächst ist das eine abwertende Anspielung auf alle die Alchemisten, die in der damaligen Zeit tatsächlich versucht haben, konkretes Gold herzustellen, und damit einer Illusion nachgelaufen sind. Sie haben Konkretes mit Symbolischem, Äußeres mit Innerem verwechselt. Des weiteren sind es die ablenkenden Tätigkeiten, die es verhindern, daß man mit dem Wesentlichen seiner Seele in Verbindung tritt. Wir haben über diese Neigung des Menschen zur »Seelenflucht« wiederholt gesprochen (vgl. Kapitel Symbolik). Solche Tendenzen gibt es auch in der

Vor dem verschlossenen Tor des philosophischen Rosengartens (Maier, Atalanta fugiens, 1618). »Wer in den philosophischen Garten ohne geeigneten Schlüssel eintreten will, gleicht einem Menschen, der ohne Füße laufen will«, besagt dieses Bild. Als der wesentliche Schlüssel wurde die »prima materia« aufgefaßt, die tragende Basis (Füße), die man entdeckt haben mußte, bevor man sich an das eigentlich Werk machen konnte. Psychologisch gedeutet benötigt man zur Selbstverwirklichung einen eigenen Zugang zum Unbewußten, welcher auf verschiedene Weisen, letztlich aber nur immer durch intensives eigenes Bemühen, gefunden werden kann.

Selbsterfahrung und in der Esoterik zur Genüge, und sie sind gar nicht einfach zu erkennen. Viele esoterische Systeme und Techniken verhindern es geradezu, daß man sich ernsthaft mit sich selbst und seinem Unbewußten auseinandersetzt. Das geschieht dann, wenn eine von außen kommende Erkenntnis einer Innen- und Selbsterfahrung vorgezogen wird – wie beispielsweise beim unreflektierten Übernehmen einer ausgearbeiteten Horoskopdeutung –, oder wenn man hofft, durch fremdartige Körperhaltungen, Meditationsformeln und Exerzitien sein Heil zu finden. Manchen alten Alchemisten mag so etwas auch vorgeschwebt haben, als sie glaubten, in der Bearbeitung der äußeren Materie eine wunderwirksame Substanz, den »Stein der Weisen«, finden zu können, der ihnen alle weiteren persönlichen Schwierigkeiten der Weisheitsgewinnung ersparen könnte. Dieses einfache Wunschdenken gehört zu der Ebene der infantilen, magisch-wunscherfüllenden Esoterik.

Gegen diese unnütze, uneigentliche Arbeit setzt der Held der Parabola seinen extra angefertigten Dietrich, den er in das dem gewöhnlichen Auge verborgene Loch in der Tür steckt. Das läßt sich so verstehen, daß jeder seinen eigenen »extra angefertigten« Schlüssel und seinen eigenen Zugang zum Innersten seiner Seele finden und dabei auch den Mut haben muß, vor den Augen der inneren und äußeren Kritiker als lächerlich zu erscheinen. Wie man seinen eignen Schlüssel, das heißt zum Beispiel seine eigenen leitenden Symbole, finden kann, wurde in den Kapiteln zur Symbolik und Magie dargestellt.

Die mystische Mühle

»Dann kam ich an eine Mühle, die innen aus Stein gebaut war. Es gab aber darin keine Mehlkasten oder andere Dinge, die man zum Mahlen braucht, sondern man sah durch die Mauer nur etliche Wasserräder sich im Wasser drehen. Ich fragte, warum das so wäre, und ein alter Müller antwortete mir, daß das Mahlwerk auf der anderen Seite verschlossen sei. Als ich dann von der Brücke des Wehrs aus einen Müllersburschen sah, folgte ich ihm. Ich gelangte über die Brücke, zu deren Linken sich die Wasserräder befanden, und blieb dann stehen, um mich über das, was ich da erblickte, zu wundern.

Die Räder befanden sich nun über der Brücke, das Wasser war kohlschwarz, seine Tropfen jedoch waren weiß. Obwohl die Brücke nicht mehr als drei Finger breit war, wagte ich zurückzugehen. Ich hielt mich dabei an dem hölzernen Geländer fest, das sich über die Wehrbrücke hinzog, und gelangte auf diese Weise sicher über das Wasser, ohne naß zu werden.

Dann fragte ich den alten Müller, wieviel Wasserräder er besitze, und er antwortete: ›Zehn.‹

Dieses Abenteuer ging mir nicht aus dem Sinn, und ich hätte gerne gewußt, was es bedeutete. Weil ich aber bemerkte, daß der Müller nichts verraten wollte, ging ich fort.«

Das Abenteuer des Wanderers mit der Mühle erscheint hier etwas unmotiviert. Wie im Traum oder wie in einer innerlich zusammengehörenden Traumreihe scheint nun die mit dem Garten angedeutete Vereinigungs- und Wandlungsthematik unter anderem Aspekt weitergeführt und variiert zu werden. Das Mahlen in der Mühle gehört zu den weiblichen Urmysterien und hatte schon in der Antike erotische Bedeutung. Wie das Korn in der Mühle »getötet« und »zerstückelt«, dann im Ofen als Brot gebacken und in neuer Form wiedergeboren wurde, um dem Menschen neue Kraft und neues Leben zu schenken, so entstand nach alter Vorstellung durch den Fortpflanzungsakt des Reibens, des Kreisens, des Hin- und Herbewegens, des Drückens und Stoßens das neue Leben in der Frau. Der Talmud versteht dementsprechend das Mahlen immer als die »Sünde des Beischlafs«, und in der Folklore kennt man die Anschauung von einer verjüngenden Mühle, der Altweibermühle.

Die Mühle kann deshalb als das weibliche Prinzip und als der Mutterleib aufgefaßt werden. Es klingt das ödipale Motiv der Vereinigung mit dem Mütterlichen an. Daß die eigentlichen »Mahlwerkzeuge«, »die Dinge, die man zum Mahlen braucht«, dem Wanderer verborgen bleiben, wie auch die Tatsache, daß der Müller ihm nichts über die zehn Mühlräder sagen will, weist auf den tabuisierten, geheimzuhaltenden Charakter dieses »inzestuösen« Prozesses hin. Über das Motiv der Geheimhaltung wird später im Zusammenhang mit dem alchemistischen Gefäß noch einiges zu sagen sein. Der Gang über das Wasser läßt sich als ein Gang in den symbolischen Uterus und ein Gang ins Jenseits des Unbewußten verstehen. Das schwarz-weiße Wasser ist das Wasser des Lebens, das aus der Polarität des Dunklen und Hellen, des »Weiblichen« und »Männlichen«, seine schöpferische Kraft gewinnt.

Daß der Wanderer sicher über das Wasser gelangt, ohne naß zu werden, ist eine Anspielung auf das alchemistische, mercuriale Wasser, »das nicht netzt«. Wie die »materia prima« hat auch das alchemistische Wasser vielerlei Namen, und es bedeutet sowohl die »prima materia«, also das Ausgangsmaterial, wie auch deren Lösungsmittel und schließlich als drittes den Stein selber. Dadurch ist es wiederum mit Hermes-Mercurius gleichzusetzen, der in psychologischer Sprache ausgedrückt wieder das Unbewußte und die in ihm enthaltene transzendente Funktion symbolisiert. So findet sich in nur einem Symbol, dem »Wasser, das nicht netzt«, der ganze alchemistische Wandlungsvorgang abgebildet.

In einem größeren Zusammenhang ist die Mühle schließlich ein Symbol für die Schöpfung und das Universum schlechthin. Die zehn Mühlräder sind vergleichbar den zehn kabbalistischen Sephirot, den treibenden Kräften und Emanationen, aus denen heraus sich alle Schöpfung vollzieht. Ihr Ineinanderwirken stellt den ewigen Kreislauf und die schöpferische Dynamik im Leben und im Menschen dar. Die Seele des Menschen muß durch diese zehn Sphären oder Bereiche ab- und wieder aufsteigen, um ihre göttliche Ganzheit zu gewinnen. Die Zahl 10 ist zudem die pythagoräische Ganzheitszahl, ihre Quersumme ist 1, so daß sich ihre esoterische Bedeutung auf die Formel: »Alles ist eins« zurückführen ließe. »Alles ist eins« lautet übrigens im Griechischen »en to pan«, was aus drei Worten und sieben Buchstaben zusammengesetzt ist, zusammen also wieder 10 ergibt. Man sieht: Es läuft alles immer wieder auf das Eine, auf die »res simplex«, die einfache Sache der Alchemisten hinaus, die das Selbst als den Anfang und das Ende des psychischen Prozesses symbolisiert.

Die mystische Hochzeit

»Vor der Mühle war ein hoher, gepflasterter Hügel, auf dem sich nun einige der schon früher erwähnten Alten befanden. Sie spazierten in der Sonne, die jetzt sehr warm schien, und berieten über einen Brief, den sie von ihrer ganzen Fakultät erhalten hatten. Da ich mir dachte, der Brief könne mich betreffen, ging ich zu ihnen und fragte sie: ›Meine Herren, geht's um mich?‹, ›Ja‹, antworteten sie, ›Ihr müßt Eure Frau, die Ihr vor kurzem erwählt habt, auch zur Ehe nehmen, oder wir müssen es dem Fürsten berichten.‹ ›Das wird kein Problem sein‹, sagte ich, ›denn ich bin mit ihr im selben Augenblick geboren und von Kindheit an mit ihr erzogen worden. Da ich sie mir einmal genommen, will ich auch bei ihr bleiben. Selbst der Tod soll uns nicht scheiden, denn ich habe sie von ganzem Herzen lieb.‹

›Dann haben wir keine Beschwerde vorzubringen‹, antworteten die Alten, ›die Braut ist auch zufrieden, und wir haben ihr Einverständnis. Ihr müßt euch nun trauen lassen.‹ ›Einverstanden‹, stimmte ich zu. ›Wohlan‹, sprach einer, ›dann wird der Löwe sein Leben wiedergewinnen und viel mächtiger und kräftiger werden als je zuvor.‹

Da fiel mir meine vorangegangene Mühe und Arbeit ein, und ich dachte merkwürdigerweise bei mir, daß dies alles gar nicht mich selbst, sondern einen mir wohlbekannten anderen beträfe. Und da sehe ich auch schon den Bräutigam mit seiner Braut, gekleidet wie zuvor, fertig und bereit, zur Trauung zu gehen. Ich freute mich sehr darüber, denn ich war in großer Angst gewesen, daß die Sache mich selbst hätte betreffen können.

Als nun, wie erwartet, unser Bräutigam in seinem prachtvollen, scharlachroten Gewand mit seiner liebsten Braut in ihrem hell erstrahlenden, weißen Seidenkleid zu den Alten gelangte, wurden beide sogleich vermählt. Ich wunderte mich nicht wenig darüber, daß diese Jungfrau doch zugleich ihres Bräutigams Mutter sein sollte und noch so jung war, als sei sie gerade eben geboren worden.

Ich weiß nun nicht, was die beiden gesündigt haben müssen, daß sie, obgleich Bruder und Schwester, sich solchermaßen in Liebe verbanden und sich nicht wieder voneinander trennen wollten, ja willens waren, sich der Blutschande beschuldigen zu lassen. Jedenfalls wurden beide nun, anstatt zu einer herrlichen Hochzeit und herrlichem Brautbett, in ein dauerndes Gefängnis gebracht.«

Hiermit wird also die eigentliche alchemistische Arbeit, die »Mystische Hochzeit«, das »Mysterium Conjunctionis«, eingeleitet. Wie aus den Worten der Alten zu entnehmen ist, wird damit das Werk, das mit der Tötung und Zerteilung des Löwen begonnen hatte, vollendet werden. Der hohe, gepflasterte Hügel, auf dem sich einige der Alten befinden, ist eine Anspielung auf den »Berg der Adepten« (vgl. Abbildung »Berg der Adepten«, S. 15), der im Einführungskapitel bereits gedeutet wurde.

Dem Leser werden die merkwürdigen Altersstufen und die vielfältigen verwandtschaftlichen Beziehungen des Paares in der Parabola aufgefallen sein: Zunächst ist der Wanderer mit seiner Frau, die ihm angetraut werden soll, im selben Augenblick geboren und von Kindheit an mit ihr erzogen worden. Dann befürchtet der Wanderer, der Vereinigungsprozeß mit ihr könne sich als noch gefährlicher erweisen als seine bisherige Arbeit, wohl vor allem der Kampf mit dem Löwen, was wieder auf eine Angst vor der damit verbundenen Regression hinweist. Als die Szene sich für ihn dann glücklich so gestaltet – ganz ähnlich wie es gelegentlich in Träumen geschieht, wenn uns eine Sache zu gefährlich wird –, daß es jetzt um ein anderes Paar geht, stellt sich heraus, daß die Frau Jungfrau, Mutter und neugeborenes Kind zugleich ist. Und schließlich erweisen sie sich als Bruder und Schwester. Psychologisch lassen sich diese scheinbaren Widersprüche relativ einfach auflösen, wenn man nämlich alle Gestalten subjektstufig als Aspekte der eigenen Persönlichkeit versteht.

Es handelt sich um unbewußte, gegengeschlechtliche Anteile, von C. G. Jung als Animus/Anima bezeichnet. Für viele Männer ist beispielsweise die meist unbewußte Anima-Idealgestalt eine Mischung aus Kind, Tochter, Jungfrau, Geliebter, Ehefrau und Mutter, für Frauen wäre der ideale Mann häufig entsprechend umgekehrt eine Mischung aus Kind, Sohn, Held, Geliebtem, Ehemann und Vater. Diese Animus/Anima-Aspekte gehören zur eigenen Persönlichkeit und können niemals vollständig in äußeren Partnern gefunden werden, es sei denn, diese verzichteten auf ihre eigene Identität und paßten sich dem unbewußten Traumbild ihres Partners vollständig an. Zum Individuationsweg gehört die Bewußtmachung und Integration des vorher unbewußten Gegengeschlechts notwendig dazu, und darum geht es auch im alchemistischen Prozeß der Parabola jetzt.

Nach Jungs Auffassung gehören Animus und Anima als wichtige innerseelische Faktoren nicht nach außen, wo sie als projizierte Ideal- und Wunsch-Bilder die konkrete Beziehung zu einem Menschen nur erschweren und komplizieren. Mit den den Animus/Anima-Bildern eigentümlichen religiösen Einheits- und Ganzheitssehnsüchten wird jeder reale Partner bei weitem überfordert. Vielmehr gehören sie als machtvolle seelische Größen nach innen, wo sie als schöpferische Funktionen die Beziehung zum Selbst herstellen und aufrechterhalten. Die in der Parabola auftauchende Inzest-Symbolik bezieht sich deshalb nach Jung auf die Vereinigung mit dem eigenen Wesen:

»Der Inzest symbolisiert die Vereinigung mit dem eigenen Wesen, die Individuation oder Selbstwerdung, und hat, wegen der hohen vitalen Bedeutung letzterer, eine gelegentlich fast unheimliche Faszination, wenn nicht in brutaler Wirklichkeit, so doch wenigstens in dem vom Unbewußten kontrollierten psychischen Geschehen ...«[10]

Auch werden in den scheinbar paradoxen Aussagen über die verwandtschaftlichen Beziehungen des Paares und das Alter der Jungfrau die Potentialität und Zeitlosigkeit des Unbewußten überhaupt ausgedrückt:

»Einesteils, insofern es sich um Vergleichbares handelt, ist es Gegenstand unserer Erinnerung und unseres Wissens und daher schon längst Vergangenes:

wir sprechen dann von ›Resten uralter mythischer Anschauungen‹; andererseits, insofern es sich als unerwarteter und unverstandener Einbruch manifestiert, ist es noch ›nie Dagewesenes‹, etwas ganz ›Sonderbares, Neues und Zukünftiges‹. Daher ist das Unbewußte Mutter sowohl wie Tochter und die Mutter hat ihre eigene Mutter geboren und ihr Sohn war ihr Vater.«[11]

Die Nähe der Animus/Anima-Gestalten zum Selbst macht auch plausibel, weshalb sie so unterschiedlichen Alters sein können, denn das Selbst, aus dem heraus sich unsere Persönlichkeit entwickelt, ist als »Große Mutter/Großer Vater« der transpersonale Ursprung unserer Existenz, als »Göttliches Kind« der Teil, der in unser Bewußtsein hineingeboren werden möchte, und als »Bruder oder Schwester« der Teil, den wir in unserem Leben bereits verwirklicht haben und der uns treu zur Seite steht.

Das Gefäß der Wandlung

»Jedenfalls wurden beide nun, anstatt zu einer herrlichen Hochzeit und herrlichem Brautbett, in ein dauerndes Gefängnis gebracht. Dieses war durchsichtig, damit ihr Tun und Lassen von einer Aufsichtsperson überwacht werden konnte und sie nichts Heimliches tun konnten. Zu diesem Gefängnis, hell und klar wie ein Kristall und rund wie eine Himmelskugel, waren sie verurteilt worden, und sie waren darin eingeschlossen, um unter ständigen Tränen und in wahrer Reue für ihre begangenen Missetaten zu büßen.

Sie waren in ihrem Gemach nackt und bloß, denn man hatte ihnen alle Kleidung und allen Schmuck, den sie zu ihrer Zierde angelegt hatten, abgenommen, bevor man sie einschloß. Und man gab ihnen auch niemanden, der sie hätte bedienen können. Nur mit dem Nötigen an Speise und Trank, der dem bereits erwähnten Wasser entnommen war, waren sie versorgt worden, bevor die Tür des Gemachs ganz fest verriegelt und verschlossen und auch das Siegel der Fakultät darauf gedrückt worden war.

Mir wurde anbefohlen, sie zu bewachen, und weil der Winter vor der Tür stand, sollte ich das Gemach so erwärmen, daß sie weder froren noch verbrannten. Auch durften sie auf keinem Wege herauskommen und entfliehen. Sollte ich jedoch wider Erwarten meinen Auftrag nicht erfüllen können, so müßte ich mit schweren Strafen rechnen. Mir war nicht wohl bei der Sache, und meine Furcht und meine Sorgen machten mich kleinmütig. Ich dachte mir, daß es keine leichte Sache sei, was mir da anbefohlen worden war, und ich wußte auch, daß das ›Collegium sapientiae‹ nicht zu scherzen pflegte, sondern vielmehr das tat, was es sagte. Weil ich jedoch nichts ändern konnte, übernahm ich meine Aufgabe und fing in Gottes Namen an, das Gemach zu erwärmen, um das Paar vor Kälte zu schützen. Da es inmitten eines dicken Turmes stand, umgeben von hohen Befestigungen und Mauern, ließ es sich durch stetiges Feuer gut erwärmen.«

Das hermetisch versiegelte Gefängnis, in das das alchemistische Paar eingeschlossen wird und das »hell und klar wie ein Kristall und rund wie eine Himmelskugel« ist, ist das alchemistische Gefäß, das in dem »dicken Turm, umgeben von hohen Befestigungen und Mauern«, dem »Athanor«, dem alchemistischen Ofen, steht und stetig erwärmt werden muß.

Das Gefäß war für die Alchemisten etwas ganz Wunderbares. Sie nannten es »vas mirabile« und meinten, daß das ganze Geheimnis des Werkes im Wissen um dieses Gefäß liege. Es sollte rund sein, damit es den sphärischen Kosmos nachahme, oder auch eiförmig, damit der Stein der Weisen aus ihm wie ein Lebewesen aus dem Ei oder dem Uterus geboren werden könne. Außerdem müßte es so gut verschlossen sein, daß der so flinke und flüchtige Hermes, der ja das Hauptsymbol für die Substanz ist, die sich von der prima materia zum Stein verwandeln sollte, nicht entkommen könne. Es mußte »hermetisch« so gut abgedichtet sein, daß selbst die besten Täuschungs- und Fluchtversuche des Hermes keinen Erfolg hätten. Außerdem mußte für ein dem jeweiligen Prozeß angemessenes, gleichmäßiges Feuer, nicht zu heiß, nicht zu kalt, gesorgt werden:

»Einen perfekten Meister man jenen nennt, der seine Hitze richtig kennt.
Nichts anderes kommt dich so teuer wie Unvertrautheit mit dem Feuer.«[12]

Abgesehen von der fast prophetischen (denkt man an die atomare Energie in der Materie) und auch der ganz realen Bedeutung dieses Spruches (wenn dem Alchemisten sein Laboratorium abbrannte oder explodierte), ist er auch psychologisch äußerst wahr. Das Wissen um das verschlossene Gefäß und um das rechte Feuer gehört zu den wesentlichen Geheimnissen der psychischen Wandlung. Die Auseinandersetzung mit den unbewußten Bereichen der Seele bedarf, wie wir schon mehrmals gesehen haben, eines sehr vorsichtigen Vorgehens. Das dazu erforderliche »Setting« sei am Beispiel der psychotherapeutischen Beziehung näher erläutert (Jung hat immer wieder auf die engen Parallelen zwischen einer analytischen Psychotherapie und dem alchemistischen Werk hingewiesen), es läßt sich aber auf jede Beziehung übertragen, bei der einer den anderen auf der Reise nach innen begleitet.

Der alchemistische Ofen (Musaeum Hermeticum, 1678). Oben im Bild befindet sich der Athanor, der Sandbad-Ofen der Alchemisten, im Glaskolben die mercuriale, uroborische Schlange, die sich dem Wandlungsprozeß unterziehen muß. Darunter sind alchemistische Symboltiere abgebildet, die in ungeordneter Folge verschiedene Phasen des Werkes darstellen.

Alchemistisches Paar im Brunnen (Rosarium philosophorum, 1550). In diesem Bad bereitet sich das Paar auf die bevorstehende »Hochzeitsnacht«, die Vereinigung mit der darauf folgenden Auflösung im Tod vor. Die Vereinigung von »Männlichem« und »Weiblichem« ist ein zentrales Motiv der Alchemie.

Zunächst bedarf es eines äußeren ungestörten Schutzraumes, in dem der Prozeß in aller Ruhe vor sich gehen kann. Deshalb hat der Therapeut auf einen geeigneten äußeren und inneren Rahmen zu achten, in dem der Klient sich weitgehend ungestört von äußeren Beeinträchtigungen seinen Einfällen, Gefühlen und Phantasien überlassen und frei und ungehemmt alles äußern und ausdrücken kann, was ihn bewegt und beschäftigt. Dazu verhilft ihm die therapeutische Schweigepflicht und das, was man psychoanalytisch »Abstinenz« des Therapeuten nennt. Dieses etwas »trocken« und unpersönlich klingende Wort meint die Gewährleistung von Neutralität und Objektivität in deren bestem Sinne. Der Therapeut darf die Therapie nicht für seine eigenen Zwecke, seine ungelebten Bedürfnisse und unbewußten Motive ausnutzen. Er muß in der Lage sein, von sich selbst in gewisser Hinsicht abzusehen, seine eigenen Ansichten, Meinungen und Theorien weitgehend zurückzustellen, damit er dem Klienten offen, tolerant und einfühlsam begegnen kann.

Eine gewisse Verschwiegenheit ist auch für den Klienten notwendig. In alten Initiationsriten wurde immer großer Wert auf Geheimhaltung und Verschwiegenheit gelegt. Dies hatte verschiedene Gründe: Die Geheimhaltung diente dem Schutz der Organisation, ihrer Mitglieder und auch der vermittelten Informationen. Außerdem erhöhte das gemeinsame Geheimnis das Gefühl der Verbundenheit und Verpflichtung der Mitglieder.

Einem Klienten in einer Therapie ist sie aber vor allem ein Selbstschutz und Hilfe für einen ungestörten Selbstauseinandersetzungsprozeß. Er wird also auch gegenüber seiner Familie, seinem Partner oder Freunden das rechte Maß dafür finden müssen, was er aus seiner Therapie mitteilt. Wenn er zu viel erzählt, kann das zwei den Prozeß störende oder gar verhindernde Wirkungen haben: Er reagiert Energien, vielleicht erotischer, vielleicht aggressiver Art, draußen und woanders ab, die eigentlich in den psychischen Prozeß hineingehören. Das Sprechen über die inneren Vorgänge dient dann einer Angst- und Spannungsreduktion. Das Ich ist nicht stabil genug, die freiwerdenden Energien bei sich und damit im alchemistischen Gefäß zu halten. Solche Klienten kommen gelegentlich in die Therapie und haben nichts zu sagen, sie wissen nicht, woran sie arbeiten könnten. Es hat eine psychoenergetische Entleerung außerhalb der Therapie stattgefunden, die Energien werden der Therapie auf diese Weise entzogen und fehlen dann im Wandlungsprozeß.

Eine andere unangenehme Wirkung des Zu-viel-und-zu-früh-Erzählens ist, daß der andere nicht genügend Verständnis für das Erzählte zeigt, es kritisiert, abwehrt oder sonstwie bemängelt. Das kann zu einem großen Rückschlag führen. In den Phasen, in denen man stärker in unbewußte Vorgänge verwikkelt ist, neigt man ohnehin dazu, Extremen zu verfallen. Man ist vielleicht sehr labil, selbst voller Zweifel und Ängste, ob das Neue, das werden möchte, auch wirklich gut für einen ist, und läßt sich dementsprechend noch mehr verunsichern, irritieren und kränken. Oder man ist euphorisch über seine künftigen Möglichkeiten und ängstigt oder überfordert damit seinen Gesprächspartner, der das ganze etwas realistischer sieht. Manche Dinge sehen eben nach einer Nacht des »Überschlafens« oder nach einer Woche des Bedenkens und Meditierens wesentlich anders aus, als kurz nachdem sie sich einem zum ersten Mal offenbarten, und Entwicklungen brauchen ihre Zeit. Deshalb ist es wichtig, an das verschlossene Gefäß, an das »vas bene clausum« der Alchemisten zu denken und den »merkurialischen Geist«, der mit allen Tricks gegen die Veränderung arbeitet, nicht herauszulassen.

Die Symbolik des verschlossenen Gefäßes gibt uns noch einen anderen wichtigen Hinweis, nämlich darauf, daß wir im Selbstfindungsprozeß gewissermaßen »im eigenen Saft« schmoren müssen. Wir haben ja eine ungeheuer ausgeprägte Tendenz, von uns selbst abzulenken, alles mögliche auf die Umwelt zu projizieren und die Probleme, die wir mit anderen und der Welt haben, dem anderen und dem Äußeren zuzuschreiben.

Aber im alchemistischen Werk gibt es kein Ausweichen. Wir dürfen es uns nicht gestatten, die täuschende Projektion nach außen gehen zu lassen. Wir müssen uns statt dessen bei allen Phantasien, Träumen und unbewußten Ausdrucksformen fragen, was diese denn mit uns zu tun haben, und zwar im Sinne dessen, was in der Analytischen Psychologie »Deutung auf der Subjektstufenebene« genannt wird. Bei der Subjektstufendeutung liegt der Akzent eben auf der eigenen Person. Alle unbewußten Inhalte werden als eigene Anteile aufgefaßt. Das ist zwar eine einseitige Umgangsweise mit Unbewußtem, denn neben der Subjektstufe gibt es auch die Objektstufe und etwas, was man die Beziehungsstufe nennen könnte, darum hat diese Einseitigkeit auch durchaus ihre Gefahren. Aber zum Zwecke der Selbsterkenntnis und zur Rücknahme von Projektionen ist intensive Subjektstufenarbeit unerläßlich. Wer einmal erlebt hat, wie unangenehm sie sein kann und wie sehr sich alles in einem dagegen sträubt, der wird verstehen, weshalb die Alchemisten an ihrem so flüchtigen Hermes-Mercurius, der sich einfach nicht im Wandlungsgefäß halten lassen wollte, schier verzweifelten.

Ein anderer wichtiger Aspekt des Gefäßes, und dieser Aspekt berührt sich mit dem Hüten des Feuers, liegt darin, daß die Auseinandersetzung mit dem Unbewußten zwar sehr regelmäßig und kontinuierlich vonstatten gehen, aber zeitlich doch auch begrenzt sein muß. Das alltägliche Leben muß auch gelebt werden. Dieses stellt sogar ein notwendiges Ingredienz dar, es schützt vor Depression, Isolierung und Vereinseitigung, korrigiert unrealistische Größenvorstellungen und hilft, den Prozeß wirklich auch lebens- und menschenbezogen ablaufen zu lassen. Das alltägliche Leben ist eigentlich die »prima materia«, um deren Verwandlung es geht, beziehungsweise es ist der Ort, wo der Stein der Weisen sich zuerst und zuletzt bewähren muß.

Der mystische Tod

»Aber was geschieht? Sobald sie ein wenig Wärme empfinden, umarmen sie sich so zärtlich, wie man es so bald nicht wieder sehen wird, und verbleiben in solcher Inbrunst, daß das Herz des Bräutigams vor lauter Liebesglut in seinem Körper schmilzt und sein ganzer Leib sich in den Armen seiner Liebsten auflöst und auseinanderfällt. Als sie, die ihn vorher nicht weniger liebte als er sie, das sah, beweinte sie ihn von ganzem Herzen mit ihren Tränen. Und ihre Tränen überschwemmten alles, so daß nicht mehr zu sehen war, wohin er gekommen war.

Sie gab sich ihrem Weinen und ihrem Kummer nur kurze Zeit hin, dann wollte sie vor Herzeleid auch nicht länger leben und begab sich freiwillig in den Tod.

Ach, wehe mir, in was für Angst, Not und Kümmernis war ich, als ich die beiden mir Anbefohlenen im Wasser aufgelöst und tot vor mir liegen sah. Mir stand mein sicherer Untergang vor Augen, und, was mir das unangenehmste war, ich fürchtete mehr als alles andere, was geschehen konnte, den mir vor Augen schwebenden Hohn und Spott, der mir widerfahren würde.«

Zu sterben, um neu geboren zu werden, war in den Geheimreligionen und in vielen traditionellen Kulturen das Kernstück der initiatorischen Erfahrung. Der mystische Tod wurde in Ritualen häufig so dargestellt, daß sich der Initiand nach einer längeren Zeit der Vorbereitung (Fasten, Meditation, Enthaltsamkeit) einem symbolischen Begräbnis zu unterziehen hatte, manchmal verbunden mit schmerzhaften Prüfungen. Einige Zeit mußte er dann im Grab (Sarg, isolierter Raum, Wildnis, Wald) verweilen, danach erhielt er als Wieder- beziehungsweise Neugeborener einen neuen Namen als Zeichen seiner neuen Identität, manchmal ein neues Gewand als Ausdruck seines neuen äußeren Status und häufig auch eine neue Rolle in der Gemeinschaft. Dieses archetypische Motiv des »Stirb und Werde« hat viele Berührungspunkte zur Symbolik der Taufe. Auf ähnliche Vorstellungen greift auch die Alchemie zurück.

Die Vereinigung des alchemistischen Paares, das ein Hermaphrodit wird, und der darauf folgende Tod mit dem Entweichen der Seele (Rosarium philosophorum, 1550). Die intensive Vereinigung des Ich-Bewußtseins mit dem Unbewußten führt zunächst zu einer starken Desorientierung, weil man die gewohnten Werte und Einstellungen nicht mehr aufrechterhalten kann. Diese Desorientierung kann man wie einen »Seelenverlust« empfinden, der einen vorübergehend lähmt und weitere Aktivitäten verhindert. Man muß in diesem seelischen Todeszustand verbleiben, bis sich durch vorsichtiges und geduldiges Weiterarbeiten eine neue Orientierung einstellt.

Das Eintauchen und Sich-Auflösen im Wasser ist ein vielfach variiertes Thema in der Alchemie. Es wird bespielsweise auch ausgedrückt im Bilde eines Königs, der im Meer zu ertrinken droht. Andere Bilder zeigen einen König, der in einem saunaähnlichen Glashaus schwitzt, einen Königssohn, der von dem König aufgefressen wird, oder den grünen Löwen, die Sonne verschlingend. Diese Motive lassen sich verstehen als eine Rückversetzung, eine Regression des Ich-Bewußtseins in einen dunkeln, unbewußteren Anfangszustand, was einem vorübergehenden Ich-Tod gleichkommt. Dadurch können vom Selbst erneuernde Impulse empfangen werden.

Unter der regelmäßigen und stetigen Erhitzung des »Unbewußten« durch eine wohlwollende Achtsamkeit auf die unbewußten Ausdrucksformen und eine ernsthafte, ehrliche Auseinandersetzungsbereitschaft beginnen sich die alten Vor- und Einstellungen zu verändern, sie zerfallen, lösen sich auf. Dort, wo man vorher noch glaubte, unterscheiden zu können, was richtig und falsch, gut und böse, mein und dein, männlich und weiblich sei, zerfließen jetzt die deutlichen Grenzen immer mehr. Immer neue Aspekte der gleichen Sache tauchen auf, immer mehr Bedeutungsinhalte und Nuancen erschließen sich über das, was man zuvor als gesichert und eindeutig empfand.

Alte, längst totgeglaubte Erinnerungen und Gefühlsregungen sind mit einer Deutlichkeit und Heftigkeit zu spüren, als seien sie gestern gewesen. Kosmische, mythische und mystische Phantasien tun sich auf, von denen man nie geglaubt hätte, daß sie im Bereich des Möglichen liegen könnten.

Je mehr die »Wasser des Unbewußten« steigen, desto mehr regrediert das gewohnte Alltagsbewußtsein auf frühere, magische, primärprozeßhafte Bewußtseinsstufen (vgl. Kapitel Magie) und ganzheitlichere Erlebensformen zurück. In einer Therapie muß der daraus resultierenden Desorientierung des Klienten, die sich bis an die Grenze zur Psychose steigern kann, die Orientierung, das Vertrauen, die Geduld und das Verstehen des begleitenden Helfers entgegengesetzt werden. Er muß wissen, was dieser Zustand bedeutet, er muß das Wertvolle und Schöpferische an ihm sehen und ihn in adäquater Weise fördern und beantworten können.

Wenn man sich so in einem stabilen, sicheren Gefäß weiß, in dem man sich vertrauensvoll betreut, gefördert und beschützt fühlt, dann kann die Angst vor dieser Ich-Auflösung und das Aufgeben der Bewußtseinskontrolle auch zunehmend als angenehm und lustvoll erfahren werden. Der Tod der alten Bewußtseinswerte und -haltungen und das Aufgeben alter neurotischer Abwehrmechanismen, die ursprünglich zwar das Ich vor angstüberflutenden und schmerzhaften Erfahrungen schützten, damit aber auch das ursprüngliche Präsenzerleben des Selbst verdunkelten, wird positiv erlebbar. Er kann umschlagen in das tiefreichende religiöse Erleben eines Geborgenseins und Sinns, eines Gehaltenseins in Liebe. Dann entfallen alle verzweifelten, neurotischen Anstrengungen, anders sein zu müssen, als man wirklich ist, und es leuchtet ein einfaches, offenes, selbstverständliches Da-sein-Können auf, das von den einen als die Durchdringung von göttlichem Licht, von anderen als die Geburt des göttlichen Kindes oder des wahren inneren Menschen, als der wir ursprünglich gemeint waren, beschrieben wird.

Die Erneuerung

»Nachdem ich mit solch beunruhigenden Gedanken mehrere Tage verbracht und auch hin und her überlegt hatte, was wohl als bestes zu tun sei, fiel mir endlich ein, wie Medea den toten Leib des Aesonis wieder lebendig gemacht hatte. Wenn Medea so etwas tun konnte, so dachte ich, warum sollte mir dann solches nicht gelingen?

Mir fiel nichts Besseres ein, wie ich hätte vorgehen können, als mit steter Wärme fortzufahren, bis das Wasser vergangen sein würde und ich die toten Körper des liebenden Paares wieder sehen könnte. Ich erhoffte mir dadurch auch, aller Gefahr zu entkommen und Lob zu ernten. Ich setzte das Wärmen vierzig Tage lang fort, und je länger es dauerte, desto mehr verschwand das Wasser. Dann begannen sich die toten Körper, die so schwarz wie Kohle waren, wieder zu zeigen. Das wäre sicher noch früher geschehen, wenn das Gemach nicht so fest verschlossen und versiegelt gewesen wäre, denn das Wasser, das in die Höhe stieg und den Wolken zueilte, sammelte sich oben im Gemach wieder, um als Regen herunterzufallen. Aber ich durfte ja auf keinen Fall das Gemach öffnen, und das Wasser konnte nicht entrinnen, bis unser Bräutigam mit seiner liebsten Braut tot und verwest und deshalb auch entsetzlich stinkend vor meinen Augen lagen.

Inzwischen konnte man in dem Raum einen wunderschönen Regenbogen sehen, der vom Sonnenschein in dem feuchten Wetter hervorgebracht worden war. Seine außerordentlich schönen Farben erfreuten mich nicht wenig nach meiner überstandenen Betrübnis, doch weit mehr noch freute ich mich darüber, die beiden Liebenden wieder vor mir liegen zu sehen.

Doch keine Freude ist so groß, daß sie nicht auch mit Traurigkeit gemischt wäre. So war auch ich in meiner Freude betrübt, denn noch lagen die meiner Obhut Anvertrauten tot vor mir. Da ich aber wußte, daß ihre Kammer aus so reiner und dichter Materie und auch so fest verschlossen war, daß ihre Seele und ihr Geist gar nicht herauskommen konnten, so fuhr ich in der Ausübung meiner Pflicht Tag und Nacht fort. Ich hielt eine stetige Wärme aufrecht und war fest davon überzeugt, daß die beiden nicht in ihre Körper zurückkehren würden, solange noch Feuchtigkeit da war. Solche halten sich aber gut in feuchter Umgebung, was sich bald bestätigte.

Durch sorgfältige Beobachtung wurde ich gewahr, daß gegen Abend durch die Kraft der Sonne viele Dämpfe vom Erdboden aufstiegen und sich nach oben erhoben, so, als ob die Sonne das Wasser anziehe. Während der Nacht kondensierten sich die Dämpfe zu einem lieblichen und fruchtbaren Tau, der früh am Morgen niederfiel. Er befeuchtete die Erde und wusch die Körper der beiden Toten, so daß sie von Tag zu Tag, je länger sie so gebadet und gewaschen wurden, immer schöner und weißer wurden. Je schöner und weißer sie aber wurden, desto mehr verschwand auch die Feuchtigkeit, bis schließlich, nachdem die Luft frisch und rein geworden und aller Nebel und alles feuchte Wetter abgezogen waren, der Geist und die Seele der Braut sich in der klaren Luft nicht länger enthalten konnten. Und sie gingen in den gereinigten und nunmehr verklärten Körper der Königin ein, der sie auch bald empfing und damit sofort zum Leben kam.

Wie Sie wohl verstehen werden, erfreute mich das nicht wenig. Ich sah, wie sie sich im überaus kostbaren Gewande erhob, wie solches auf der Erde kaum gesehen worden ist, geschmückt mit einer köstlichen Krone voller Diamanten. Und ich hörte sie sagen: ›Hört, ihr Menschenkinder, begreift, die ihr von Frauen geboren wurdet, daß der Allerhöchste die Macht hat, Könige einzusetzen und Könige abzusetzen. Er macht Reiche und Arme, ganz nach seinem Willen. Er tötet und macht wieder lebendig.

Seht dafür in mir ein wahres und lebendiges Beispiel. Ich war groß und wurde klein; doch jetzt, nachdem ich gedemütigt worden bin, bin ich eine Königin, die über viele Königreiche herrscht. Ich war getötet worden und wurde zum Leben zurückgebracht. Mir, der Armen, sind die großen Schätze der Weisen und Mächtigen übergeben und anvertraut worden.

Damit ist mir auch die Macht gegeben, die Armen reich zu machen, den Demütigen Gnade zu gewähren und dem Kranken Gesundheit zu schenken. Doch gleiche ich noch nicht meinem über alles geliebten Bruder, dem allmächtigen König, der noch vom Tode auferweckt werden muß. Wenn er kommt, wird er beweisen, daß meine Worte wahr sind.«

Nach dem mystischen Tod, von den Alchemisten auch »Nigredo«, die Schwärze, genannt, folgt jetzt nach einem längeren destillationsähnlichen Prozeß die »Albedo«, die Weißung. Das wird in der Parabola dargestellt als die Abwaschung der toten Körper durch den mystischen Tau. Die Dunkelheit und Verworrenheit des vorangegangenen Zustandes lösen sich langsam auf, wie die ersten Strahlen des Sonnenaufgangs den kommenden Tag ankündigen. Unbewußtes wird allmählich bewußt, man könnte auch sagen: Ein Problem wurde gelöst oder überwunden. Das verbildlichten die Alchemisten als eine Abwaschung der Schwärze, des Todeszustandes, und die Weißwerdung der Körper. Der vielfarbige Regenbogen kündigt nach der Trauer und der Depression des vorangegangenen Todes das Auftauchen neuer Gefühlswerte und neuer Lebendigkeit an. Es wird jetzt wieder ein stabilerer Bewußtseinszustand erreicht, der im Vergleich zum früheren umfassender, ganzheitlicher ist.

Die Worte, die die wiedererstandene Königin spricht, weisen darauf hin, daß durch den intensiven regressiven Prozeß eine schöpferische Beziehung zum Selbst hergestellt wurde, das zu allen Zeiten mit den höchsten Werten und Vorstellungen verbunden war. Das Vertrauensverhältnis zum eigenen Selbst ist aber noch nicht so stabil, daß es nicht wieder verdunkelt und verunsichert werden könnte, und um die Schätze, die einem da anvertraut wurden, muß man sich kümmern, wenn sie nicht wieder verlorengehen sollen. Nun geht es darum, sich auf eigene Beine zu stellen, nun sollte man lernen, dem inneren »Guru«, der eigenen inneren Weisheit des Selbst zu vertrauen und mit den Schätzen umzugehen. Einsicht und Erkenntnis sind noch nicht gleichbedeutend mit der Realisierung des Erkannten. Die neue Einsicht muß auch im Leben verwirklicht und dauerhaft verankert werden. Wie leicht das übersehen wird, zeigt der Traum einer Frau, die eine sehr wichtige Einsicht gewonnen hatte, aber dieser Einsicht im Alltag nicht genügend folgte. Sie träumte:

»Ich entdecke, daß ich ein kleines Kind, ein kleines Mädchen habe, dem ich vergessen habe etwas zu essen zu geben. Es ist ganz klein geworden und geschrumpft. Mein Mann hätte ihm einen Namen geben sollen, aber er hat das auch vergessen.«

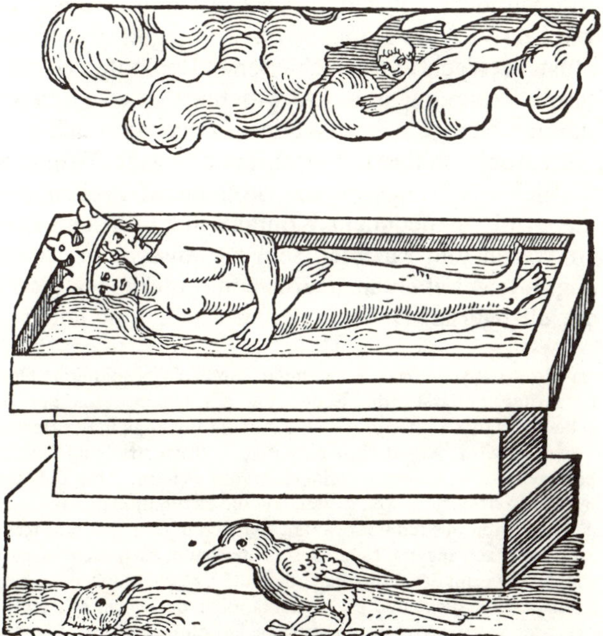

Das Wasser wäscht den schwarzen hermaphroditischen Körper ab, wodurch er weiß wird (Albedo) (Rosarium philosophorum, 1550). Nach der Phase der Desorientierung und des seelischen Todes entwickelt sich eine neue Lebendigkeit und erweitert sich das Bewußtsein. Die vorher nur latent vorhandene mann-weibliche Ganzheit (Hermaphrodit) wird realisiert.

Die im regressiven Prozeß gehobenen Schätze, das Neue, hier im Bild des Kindes, müssen gepflegt, genährt, geliebt, unterrichtet, erzogen werden, das Kind muß einen Namen bekommen. Es reicht nicht aus, daß es einmal aufgetaucht, daß es einmal gewußt oder erfahren worden ist. Jung betonte immer wieder, daß eine wirkliche Realisierung nur über Berücksichtigung aller Ich-Funktionen dem Denken, dem Fühlen, dem Empfinden und der Intuition, und ich möchte noch ergänzen: dem Handeln, möglich sei.

Aber die Abwaschung des Dunklen hat noch einen anderen Aspekt. Es geht auch darum, daß sich der Betreffende von Aspekten des Unbewußten wieder distanziert, mit denen er im Zustand der Nigredo identifiziert war. Trotz eines Wissens und Erlebens von der Einheit des Ich mit dem Selbst darf sich das Ich doch nicht mit ihm verwechseln und glauben, daß es nun zum Beispiel »die Königin« oder das »göttliche Kind« sei. Beide Instanzen gehören verschiedenen Realitäten an. Wo eine genügende Trennung und »Abwaschung« des Unbewußten nicht gelingt, bleibt ein gewisser desorientierter, realitätsferner Zustand zurück, so daß die erfahrenen »ewigen Wahrheiten« zu gefährlichen Störungen werden können. Menschen, die meinen, dauernd in medialem Kontakt mit »jenseitigen« hilfreichen Wesen und Mächten sein zu müssen, um ihnen die Führung durchs Leben anzuvertrauen, unterliegen dieser Gefahr nur allzugerne. Deshalb betont C. G. Jung auch:

»Wenn unsere Psychologie, gezwungen durch die besonderen Umstände ihres Erfahrungsmaterials, die Bedeutung des Unbewußten hervorheben muß, so bedeutet dies keineswegs, daß damit die Wichtigkeit des Bewußtseins heruntergesetzt wird. Nur dessen einseitige und übertriebene Geltung soll durch eine gewisse Relativierung eingeschränkt werden. Aber die Relativierung ihrerseits darf nicht so weit gehen, daß die Faszination durch die archetypischen Wahrheiten das Ich überwältigt. Das Ich lebt in Zeit und Raum und muß deren Gesetzen angepaßt sein, soll es überhaupt existieren. Wird es aber ans Unbewußte dermaßen assimiliert, daß alle Entscheidungen bei letzterem liegt, dann ist es erstickt und es ist nichts mehr da, worin das Unbewußte integriert oder worin es realisiert werden könnte ... In der Alchemie geschieht die Reinigung durch eine vielfache Destillation, in der Psychologie durch eine ebenso gründliche Scheidung des gewöhnlichen Ichmenschen von allen inflationistischen Beimischungen des Unbewußten.«[13]

Der Stein der Weisen

»Nachdem sie dies gesagt hatte, schien die Sonne sehr hell, und der Tag wurde wärmer als zuvor, und die Hundstage standen vor der Tür.

Wie aber schon lange zuvor für die herrliche und große Hochzeit unserer neuen Königin vielerlei kostbare Gewänder vorbereitet waren, solche von schwarzem Samt, aschfarbenem Damast, grauer Seide, silberfarbenem Taft, schneeweißem Atlas und einem überaus schönen silbernen Stück, das mit kostbaren Perlen und herrlich strahlenden Diamanten besetzt war, so waren gleichzeitig auch für den jungen König unterschiedliche Kleider vorbereitet. Sie waren in Fleischton und goldgelben Farben und in kostbaren Stoffen, und schließlich gab es auch ein rotsamtenes Gewand, das mit kostbaren Rubinen und Karfunkeln in großer Zahl bestickt war.

Doch die Schneider, die diese Kleider anfertigten, waren unsichtbar, so daß ich mich wunderte, wie es geschehen konnte, daß ich ein Kleidungsstück nach dem anderen fertig vor meinen Augen liegen sah. Ich wußte ja, daß niemand außer dem Bräutigam und seiner Braut in die Kammer Einlaß gefunden hatte. Was mich aber am meisten verwunderte, das war, daß, sobald ein Kleidungsstück fertiggestellt war, das vorangegangene vor meinen Augen verschwand. Ich wußte auch nicht, wo sie hingekommen waren oder wer sie weggeschlossen hatte.

Als nun das letzte, kostbarste Gewand gefertigt war, erschien auch der große und mächtige König in funkelndem Glanze und großer Herrlichkeit, die mit nichts zu vergleichen war. Als er merke, daß er eingeschlossen war, bat er mich mit freundlichen und holdseligen Worten, ihm die Tür zu öffnen und ihm das Hinaustreten zu gewähren, es würde zu meinem Vorteil sein. Obwohl es mir strengstens untersagt worden war, das Gemach zu öffnen, so beeindruckte mich doch die Autorität und die Freundlichkeit des Königs, und ich öffnete ihm gerne die Tür. Als er heraustrat, freundlich, huldvoll und bescheiden, schien er mir Zeugnis davon abzulegen, daß große Persönlichkeiten durch nichts mehr als durch diese Tugenden ausgezeichnet sind.

Weil er aber die Hundstage in großer Hitze zugebracht hatte, war er sehr durstig, matt und müde und befahl mir, daß ich ihm von dem schnell laufenden Wasser unter den Mühlrädern schöpfen und bringen sollte. Nachdem ich es ihm gereicht hatte, trank er einen großen Teil davon mit großer Begierde, ging dann wieder in seine Kammer und befahl mir, die Tür hinter ihm fest zu verschließen, damit ihn niemand störe oder aus seinem Schlaf aufwecke.

Dort ruhte er einige Tage und rief mich dann, die Tür wieder zu öffnen. Ich hatte den Eindruck, daß er viel schöner, blutvoller und herrlicher geworden war. Er hatte das auch bemerkt und schrieb es dem prächtigen und gesunden Wasser zu. Deshalb verlangte er noch mehr davon und trank auch noch mehr als beim ersten Mal. Er trank so viel, daß ich erwog, die Kammer zu erweitern. Als der König nun von dem kostbaren, von den Unwissenden verachteten Wasser nach Herzenslust getrunken hatte, wurde er so schön und herrlich, wie ich noch niemals in meinem ganzen Leben einen Menschen, ein edleres Wesen und Benehmen gesehen hatte.

Dann führte er mich in sein Königreich und zeigte mir alle Schätze und Reichtümer der Welt. Ich muß gestehen, daß die Königin die Wahrheit gesprochen, ja den größten Teil noch nicht einmal beschrieben hatte. Gold und

Karfunkelsteine waren in unendlichen Mengen vorhanden, Verjüngung und Wiedererlangung natürlicher Kräfte, auch die Wiederherstellung der Gesundheit und die Befreiung von Krankheiten gehörten zu den Schätzen.

Aber das beste von allem war, daß die Menschen dieses Landes ihren Schöpfer kannten, fürchteten und ehrten, von ihm Weisheit und Verstand erlangten und schließlich, nach dieser vergänglichen Herrlichkeit, auch ewiger Glückseligkeit teilhaftig wurden. Dazu verhelfe uns Gott, der Vater, der Sohn und der Heilige Geist. Amen.«

Die letzte Phase des alchemistischen Werkes wurde »Rötung«, Rubedo, genannt. In dieser Phase sollte der Stein seine Reife, seinen höchsten Zustand, seine Vollkommenheit erreichen. Die Anspielung auf die »Hundstage«, die heißesten Tage im Sommer, soll darauf hinweisen, daß jetzt noch einmal eine höhere Intensität von Energie, Bemühung, Konzentration und Achtsamkeit erforderlich ist, um das Werk zum Abschluß zu bringen. Die wechselnden roten Kleider beziehen sich auf die verschiedenen Reifungsgrade der »Röte«.

Die Alchemisten hatten auch die Vorstellung, daß dieser werdende Stein ständig ernährt, gesäugt und gefüttert werden müsse wie ein heranwachsender Säugling. So ist zu verstehen, weshalb der König mehrmals nach Wasser verlangt und sich abschließend noch einmal für längere Zeit in sein gläsernes Gefängnis zurückzieht. Auf die einfachere Ebene des schöpferischen Tuns übertragen heißt dies, daß die gewonnene Einsicht mit großer Intensität realisiert werden muß, damit sie in ihrer ganzen Wirklichkeit erscheint und dem Leben anderer Menschen zum Nutzen wird. Hierbei ist auch immer wieder eine Rückbesinnung auf die schöpferische Dynamik der Seele, das »Wasser des Lebens«, notwendig, also daß man auch in der Phase der Realisierung weiterhin auf Reaktionen aus dem Unbewußten, auf seine Träume und Eingebungen achtet. Dann geschieht auch die Verwirklichung der schöpferischen Impulse in Übereinstimmung mit dem Selbst oder, wie es die Taoisten formulieren würden: in Übereinstimmung mit dem TAO.

In der Alchemie ist der wiedererstandene König nur ein Symbol von vielen für das »philosophische Gold« oder den Stein der Weisen. Das Ziel des Werkes symbolisiert sich ebenso im Hermaphroditen, im Königspaar mit dem Kind, in einer Kreis-Quadrat-Mandala-Struktur oder im Baum des Lebens. Im Prozeß der Individuation sind dies Symbole des Selbst.

Das wiedererstandene hermaphroditische Paar (Rosarium philosophorum, 1550). Das hermaphroditische Paar steht auf dem uroborischen Drachen der prima materia, den es überwunden hat. Der Löwe im Hintergrund ist nicht mehr der »grüne« Anfangslöwe, sondern der gewandelte »rote Löwe«, der ein Symbol für den Stein der Weisen ist. Der Hermaphrodit ist psychologisch ein Symbol für den geeinten Menschen, der die Gegensatznatur seines Wesens erfahren und integriert hat.

Ebenso wie der König symbolisch gesehen wird, können auch seine Reichtümer (Gold, Edelsteine, Verjüngungs- und Genesungsmittel, in manchen alchemistischen Phantasien vermittelte der Stein der Weisen sogar Unsterblichkeit) als Symbole aufgefaßt werden, die auf bestimmte Erfahrungen des Selbst zurückzuführen sind. Natürlich werden viele der alten Alchemisten (und wohl auch viele heutige Esoteriker) die Hoffnung gehegt haben, daß ihnen der Stein der Weisen tatsächlich auch alle die von der Parabola versprochenen äußeren Werte bringt, daß der Stein also »Habens«-Bedürfnisse statt eigentlich »Seins«-Bedürfnisse (im Sinne von E. Fromm[14]) befriedige. Damit unterlagen sie aber dem, was Wilber als das »Atman-Projekt« bezeichnete: dem Versuch des Ich, jene Ganzheit, Ewigkeit und Vollständigkeit, die nur dem Selbst zukommt, für sich zu gewinnen, was aufgrund der endlichen und sterblichen Natur des Ich aber immer scheitern muß. Psychologisch ist das Bedürfnis des Menschen nach personalem Reichtum, Ruhm und Ehre ein nach außen und auf das Ich gerichtetes Bedürfnis nach Erfahrung des Selbst. Jeder Mensch sehnt sich zutiefst nach dem Bewußtwerden seines wahren Wesens, der Ganzheit des Selbst. Es ist die Quelle, aus der er kommt, die ihn während des ganzen Lebens ununterbrochen speist und die ihn an seinem Ende wieder aufnimmt. Er verliert in Wahrheit nie den Kontakt zum Selbst, und doch fürchtet, vermeidet und verdrängt er dessen klare Erfahrung, weil sie mit einer Relativierung beziehungsweise dem »Tod« des persönlichen Ich verbunden ist.

»Weil der Mensch mehr als alles andere reale Transzendenz wünscht, den notwendigen Tod seines separaten Ich-Empfindens jedoch nicht akzeptieren will, sucht er Transzendenz auf eine Weise zu erlangen, die sie in Wahrheit verhindert und symbolische Ersatzlösungen erzwingt. Dieser Ersatz nimmt die verschiedensten Formen an: Sex, Essen, Geld, Ruhm, Wissen, Macht. Alles das sind letzten Endes Ersatzbefriedigungen, primitiver Ersatz für die wahre Befreiung in der Ganzheit. Daher ist das menschliche Verlangen so unersättlich, daher sehnt sich der Mensch nach nie endenden Freuden: Alles, was der Mensch will, ist Atman (der hinduistische Ausdruck für das Selbst, Anm. d. Verf.); aber alles was er findet, sind symbolische Ersatzbefriedigungen.«[15]

Die reale, konkrete Erfahrung des Selbst oder die Transparenz und Offenheit dem Sein gegenüber wird seit Urzeiten mit Begriffen der höchsten denk- und vorstellbaren Werte verbunden. Sie vermittelt dem Menschen einen tiefen, unerschütterlichen Eindruck von Ewigkeit, Zeitlosigkeit, dauernder Präsenz, allumfassender Einheit, Ganzheit und Unzerstörbarkeit (vgl. Kapitel Mandala). Dazu noch einmal Wilber:

»Das unmittelbare Gewahrsein des zeit- und raumlosen Urgrunds allen Seins ... zeigt dem einzelnen ... daß er dort, wo seine Psyche mit dem zeitlosen Urgrund in Berührung kommt und sich mit ihm überschneidet, mit dem Universum eins wird – so sehr sogar, daß er auf dieser Ebene das Universum *ist*. Die Entdeckung, daß das eigene tiefste Wesen mit dem All eins ist, befreit den Menschen von der Last der Zeit, der Ängste und Sorgen. Er wird von den Ketten der Entfremdung und der Isoliertheit der Existenz befreit. Die Erkenntnis, daß das Selbst und das Andere eins sind, befreit von der Lebensangst. Die Einsicht, daß Sein und Nichtsein eins sind, befreit von der Todesangst.«[16]

Daß in der Parabola letztlich doch auch diese mit der Erfahrung des Selbst verbundenen »Seins«-Werte gemeint sind, läßt sich daraus entnehmen, daß der wiedererstandene König als freundlich, huldvoll und bescheiden beschrieben wird. Während eine Identifizierung mit Haben- und Ich-Werten in der Regel zu Gefühlen von besonderer Wichtigkeit und Bedeutsamkeit, zu latenter Angst, Aggressivität, Rivalität und Arroganz verführt, bleibt aufgrund der mit einer Relativierung des Ich verbundenen Seins- und Selbst-Erfahrung für solche »Ego-Trips« kein Raum.

Es gibt kein Oben und Unten für irgendeine Rangordnung, es gibt kein Gut oder Schlecht für irgendeine moralische Bewertung, es gibt kein Richtig und Falsch für irgendein Besserwissen, es gibt kein Ich oder Du für irgendeine kämpferische Auseinandersetzung. Es gibt nur ein einfaches, dauerndes, gegenwärtiges So-Sein, eine liebende Verbundenheit mit allem, was ist.

»Wer weiß, redet nicht.
Wer redet, weiß nicht.

Halte deinen Mund verschlossen.
Wache über deine Sinne.
Mäßige deine Schärfe.
Vereinfache deine Probleme.
Verhülle dein Glänzen.
Sei eins mit dem Staub der Erde.
Dies ist ursprüngliche Einheit.

Wer diesen Zustand erlangt hat,
Sorgt sich nicht um Freund oder Feind,
Um Nutzen und Schaden, um Ehre und Schande.
Darum ist dies der höchste Stand des Menschen.«[17]

Anmerkungen

Die Wiederentdeckung des Magischen und Transpersonalen

1 Die »Unendliche Geschichte« von Michael Ende wird unter dem Aspekt der Selbstfindung und des schöpferischen Lebens dargestellt in: Müller, L.: Suche nach dem Zauberwort. Identität und schöpferisches Leben, dargestellt am Beispiel der Unendlichen Geschichte von Michael Ende. Stuttgart: Kreuz, 1986.

2 In dem Buch: »Para, Psi und Pseudo« (Berlin: Ullstein, 1980) und dem Artikel »Psi und der Archetyp des Tricksters« (Zeitschrift für Parapsychologie und Grenzgebiete der Psychologie, 23, Heft 3/4, 1981, S. 165–181) habe ich mich ausführlicher mit der untrennbaren Beziehung zwischen den okkulten, parapsychologischen Phänomenen und den vielfältigen Täuschungsmöglichkeiten auseinandergesetzt. Vgl. auch Kapitel über Hermes-Mercurius in diesem Buch.

3 Trungpa, Lama T.: Spiritueller Materialismus. Freiburg: Aurum, 1975.

Magier des 20. Jahrhunderts

1 Eine einfache wissenschaftliche Einführung in die Hypnose, ihre Grenzen und Möglichkeiten und ihre geschichtliche Entwicklung vom antiken Tempelschlaf bis zur heutigen Wissenschaft vermittelt das Buch: Bongartz, B. und W.: Hypnose. Wie sie wirkt und wem sie hilft. Stuttgart: Kreuz, 1988.

2 Brief zitiert in: Jung C. G.: Erinnerungen, Träume, Gedanken. Herausgegeben von A. Jaffé. Olten: Walter, 1962, S. 373.

3 Jones, Ernest: Freud Biographie, Band III, S. 443f.

4 Vgl. Jones, Ernest: Freud Biographie, Band III, S. 456. Dieses und das vorangegangene Zitat entnehme ich dem Aufsatz: Mischo, J.: Der andere Freud. In: Bender, H. (Hrg.): Parapsychologie. Entwicklung, Ergebnisse, Probleme. Darmstadt: Wissenschaftliche Buchgesellschaft, 1976, 4. Auflage.

5 Jung, C. G.: Erinnerungen, Träume, Gedanken. Herausgegeben von A. Jaffé. Olten: Walter, 1962, S. 18.

6 Jung, C. G.: Erinnerungen, Träume, Gedanken. Herausgegeben von A. Jaffé. Olten: Walter, 1962, S. 154f.

7 Jung, C. G.: Erinnerungen, Träume, Gedanken. Herausgegeben von A. Jaffé. Olten: Walter, 1962, S. 157.

8 Jung, C. G.: Erinnerungen, Träume, Gedanken. Herausgegeben von A. Jaffé. Olten: Walter, 1962, S. 157.

9 Jung, C. G.: Erinnerungen, Träume, Gedanken. Herausgegeben von A. Jaffé. Olten: Walter, 1962, S. 203.

10 Jung, C. G.: Erinnerungen, Träume, Gedanken. Herausgegeben von A. Jaffé. Olten: Walter, 1962, S. 225.

11 Zitiert nach: Wehr, G.: C. G. Jung. Hamburg: Rowohlt, 1969, S. 137.

12 Assagioli, R.: Handbuch der Psychosynthesis. Freiburg: Aurum, 1978.

13 Schultz, J. H.: Das autogene Training. Stutgart: Thieme, 1970, 13. Aufl.: siehe auch: Müller-Hegemann, D.: Autogene Psychotherapie. Reinbek: Rowohlt, 1981.
14 Moreno, J. L.: Gruppenpsychotherapie und Psychodrama. Stuttgart: Thieme, 1959; siehe auch: Barz, Ellynor: Selbstbegegnung im Spiel. Einführung in das Psychodrama. Stuttgart: Kreuz, 1988.
15 Leuner, H.: Lehrbuch des Katathymen Bilderlebens. Bern: Huber, 1985.
16 Perls, F. S.: Gestalt-Therapie in Aktion. Stuttgart: Klett-Cotta, 1976.
17 Erickson, M. H. u. a.: Hypnose: Induktion, psychotherapeutische Anwendung, Beispiele. München: Pfeiffer, 1978.
18 Grinder, J. und Bandler, R.: Therapie in Trance. Stuttgart: Klett-Cotta, 1984.
19 Green, C.: Lucid Dreams. London: Hamilton, 1968.
20 La Berge, S.: Hellwach im Traum. Höchste Bewußtheit in tiefem Schlaf. Paderborn: Junfermann, 1987.
21 Tholey, P. und Utecht, K.: Schöpferisch träumen. Niedernhausen: Falken, 1987.
22 Zurfluh, W.: Quellen der Nacht. Interlaken: Ansata, 1983.
23 Grof, S.: Topographie des Unbewußten. LSD im Dienst der tiefenpsychologischen Forschung. Stuttgart: Klett-Cotta, 1978.
24 Wilber, K.: Halbzeit der Evolution. München: Scherz, 1984.

Das Symbol

1 Bachofen, J. J.: Versuch über die Gräbersymbolik der Alten. Ges. Werke IV, Basel: 1954.
2 Jung, C. G.: Brief an Miss Oakes, in: Briefe III, Olten: Walter, 1980, S. 15, 16.
3 Ende, M.: Die Unendliche Geschichte. Stuttgart: Thienemann, 1977; Ende, M.: Momo. Stuttgart: Thienemann, 1973.
4 Jung, C. G.: Brief an Prof. Oftinger, in: Briefe III, Olten: Walter, 1980, S. 125.
5 Gendlin, E.: Focusing. Salzburg: Müller, 1981; Gendlin, E.: Dein Körper – Dein Traumdeuter, Salzburg: Müller, 1987.
6 Müller, L.: Der Held. Jeder ist dazu geboren. Reihe: Zauber der Mythen, Zürich: Kreuz, 1987.
7 Papus: Tarot der Zigeuner – zum ausschließlichen Gebrauch durch Eingeweihte. Schwarzenburg: Ansata, 1979, zit. nach Leuenberger, H.: Schule des Tarot, S. 17/18.
8 Empfehlenswert als Einführung in die Psychologie des Tarot: Nichols, S.: Die Psychologie des Tarot. Tarot als Weg zur Selbsterkenntnis nach der Archetypenlehre C. G. Jungs. Interlaken: Ansata, 1984; Leuenberger, H.-D.: Schule des Tarot. 3 Bde. Freiburg: Bauer, 1981.
9 I Ging. Das Buch der Wandlungen. Aus dem Chinesischen übertragen und erläutert von R. Wilhelm. Düsseldorf: Diederich, 1972.
10 Vgl. dazu: Müller, L.: Suche nach dem Zauberwort. Identität und schöpferisches Leben, dargestellt am Beispiel der Unendlichen Geschichte von Michael Ende. Stuttgart: Kreuz, 1986.

11 Ende, M.: Die Unendliche Geschichte. Stuttgart: Thienemann, 1977, S. 392.
12 Ende, M.: Die Unendliche Geschichte. Stuttgart: Thienemann, 1977, S. 416.

Hermes-Mercurius

1 Vgl. Biedermann, H.: Materia Prima. Eine Bildersammlung zur Ideengeschichte der Alchemie. Graz: Verlag für Sammler, 1973, S. 3ff. und: Biedermann, H.: Handlexikon der magischen Künste. München: Droemer Knaur, 1976.
2 Kerényi, K.: Hermes der Seelenführer. In: Das hermetische Prinzip in Mythologie, Gnosis und Alchemie. Eranos Jahrbuch, Band IX, Zürich: Rhein, 1943, S. 9–107.
3 Vgl. dazu: Jung, C. G.: Der Geist Mercurius. Ges. Werke 13, Olten: Walter, 1978.
4 Vgl. dazu: Neumann, E.: Die Erfahrung der Einheitswirklichkeit. In: Neumann, E.: Der schöpferische Mensch. Zürich: Rhein, 1959.
5 Elhardt, S.: Tiefenpsychologie. Stuttgart: Kohlhammer 1982, S. 132ff.
6 Müller, L.: Psi und der Archetyp des Tricksters. Zeitschrift für Parapsychologie und Grenzgebiete der Psychologie, 23, Heft 3/4, 1981, S. 165–181.
7 Vgl. dazu: Lopez-Pedraza, R.: Hermes oder die Schule des Schwindelns. Zürich: Spiegel, 1983.

Das Mandala

1 Einen umfassenden Überblick über die vielfältigen Aspekte des Mandala gibt Argüelles, J. und M.: Das große Mandala-Buch. Mandala in Aktion. Freiburg: Aurum, 1974.
2 Fischle, W.: Der Weg zur Mitte. Wandlungssymbole in tibetischen Thangkas. Stuttgart: Belser, 1978.
3 Jung, C. G.: Über Mandalasymbolik. In: Die Archetypen und das kollektive Unbewußte, Ges. Werke 9/1, Olten: Walter, 1976, S. 373–407; Jung, C. G.: Die Mandalasymbolik. In: Psychologie und Alchemie, Ges. Werke 12, Olten: Walter, 1972, S. 118–260.
4 Jung, C. G.: Erinnerungen, Träume, Gedanken. Herausgegeben von A. Jaffé. Olten: Walter 1962, S. 199f.
5 Gebser, J.: Ursprung und Gegenwart. Band I und II, Stuttgart: DVA, 1949.
6 Neumann, E.: Ursprungsgeschichte des Bewußtseins. Zürich: Rascher, 1949.
7 Wilber, K.: Halbzeit der Evolution. München: Scherz, 1984.

Magie

1 Neumann, E.: Ursprungsgeschichte des Bewußtseins. Zürich: Rascher, 1949, S. 229f.
2 Freud, S.: Totem und Tabu. Einige Übereinstimmungen im Seelenleben der Wilden und der Neurotiker. Frankfurt: Fischer Tb, 1984, S. 91ff.
3 »Die Neurotiker leben in einer besonderen Welt, in welcher, wie ich es an anderer Stelle ausgedrückt habe, nur die ›neurotische Währung‹ gilt, das heißt nur das intensiv Gedachte, mit Affekt Vorgestellte ist bei ihnen wirksam, dessen Übereinstimmung mit der äußeren Realität aber nebensächlich ... So erweist sich die Allmacht der Gedanken, die Überschätzung der seelischen Vorgänge gegen die Realität, als unbeschränkt wirksam im Affektleben des Neurotikers und in allen von diesem ausgehenden Folgen. Unterzieht man ihn aber der psychoanalytischen Behandlung, welche das bei ihm Unbewußte bewußt macht, so wird er nicht glauben können, daß Gedanken frei sind, und wird sich jedesmal fürchten, böse Wünsche zu äußern, als ob sie infolge dieser Äußerung in Erfüllung gehen müßten. Durch dieses Verhalten wie durch seinen im Leben betätigten Aberglauben zeigt er uns aber, wie nahe er dem Wilden steht, der durch seine bloßen Gedanken die Außenwelt zu verändern meint« (Freud, S.: Totem und Tabu. Einige Übereinstimmungen im Seelenleben der Wilden und der Neurotiker. Frankfurt: Fischer Tb, 1984, S. 92f.).
4 Wie persönliche Komplexe entstehen, hat die moderne Lernpsychologie gezeigt. Wir werden als Wesen geboren, die im Besitz eines unerhörten Erlebens- und Verhaltenspotentials sind. Durch fördernde, bestätigende oder hemmende, bestrafende Reaktionen unserer Umwelt auf unsere Person und unser Verhalten lernen wir, bestimmte Eigenschaften, Bedürfnisse, Verhaltensweisen und Situationen als angenehm oder unangenehm, als richtig oder falsch anzusehen. Dementsprechend werden einige Aspekte unseres Wesens und unserer Welterfahrung positiv verstärkt, während andere negativ »aufgeladen« und abgespalten werden, wiederum andere bleiben relativ neutral. Diese Erfahrungs- und Erinnerungsbilder formieren sich zu positiven oder negativen Komplexen, die nach und nach durch weitere Erlebnisse angereichert, verstärkt oder abgeschwächt werden. Die Komplexe eines Menschen gruppieren sich um seine Grundbedürfnisse, wie sie etwa Maslow zusammengefaßt und geordnet hat: das Selbsterhaltungsbedürfnis, also das Bedürfnis, zu leben und zu existieren, die physiologischen Bedürfnisse der Nahrung, Atmung, Schlaf, Sexualität, die Sicherheitsbedürfnisse, die Bedürfnisse nach Zugehörigkeit, Liebe, Anerkennung, Selbstverwirklichung. Der Kern jedes negativen, hemmenden Komplexes ist Angst: Angst vor der Nicht-Existenz, Angst, daß ein Grundbedürfnis nicht erfüllt wird. Bei vielen Menschen, die heute eine Therapie machen, findet man die Angst vor der fehlenden Liebe, Bestätigung und Akzeptanz als Auslöser vieler komplexhafter Reaktionen und Krankheitssymptome. Der Kern positiver Komplexe ist mit den Gefühlen von Liebe, Wachstum, Freude, Interesse, Lust, Begeisterung verbunden. Solche Komplexe entstehen in Situationen, in denen wir uns in unserer Existenz bejaht, geliebt und gefördert fühlen. Diese persönlichen Komplexe sind allerdings zu unterscheiden von archetypischen, die einen noch wesentlich autonomeren Einfluß haben können.

5 Seifert, T.: Lebensperspektiven der Psychologie. Olten: Walter, 1981, S. 285f.
6 Jung, C. G.: Die psychologischen Grundlagen des Geisterglaubens. In: Die Dynamik des Unbewußten, Ges. Werke 8, Olten: Walter, 1976, S. 331–348.
7 Jung, C. G.: Die psychologischen Grundlagen des Geisterglaubens. In: Die Dynamik des Unbewußten, Ges. Werke 8, Olten: Walter, 1976, S. 341.
8 Vgl. dazu: Müller, L.: Suche nach dem Zauberwort. Stuttgart: Kreuz, 1986.
9 Dittrich, A.: Bedingungen zur Induktion außergewöhnlicher Bewußtseinszustände. In: Dittrich, A. und Scharfetter, C.: Ethnopsychotherapie, Stuttgart: Enke 1987, S. 7–34.
10 Chevreul, M. E.: De la Baquette Divinatoire du Pendule dit Explorateur et des Tables Tournantes. Paris: Mallet-Bachelier, 1854.
11 Joseph, E.: Ihr guten Geister – erscheinet. Magische Welt, Zeitschrift für angewandte Tricktechnik und Wahrnehmungstäuschung. Düren-Niederau: W. Geissler-Werry, 25, 1976, Heft 5 und 6; 26, 1977, Heft 1–5.
12 Mischo listet die wichtigsten Informationen zum automatischen Schreiben oder Buchstabieren folgendermaßen auf:

1. »Alles, was wir in unserem Leben erfahren und empfunden haben, wird gespeichert und kann unter bestimmten Bedingungen wieder erinnert werden« (Mühl A.: Automatic Writing. Dresden/Leipzig: Steinkopff, 1930, S. 10).

2. Aussagen durch das automatische Schreiben haben die Tendenz zur Personifikation, daher die »Geistereinkleidung«. Sie werden zumeist als persönlichkeitsfremd erlebt.

3. Das sogenannte »unerklärliche Wissen« bei den Aussagen kann resultieren aus:
- bislang total vergessenen psychischen Inhalten (Kryptomnesie)
- der bewußten oder unbewußten Aufnahme des Ausdrucksverhaltens der Sitzungsteilnehmer (nonverbale Kommunikation)
- parapsychischen Informationen (Telepathie, Hellsehen, Präkognition)

4. Die Inhalte des automatischen Schreibens enthalten folgende Elemente:
- konstruktive und destruktive Phantasien (mythenschaffende Funktionen
- des Unbewußten)
- symbolische und realistische Darstellung unterdrückter Konflikte
- asoziale Neigungen
- Erinnerungen an Vergessenes

5. Vorzüge des automatischen Schreibens im Rahmen einer Therapie:
- Konflikte werden freigesetzt, Destruktives kann verarbeitet werden
- Vergessene Erlebnisse, die nicht mit Konflikten verbunden sind, können ins Bewußtsein gehoben werden
- Man erhält konstruktives Material, das zu einer positiven Bewältigung der Realität führen kann

6. Gefahren des automatischen Schreibens ohne Supervision
- Vernachlässigung der Alltagsaufgaben durch die Faszination des Schreiberlebnisses
- Zunehmender Rückzug von der Realität

- Unfähigkeit, das produzierte Material richtig zu beurteilen
- Wachsende Tendenz zur Dissoziation (Aufsplitterung) der Persönlichkeit
- Entwicklung schizophrenieartiger Formen des Erlebens und Reagierens (»mediumistische Psychose«)

aus: Mischo, J.: Okkultismus und Seelsorge. Zeitschrift für Parapsychologie und Grenzgebiete der Psychologie, Jahrgang 30, 1988, Sammelband 1/2/3/4, S. 86.

13 Bender, H.: Mediumistische Psychosen. Ein Beitrag zur Pathologie spiritistischer Praktiken. In: Bender, H.: Parapsychologie. Entwicklung, Ergebnisse, Probleme. Darmstadt: Wissenschaftliche Buchgesellschaft, 1976, S. 574–604.
14 Staudenmaier, L.: Die Magie als experimentelle Naturwissenschaft. Leipzig: Akademische Verlagsgesellschaft, 1912.
15 Knaut, H.: Das Testament des Bösen. 1979, 3. Auflage, S. 17ff.
16 Vgl. dazu: Hurwitz, S.: Lilith, die erste Eva. Zürich: Daimon, 1980.
17 Zacharias, G.: Satanskult und Schwarze Messe. Ein Beitrag zur Phänomenologie der Religion. Wiesbaden: Limes, 1970.
18 Zacharias, G.: Satanskult und Schwarze Messe. Ein Beitrag zur Phänomenologie der Religion. Wiesbaden: Limes, 1970, S. 15f.
19 Mester, H.: Besessenheit – psychodynamisch betrachtet. Psychotherapie, Psychosomatik, Medizinische Psychologie, Stuttgart: Thieme, 31, 1981, Heft 4, S. 101–112.
20 Zacharias, G.: Satanskult und Schwarze Messe. Ein Beitrag zur Phänomenologie der Religion. Wiesbaden: Limes, 1970, S. 20.
21 Goethe, J. W. von: Faust. Teil I und II. Gütersloh: Bertelsmann, 1954, I, S. 17.
22 Faust I, S. 18.
23 Faust I, S. 19.
24 Faust I, S. 19f.
25 Faust I, S. 20.
26 Faust I, S. 21.
27 Faust II, S. 339.
28 Stone, H. und Winkelman, S.: Voice Dialogue: A Tool For Transformation. Sherman Oaks: Delos, ca. 1975.
29 Vgl. dazu: La Berge, S.: Hellwach im Traum. Höchste Bewußtheit in tiefem Schlaf. Paderborn: Junfermann, 1987; und Tholey, P. und Utecht, K.: Schöpferisch träumen. Niedernhausen: Falken, 1987.

Astrologie

1 Neumann, E.: Über den Mond und das matriarchale Bewußtsein. In: Zur Psychologie des Weiblichen, München: Kindler, 1980, S. 59–101.
2 Vgl. dazu: Harding, E.: Frauenmysterien einst und jetzt. Zürich: Rascher, 1949; Rush, A. K.: Mond, Mond. München: Frauenoffensive, 1978; Göttner-Abendroth, H.: Die Göttin und ihr Heros. München: Frauenoffensive, 1980.
3 Vgl. dazu: Eysenck, H. J. und Nias, D.: Astrologie – Wissenschaft oder Aberglaube? München: List, 1984; Wiesendanger, Harald.: Warum die Sterne nie lügen, Psychologie Heute, 15. Jahrgang, Heft 8, August 1988, S. 36–45.

4 Niehenke, Peter: Kritische Astrologie. Zur erkenntnistheoretischen und empirisch-psychologischen Prüfung ihres Anspruchs. Freiburg: Aurum, 1987.
5 Vgl. dazu: Strauß, H. A.: Psychologie und astrologische Symbolik. München: Kindler, o. J.; Riemann, F.: Lebenshilfe Astrologie. München: Pfeiffer, 1976; Green, L.: Kosmos und Seele. Frankfurt: Krüger, 1978; Arroyo, S.: Astrologie, Psychologie und die vier Elemente. München: Hugendubel, 1982; Sicuteri, R.: Astrologie und Mythos. Mythen und Symbole des Tierkreises im Spiegel der Tiefenpsychologie. Freiburg: Aurum, 1983; Barz, E.: Götter und Planeten. Grundlagen archetypischer Astrologie, Zürich: Kreuz, 1988.
6 Vgl. dazu: Ring, T.: Astrologische Menschenkunde, 3 Bände, Zürich: Rascher, 1956, 1959, 1969; Ring, T.: Astrologie neu gesehen. Freiburg: Aurum, 1977.
7 Flüe, B. v.: Das ganze Gesicht meiner Jahre. Das Geburtsbild Rainer Maria Rilkes. Stuttgart: Kreuz, 1988.
8 Vgl. dazu: Franz, M. L. v.: Spiegelungen der Seele. Projektion und innere Sammlung. Stuttgart: Kreuz, 1978.
9 Vgl. dazu: Klein, N. und Dahlke, R.: Das senkrechte Weltbild. Symbolisches Denken in astrologischen Urprinzipien. München: Hugendubel, 1986.
10 Vgl. dazu: Jung, C. G.: Synchronizität als ein Prinzip akausaler Zusammenhänge. In: Jung, C. G.: Die Dynamik des Unbewußten, Ges. Werke 8, Olten: Walter, 1976; Franz, M.-L. v.: Wissen aus der Tiefe. Über Orakel und Synchronizität München: Kösel, 1987.
11 Vgl. dazu: Eysenck, H. J. und Nias, D.: Astrologie – Wissenschaft oder Aberglaube? München: List, 1984; Wiesendanger, Harald: Warum die Sterne nie lügen, Psychologie Heute, 15. Jahrgang, Heft 8, August 1988, S. 36–45.
12 Gauquelin, M.: Neo-Astrologie: Ein Überblick über ein vierzigjähriges Forschungsprogramm. Zeitschrift für Parapsychologie und Grenzgebiete der Psychologie, Jahrgang 28, Freiburg: Aurum, 1986, Heft 1/2, S. 76–86.
13 Niehenke, P.: Jupiter-Trigone machen keine Sonnyboys. Statistische Untersuchung der Gültigkeit astrologischer Aspekte, Esotera, Freiburg: Bauer, 1984, 35, Heft 5, S. 411; vgl. auch: Niehenke, Peter: Kritische Astrologie. Zur erkenntnistheoretischen und empirisch-psychologischen Prüfung ihres Anspruchs. Freiburg: Aurum, 1987.
14 Niehenke, P.: Jupiter-Trigone machen keine Sonnyboys. Statistische Untersuchung der Gültigkeit astrologischer Aspekte, Esotera, Freiburg: Bauer, 1984, S. 411.

Alchemie

1 Jung, C. G.: Psychologie und Alchemie. Ges. Werke 12, Olten: Walter, 1972; Jung, C. G.: Studien über alchemistische Vorstellungen. Ges. Werke 13, Olten: Walter, 1978, S. 13–63; Jung, C. G.: Die Psychologie der Übertragung. In: Praxis der Psychotherapie, Ges. Werke 16, Olten: Walter, 1971, S. 173–345; Jung, C. G.: Die Probleme der modernen Psychotherapie. In: Praxis der Psychotherapie, Ges. Werke 16, Olten: Walter, 1971, S. 77; Jung, C. G.: Mysterium Conjunctionis. Ges. Werke 14, 2 Halbbände, 1 Ergänzungsband, Olten: Walter, 1978.
2 Wilhelm, R. und Jung, C. G.: Das Geheimnis der Goldenen Blüte. Ein

chinesisches Lebensbuch. München: Dornverlag, 1929. Der psychologische Kommentar von Jung ist auch enthalten in Jung, C. G.: Studien über alchemistische Vorstellungen. Ges. Werke 13, Olten: Walter, 1978, S. 13–63.

Interessante Parallelen zu den abendländischen alchemistischen Vorstellungen finden sich in einigen östlichen esoterischen Systemen. Entsprechend der mehr introvertierten, nach innen gewendeten Haltung des Ostens ging es dort weniger darum, den »Stein der Weisen« außen in der Materie zu finden, sondern man wollte einen entsprechenden Zustand dauernder Gesundheit und Unsterblichkeit durch körperliche und geistige Übungen erreichen. Die chinesische Alchemie wurzelte in bestimmten, meist sehr konkretistisch aufgefaßten Interpretationen des auf Lao Tse zurückgeführten Taoismus.

Nach taoistischer Vorstellung liegen allen Erscheinungsformen im Universum zwei Prinzipien zugrunde, Yin und Yang, deren wechselseitiges Aufeinanderwirken alle Dynamik des Lebens bestimmt. Es wird angenommen, daß sich alles Existierende aus unterschiedlichen Anteilen von Yang und Yin zusammensetzt. Da das Tao als der letzte, ewige, dauerhafte Zustand des Seins beide Prinzipien in ausgewogenem Verhältnis enthält, versuchte man, einen ähnlich ausgewogenen inneren Zustand in sich zu erzeugen.

Dies geschah einerseits durch besondere körperliche Bemühungen wie die Einnahme bestimmter, ausgewogener, reiner Nahrungsmittel und durch Kontrolle der Ejakulation beim Geschlechtsverkehr. Andererseits dienten dazu besondere Konzentrations-, Meditations- und Atemtechniken, bei denen man in seiner Vorstellung bestimmte als feinstofflich angesehene Energien im Körper ständig »kreisen« ließ. Sie sollten sich verfeinern und verwandeln, bis sie in ihrer reinsten Form zur Geburt des neuen, inneren Menschen führten, der unsterblich war. Diese Methode wurde auch als das »Kreisen des Lichtes« bezeichnet und hatte die Erfahrung der »Goldenen Blüte« zum Ziel.

Eine weitere Analogie zu diesem inneren alchemistischen Verwandlungsvorgang ist der tantrische Kundalini-Yoga. Im Kundalini-Yoga stellt man sich vor, daß in jedem Menschen ein psychisches Potential schlummert, das zunächst in den Chakren nur latent und unbewußt vorhanden ist. Im unerweckten Zustand symbolisiert sich diese Energie als Schlange, die zusammengerollt am unteren Ende der Wirbelsäule, dem niedrigsten »Chakra« (sanskr. = Kreis), liegt. Durch bestimmte meditative Übungen konzentriert sich der Übende, von unten nach oben vorgehend, auf die einzelnen Chakras und vergegenwärtigt sie sich körperlich. Dadurch wird die »Schlangenkraft« aktiviert. Ihre feurige Energie belebt die Chakren mit neuer Kraft und »brennt« in ihnen alle »Schlacken« und »Unreinheiten« weg, die einem vollständigen Funktionieren und einer völligen »Entfaltung« der »Blüten« der Chakren im Wege stehen. Die Schlangenenergie vereinigt sich schließlich mit dem spirituellen Bewußtsein im obersten Chakra, wodurch es zur Erleuchtung kommt.

Die einzelnen Chakren werden heute meist folgendermaßen interpretiert (vgl. dazu unten angegebene Literatur): Muladhara, das unterste Chakra, repräsentiert die Erde und Materie. Hier liegt die Urenergie, die Lebenskraft, die Libido, hier sind die Grundbedürfnisse des Lebens und Überlebens angesiedelt; es ist das Bewußtseinsniveau des unreflektierten, automatischen, alltäglichen Lebens. Aus diesem Zustand gilt es nun, die Kundalini-Energieschlange zu wecken und zu höherer Bewußtheit aufzusteigen. Das zweite Chakra, Svadhisthana, befindet sich auf der Höhe der Genitalien und ist deshalb hauptsächlich mit der Sexualität und entsprechenden Triebregungen und Phantasien verbunden. Insofern im sexuellen Trieb auch letzte Sehnsüchte nach Vereinigung mit dem Gegengeschlechtlichen und dem Transpersonalen enthalten sind, beginnt hier die Auseinandersetzung mit dem Unbewußten, wenn auch noch auf einer ganz elementaren und triebhaften Ebene. Im dritten Chakra, Manipura, das der Bauchregion und dem Sonnengeflecht zugeordnet ist, sind orale Bedürfnisse und Affekte lokalisiert (Haben, Besitzen, Macht, Gier, Wut). Das vierte Chakra, Anahata, nimmt eine Mittelstellung zwischen oben und unten ein. Es ist der Ort, in dem sich das Göttliche, das Selbst, in Gestalt von Licht und Liebe offenbart. Im »profaneren« Bereich steht es für Einfühlung, Mitgefühl und Zuneigung. Das fünfte (Kehlkopf-) Chakra, Visuddha, repräsentiert die Welt der Gedanken, der Sprache, der Kommunikation und das sechste, Ajna, höhere psychische Fähigkeiten und veränderte, geistige Bewußtseinszustände (Stirn, zwischen den Augenbrauen, das »dritte Auge«). Sahasrara, das siebte Chakra schließlich, das im Gehirn oder auf dem Scheitel angesiedelt wird, ist mit höchsten Erleuchtungszuständen und transzendenten Erfahrungen verbunden.

Vgl. dazu: Meier, C. A.: Bewußtsein. Erkenntnistheorie und Bewußtsein. Bewußtwerdung bei C. G. Jung. Olten: Walter, 1975, S. 74ff. Maier bezieht sich in seinen Ausführungen auf ein bisher nur privat veröffentlichtes Seminar, das Jung 1932 zusammen mit dem Indologen und Sanskritisten Hauer gehalten hatte und in dem er einen psychologischen Kommentar zum Kundalini-Yoga zu geben versuchte.

Wilber, K.: Halbzeit der Evolution. Bern: Scherz, 1984, S. 51; Dychtwald, K.: Körper-Bewußtsein. Essen: Synthesis, 1981.

3 Jung, C. G.: Erinnerungen, Träume, Gedanken. Herausgegeben von A. Jaffé. Olten: Walter, 1962, S. 208f.

4 Jung, C. G.: Einleitung in die religionsgeschichtliche Problematik der Alchemie. In: Psychologie und Alchemie. Ges. Werke 12, Olten: Walter, 1972.

5 Jung, C. G.: Die Psychologie der Übertragung. In: Praxis der Psychotherapie, Ges. Werke 16, Olten: Walter, 1971, S. 173–345.

6 Jung, C. G.: Die Probleme der modernen Psychotherapie. In: Praxis der Psychotherapie, Ges. Werke 16, Olten: Walter, 1971, S. 77.

7 vgl. dazu: Müller, S.: Suche nach dem Zauberwort. Stuttgart: Kreuz, 1986, S. 85ff., 118f., 239f.

Parabola

1 Herbert Silberer, ein heute etwas in Vergessenheit geratener Schüler S. Freuds, hat bereits 1914 in seinem Buch »Probleme der Mystik und ihrer Symbolik« den Versuch unternommen, die Parabola einer tiefenpsychologischen Deutung zu unterziehen. Er näherte sich ihr mit einem doppelten Deutungsansatz: dem psychoanalytischen und dem anagogischen. Während der erste ein Versuch ist, alle Vorgänge der Parabola unter dem Gesichtspunkt der Sexualtheorie Freuds (alchemistische Symbole als Ausdruck verdrängter sexueller und inzestuöser, ödipaler Wünsche) zu deuten, ist der zweite ein Vorge-

hen, das sehr stark an die amplifikatorische Methode Jungs erinnert. Silberer zieht zahlreiche mythologische und esoterische Parallelen zu den alchemistischen Symbolen der Parabola und kommt dabei zu Einsichten, die viele spätere Aussagen und Interpretationen von Jung vorwegnehmen. Es ist erstaunlich, daß diese bemerkenswerte Arbeit von Jung in seiner Auseinandersetzung mit der Alchemie kaum recht gewürdigt wird. Jung hat nämlich erst etwa zehn Jahre später begonnen, sich mit der Alchemie zu beschäftigen. Er schreibt in seinen Erinnerungen: »Merkwürdigerweise hatte ich ganz vergessen, was Herbert Silberer über Alchemie geschrieben hatte. Zur Zeit, als sein Buch erschien, kam mir die Alchemie als etwas Abseitiges, Skurriles vor, so sehr ich auch Silberers anagogischen, d.h. konstruktiven Gesichtspunkt zu schätzen wußte. Ich stand damals in Korrespondenz mit ihm und habe ihm meine Zustimmung ausgedrückt. Wie sein tragisches Ende zeigt, war jedoch seine Ansicht von keiner Einsicht gefolgt.« (Silberer starb durch Suizid; Jung, Erinnerungen, S. 207/208.) Ich habe den Verdacht, Jung könnte Silberer und sein Buch verdrängt haben, weil dieser ihm möglicherweise den Rang als Entdecker der psychologischen Aspekte der Alchemie streitig gemacht hätte. Das Buch von Silberer ist auch heute noch mit großem Gewinn zu lesen. Die in diesem Buch versuchte Interpretation verdankt ihm einiges. Besonders interessant und aktuell finde ich seinen doppelten Deutungsansatz, denn es scheint sich heute allmählich eine Versöhnung der Freudschen mit der Jungschen Psychologie anzukündigen. Während der psychoanalytische Zugang mehr Wert auf die realen äußeren Tatbestände der menschlichen Entwicklung und ihre Störungen legt (Geburts- und Entwicklungstraumata, Triebentwicklung und Objektbeziehungen), sieht die Jungsche Psychologie mehr die innere Erlebnisseite und wie sich diese äußeren Vorgänge im inneren psychischen Erleben der Phantasien, der Träume und Visionen spiegeln. Jung steht mehr auf der Seite der inneren, Freud mehr auf der Seite der äußeren Realität. Deshalb läßt sich die Parabola ebensogut psychoanalytisch als ein regressiver Prozeß interpretieren, der den Träumer der Parabola nach Beseitigung des Vaters die Vereinigung mit der Mutter ersehnen läßt, um sich mit ihr und in ihr selbst neu zu zeugen, wie auch als ein Individuationsprozeß, ein regressiver Vorgang, bei dem sich der Träumer nach Überwindung alter Ich- und Über-Ich-Strukturen mit seinem Selbst verbindet.

Der Parabola-Text wurde dem oben genannten Buch von Silberer entnommen und der besseren Verständlichkeit wegen sprachlich bearbeitet.

2 Ruska, J.: Turba Philosophorum. Heidelberg, 1931.

3 Vgl. dazu: Neumann, E.: Ursprungsgeschichte des Bewußtseins. Zürich: Rascher, 1949; Jacoby, M.: Sehnsucht nach dem Paradies. Fellbach: Bonz, 1980.

4 Jung, C. G.: Psychologie und Alchemie. Ges. Werke 12, Olten: Freiburg 1972, S. 17.

5 Jung, C. G.: Psychologie und Alchemie. Ges. Werke 12, Olten: Freiburg 1972, S. 550.

6 Neumann, E.: Der mystische Mensch, in: Kulturentwicklung und Religion, Zürich: Rascher, 1953, S. 175f.

7 Lao Tse: Tao Te King. Haldenwang: Irisiana, 1981, Spruch 24.

8 Lao Tse: Tao Te King. Haldenwang: Irisiana, 1981, Spruch 29.

9 Teichert, W.: Gärten. Stuttgart: Kreuz, 1987.

10 Jung, C. G.: Zur Psychologie der Übertragung. In: Praxis der Psychotherapie, Ges. Werke 16, Olten: Walter, 1972, S. 231.
11 Jung, C. G.: Zur Psychologie der Übertragung. In: Praxis der Psychotherapie, Ges. Werke 16, Olten: Walter, 1972, S. 332.
12 Zitiert nach: Coudert, A.: Der Stein der Weisen. Die geheime Kunst der Alchemisten. München: Scherz, S. 43.
13 Jung, C. G.: Zur Psychologie der Übertragung. In: Praxis der Psychotherapie, Ges. Werke 16, Olten: Walter, 1972, S. 312.
14 Vgl. dazu: Fromm, E.: Haben oder Sein. Stuttgart: DTV, 1979.
15 Wilber, K.: Halbzeit der Evolution. München: Scherz, 1984, S. 28.
16 Wilber, K.: Halbzeit der Evolution. München: Scherz, 1984, S. 27.
17 Lao Tse: Tao Te King. Haldenwang: Irisiana, 1981, Spruch 56.

Bildnachweis

Farbtafeln:
Seite 16: Rosenkreuzer Kreuz; aus »Rätsel des menschlichen Geistes«, Moderner Buchvertrieb und Verlag GmbH, Mannheim
Seite 88: Mandala, Tibetischer Tanka (Hängerolle), der einen Zustand verzückten Bewußtseins darstellt. Ca. 1800, 70 × 47,5 cm; aus: Philipp Rawson »Tantra«, Verlag Droemer/Knaur, München
Seite 160: Miniatur einer mittelalterlichen Handschrift, Jüdische Propheten, Könige und Älteste betrachten den Sternenhimmel; Österreichische Nationalbibliothek Wien
Seite 176: Jan van der Straet, 1570, Laboratorium, Alchimist bei der Arbeit; Scala Instituto Fotografico Antella (Florenz)

S/W-Abbildungen:
S. 15, 69, 104, 139, 140 u. 143 aus Francis King »Magie«. S. 27, 181, 184, 211 u. 227 aus Michael Maier »Atalanta Fugiens«. S. 71, 76, 80, 102, 103, 212, 221 u. 222 aus C. G. Jung »Psychologie und Alchemie«. S. 128 u. 149 aus Eric Maple »Hexensabbat«. S. 92, 148, 185, 219, 229, 237, 238, 242, 243, 247 u. 251 aus Hans Biedermann »Materia Prima«. S. 158 u. 159 aus Warren Kenton »Astrologie«. S. 194 aus »Geheimnisvolle Wissenschaften«.

Literaturverzeichnis

Argüelles, J. und M.: Das große Mandala-Buch. Mandala in Aktion. Freiburg: Aurum, 1974

Arroyo, S.: Astrologie, Psychologie und die vier Elemente. München: Hugendubel, 1982

Assagioli, R.: Handbuch der Psychosynthesis. Freiburg: Aurum, 1978

Bachofen, J. J.: Versuch über die Gräbersymbolik der Alten. Ges. Werke IV, Basel: 1954

Barz, E.: Götter und Planeten. Grundlagen archetypischer Astrologie, Stuttgart: Kreuz, 1988

Barz, E.: Selbstbegegnung im Spiel. Einführung in das Psychodrama. Stuttgart: Kreuz, 1988

Bender, H.: Mediumistische Psychosen. In: Bender, H.: Parapsychologie. Darmstadt: Wiss. Buchgesell., 1976

Bender H.: Parapsychologie. Darmstadt: Wiss. Buchgesellschaft, 1976

Biedermann, H.: Handlexikon der magischen Künste. München: Droemer Knaur, 1976

Biedermann, H.: Materia Prima. Eine Bildersammlung zur Ideengeschichte der Alchemie. Graz: Verlag für Sammler, 1973

Bongartz, B. und W.: Hypnose. Wie sie wirkt und wem sie hilft, Stuttgart: Kreuz, 1988

Chevreul, M. E.: De la Baquette Divinatoire du Pendule dit Explorateur et des Tables Tournantes. Paris: Mallet-Bachelier, 1854

Coudert, A.: Der Stein der Weisen. Die geheime Kunst der Alchemisten. München: Scherz, S.: 43

Dittrich, A.: Bedingungen zur Induktion außergewöhnlicher Bewußtseinszustände. In: Dittrich, A. und Scharfetter, C.: Ethnopsychotherapie. Stuttgart: Enke 1987

Dittrich, A. und Scharfetter, C.: Ethnopsychotherapie. Stuttgart: Enke 1987

Dychtwald, K.: Körper-Bewußtsein. Essen: Synthesis, 1981

Elhardt, S.: Tiefenpsychologie. Stuttgart: Kohlhammer, 1982

Ende, M.: Die Unendliche Geschichte. Stuttgart: Thienemann, 1977

Ende, M.: Momo. Stuttgart: Thienemann, 1973

Erickson, M. H. u.a.: Hypnose: Induktion, psychotherapeutische Anwendung, Beispiele. München: Pfeiffer, 1978

Eysenck, H. J. und Nias, D.: Astrologie – Wissenschaft oder Aberglaube? München: List, 1984

Fischle, W.: Der Weg zur Mitte. Wandlungssymbole in tibetischen Thangkas. Stuttgart: Belser, 1978

Flüe, B. v.: Das ganze Gesicht meiner Jahre. Das Geburtsbild Rainer Maria Rilkes. Stuttgart: Kreuz, 1988

Franz, M. L. v.: Spiegelungen der Seele. Projektion und innere Sammlung. Stuttgart: Kreuz, 1978

Franz, M. L. v.: Wissen aus der Tiefe. Über Orakel und Synchronizität München: Kösel, 1987

Freud, S.: Totem und Tabu. Einige Übereinstimmungen im Seelenleben der Wilden und der Neurotiker. Frankfurt: Fischer Tb, 1984
Fromm, E.: Haben oder Sein. Stuttgart: DTV, 1979
Gauquelin, M.: Neo-Astrologie, Ztschr. für Parapsychologie und Grenzgebiete der Psy., 28, Freiburg: Aurum, 1986, Heft 1/2
Gebser, J.: Ursprung und Gegenwart. Band I und II, Stuttgart: DVA, 1949
Gendlin, E.: Dein Körper – Dein Traumdeuter, Salzburg: Müller, 1987
Gendlin, E.: Focusing. Salzburg: Müller, 1981
Göttner-Abendroth, H.: Die Göttin und ihr Heros. München: Frauenoffensive, 1980
Green, C.: Lucid Dreams. London: Hamilton, 1968
Green, L.: Kosmos und Seele. Frankfurt: Krüger, 1978
Grinder, J. und Bandler, R.: Therapie in Trance. Stuttgart: Klett-Cotta, 1984
Grof, S.: Topographie des Unbewußten. LSD im Dienst der tiefenpsychologischen Forschung. Stuttgart: Klett-Cotta, 1978
Harding, E.: Frauenmysterien einst und jetzt. Zürich: Rascher, 1949
Hurwitz, S.: Lilith, die erste Eva. Zürich: Daimon, 1980
I Ging. Das Buch der Wandlungen. Aus dem Chinesischen übertragen und erläutert von R. Wilhelm. Düsseldorf: Diederich, 1972
Jacoby, M.: Sehnsucht nach dem Paradies. Fellbach: Bonz, 1980
Jones, E.: Das Leben und Werk von Sigmund Freud, 3 Bände. Bern: Huber, 1982
Joseph, E.: Ihr guten Geister – erscheinet. Magische Welt, Zeitschrift für angewandte Tricktechnik und Wahrnehmungstäuschung. Düren-Niederau: W. Geissler-Werry, 25, 1976, Heft 5 und 6; 26, 1977, Heft 1–5
Jung, C. G.: Erinnerungen, Träume, Gedanken. Herausgegeben von A. Jaffé. Olten: Walter, 1962
Jung, C. G.: Die Probleme der modernen Psychotherapie. Ges. Werke 16, Olten: Walter, 1971
Jung, C. G.: Die Psychologie der Übertragung. Ges. Werke 16, Olten: Walter, 1971
Jung, C. G.: Psychologie und Alchemie, Ges. Werke 12, Olten: Walter, 1972
Jung, C. G.: Einleitung in die religionsgeschichtliche Problematik der Alchemie. Ges. Werke 12, Olten: Walter, 1972
Jung, C. G.: Synchronizität als ein Prinzip akausaler Zusammenhänge. Ges. Werke 8, Olten: Walter, 1976
Jung, C. G.: Die Archetypen und das kollektive Unbewußte, Ges. Werke 9/1, Olten: Walter, 1976
Jung, C. G.: Die Dynamik des Unbewußten, Ges. Werke 8, Olten: Walter, 1976
Jung, C. G.: Mysterium Conjunctionis. Ges. Werke 14, 2 Halbbände, 1 Ergänzungsband, Olten: Walter, 1978
Jung, C. G.: Der Geist Mercurius. Ges. Werke 13, Olten: Walter, 1978
Jung, C. G.: Studien über alchemistische Vorstellungen. Ges. Werke 13, Olten: Walter, 1978
Jung, C. G.: Briefe III, Olten: Walter, 1980
Kerényi, K.: Hermes der Seelenführer. Eranos Jahrbuch, Band IX, Zürich: Rhein, 1943

Klein, N. und Dahlke, R.: Das senkrechte Weltbild. Symbolisches Denken in astrologischen Urprinzipien. München: Hugendubel, 1986
Knaut, H.: Das Testament des Bösen. 1979, 3. Auflage
La Berge, S.: Hellwach im Traum. Höchste Bewußtheit in tiefem Schlaf. Paderborn: Junfermann, 1987
Lao Tse: Tao Te King. Haldenwang: Irisiana, 1981
Leuenberger, H.-D.: Schule des Tarot. 3 Bde. Freiburg: Bauer, 1981
Leuner, H.: Lehrbuch des Katathymen Bilderlebens. Bern: Huber, 1985
Lopez-Pedraza, R.: Hermes. Zürich: Spiegel, 1983
Meier, C. A.: Bewußtsein. Erkenntnistheorie und Bewußtsein. Bewußtwerdung bei C. G. Jung. Olten: Walter, 1975
Mester, H.: Besessenheit – psychodynamisch betrachtet. Ztschr. Psychoth., Psychosom. Med. Psych. Stuttgart: Thieme, 31, 1981, H.4
Mischo, J.: Der andere Freud. In: Bender, H. (Hrg.): Parapsychologie. Darmstadt: Wiss. Buchgesellschaft, 1976, 4. Auflage
Mischo, J.: Okkultismus und Seelsorge. Ztschr. für Parapsychologie und Grenzgebiete d. Psychologie, 30, 1988, Sammelband 1/2/3/4
Moreno, J. L.: Gruppenpsychotherapie und Psychodrama. Stuttgart: Thieme, 1959
Müller, L.: Para, Psi und Pseudo, Berlin: Ullstein, 1980
Müller, L.: Psi und der Archetyp des Tricksters. In: Ztschr. für Parapsychologie und Grenzgebiete der Psychologie, 23, Heft 3/4, 1981
Müller, L.: Suche nach dem Zauberwort. Stuttgart: Kreuz, 1986. Taschenbuchausgabe: Schöpferische Seele. Auf der Suche nach den Wassern des Lebens. Landsberg: mvg-Verlag, 1988
Müller, L.: Der Held. Jeder ist dazu geboren. Reihe: Zauber der Mythen, Stuttgart: Kreuz, 1987
Müller-Hegemann, D.: Autogene Psychotherapie. Reinbek: Rowohlt, 1981
Neumann, E.: Ursprungsgeschichte des Bewußtseins. Zürich: Rascher, 1949
Neumann, E.: Der mystische Mensch, in: Kulturentwicklung und Religion, Zürich: Rascher, 1953, S. 175f.
Neumann, E.: Der schöpferische Mensch. Zürich: Rhein, 1959
Neumann, E.: Über den Mond und das matriarchale Bewußtsein. In: Zur Psychologie des Weiblichen, München: Kindler, 1980
Nichols, S.: Die Psychologie des Tarot. Interlaken: Ansata, 1984
Niehenke, P.: Jupiter-Trigone machen keine Sonnyboys. Esotera, Freiburg: Bauer, 1984, 35, Heft 5
Niehenke, Peter: Kritische Astrologie. Aurum: Freiburg, 1987
Papus: Tarot der Zigeuner – zum ausschließlichen Gebrauch durch Eingeweihte. Schwarzenburg: Ansata, 1979
Perls, F. S.: Gestalt-Therapie in Aktion. Stuttgart: Klett-Cotta, 1976
Riemann, F.: Lebenshilfe Astrologie. München: Pfeiffer, 1976
Ring, T.: Astrologie neu gesehen. Freiburg: Aurum, 1977
Ring, T.: Astrologische Menschenkunde, 3 Bände, Zürich: Rascher, 1956, 1959, 1969
Rush, A. K.: Mond, Mond. München: Frauenoffensive, 1978
Ruska, J.: Turba Philosophorum. Heidelberg, 1931
Schultz, J. H.: Das autogene Training. Stuttgart: Thieme, 1970, 13 Aufl.
Seifert, T.: Lebensperspektiven der Psychologie. Olten: Walter, 1981

Sicuteri, R.: Astrologie und Mythos. Mythen und Symbole des Tierkreises im Spiegel der Tiefenpsychologie. Freiburg: Aurum, 1983

Silberer, H.: Probleme der Mystik und ihrer Symbolik. Wien, 1914. Nachdruck: Darmstadt, Wissen. Buchgesellschaft, 1961

Staudenmaier, L.: Die Magie als experimentelle Naturwissenschaft. Leipzig: Akademische Verlagsgesellschaft, 1912

Stone, H. und Winkelman, S.: Voice Dialogue: A Tool For Transformation. Sherman Oaks: Delos, ca. 1975

Strauß, H. A.: Psychologie und astrologische Symbolik. München: Kindler, o.J.

Teichert, W.: Gärten. Stuttgart: Kreuz, 1987

Tholey, P. und Utecht, K.: Schöpferisch träumen. Niedernhausen: Falken, 1987

Trungpa, Lama T.: Spiritueller Materialismus. Freiburg: Aurum, 1975

Wehr, G.: C. G. Jung. Hamburg: Rowohlt, 1969

Wiesendanger, Harald: Warum die Sterne nie lügen, Psychologie Heute, 15. Jahrgang, Heft 8, August 1988, S. 36–45

Wilber, Ken: Halbzeit der Evolution. München: Scherz, 1984

Wilhelm, R. und Jung, C. G.: Das Geheimnis der Goldenen Blüte. Ein chinesisches Lebensbuch. München: Dornverlag, 1929.

Zacharias, G.: Satanskult und Schwarze Messe. Ein Beitrag zur Phänomenologie der Religion. Wiesbaden: Limes, 1970, S. 15f.

Zurfluh, W.: Quellen der Nacht. Interlaken: Ansata, 1983

Lutz Müller

Suche nach dem Zauberwort

Identität und schöpferisches Leben

295 Seiten, gebunden · ISBN 3-7831-0817-9

Die Ausgangsfrage dieses Buches ist die Erfahrung der Sinnleere, wie sie heute weit verbreitet ist. Die Antwort Lutz Müllers lautet: »Laufe nicht vor den dich ängstigenden Zuständen der Sinn- und Orientierungslosigkeit davon, sondern lasse dich auf sie ein und vertraue darauf, daß deine schöpferische Seele eine ihr gemäße Antwort findet, wenn du dich mit ihr ernstlich auseinandersetzt.«
Wie der einzelne zu seiner Seele in Beziehung treten und mit ihr gemeinsam eine durchschnittlich gute Identität aufbauen kann, das zeigt der Autor mit ebensoviel Sachkenntnis wie Erfahrung.
Michael Endes »Die unendliche Geschichte« nimmt er als Beispiel, an dem anschaulich wird, wie vielversprechend und wie abenteuerlich zugleich der Weg nach innen ist, für den es aber keine Alternative gibt.

»Der Autor warnt dabei wiederholt vor einer unreflektierten und unbegleiteten Anwendung der Methoden nach ›Innen‹ und zeigt die Gefahren der Weltflucht und im schlimmeren Falle des Gleichsetzens und Verwechselns von Phantasie und Realwelt auf. Beide Welten können sich nur befruchten und ein schöpferisches, ausgefülltes und freudiges Leben schaffen, wenn man sie genauestens voneinander unterscheiden kann und in beiden abwechselnd daheim ist.
Ich habe das Buch mit Vergnügen und Gewinn gelesen; es ist spannend und flüssig geschrieben. Gleichzeitig geht der Autor sehr gründlich, behutsam und verantwortungsvoll mit psychologischen Erklärungen, Konzepten und Handlungsvorschlägen um.« *U. Fritzsch in SKAV*

Lutz Müller
Das tapfere Schneiderlein
List als Lebenskunst
Buchreihe »Weisheit im Märchen«

157 Seiten, gebunden · ISBN 3-268-00024-X

Das tapfere Schneiderlein nimmt es mit dem tierischen Ernst auf, der in Begleitung von Rechthaberei, Machtansprüchen und destruktiven Trieben auftritt. Was ihn auszeichnet, ist die heitere, leichtfüßige Geistesgegenwart, die auch in aussichtslosen Situationen nicht aufgibt. Lutz Müllers Buch lehrt etwas, was heute so leicht untergeht: das Lachen, gerade auch angesichts überdimensionaler Gefahren.

Lutz Müller
Der Held
Jeder ist dazu geboren
Buchreihe »Zauber der Mythen«

136 Seiten, gebunden · ISBN 3-268-00034-7

Der Held ist der Archetyp des Ich. Jeder Mensch hat von Geburt an die Aufgabe, ein starkes und überlebensfähiges Ich zu entwickeln, und braucht seinen heroischen Mut auch bei jedem neuen Entwicklungs- und Reifungsschritt. Immer wieder gilt es, sich äußeren und inneren Gefahren mutig zu stellen. Die Heldenmythen zeigen Größe und Gefahr des Heldenweges, aber auch die Weiterentwicklung des Helden aus einem Kämpfenden in einen Liebenden.

Kreuz Verlag